O Brasil no contexto

1987-2007

Jaime Pinsky
(organizador)

O Brasil no contexto
1987-2007

Copyright© 2007 dos autores
Todos os direitos desta edição reservados à
Editora Contexto (Editora Pinsky Ltda.)

Capa e ilustrações
Sergio Kon

Projeto gráfico e diagramação
Gustavo S. Vilas Boas

Revisão
Lilian Aquino
Ruth Kluska

Dados Internacionais de Catalogação na Publicação (CIP)
(Câmara Brasileira do Livro, SP, Brasil)

O Brasil no contexto : 1987-2007 / Jaime Pinsky
(organizador). 2. ed. – São Paulo : Contexto, 2007.

Vários autores
ISBN 85-7244-353-3
ISBN 978-85-7244-353-1

1. Editora Contexto – História 2. Ensaios brasileiros 3. Política 4. Sociologia I. Pinsky, Jaime.

07-0293   CDD-300.10981

Índice para catálogo sistemático:
1. Brasil : Ensaios sociopolíticos   300.10981

EDITORA CONTEXTO
Diretor editorial: *Jaime Pinsky*

Rua Dr. José Elias, 520 – Alto da Lapa
05083-030 – São Paulo – SP
PABX: (11) 3832 5838
contexto@editoracontexto.com.br
www.editoracontexto.com.br

2007

Proibida a reprodução total ou parcial.
Os infratores serão processados na forma da lei.

Sumário

DO TAMANHO DOS NOSSOS SONHOS   9
Jaime Pinsky

ECONOMIA   17
Antonio Corrêa de Lacerda

TRABALHO E RENDA   31
Márcio Pochmann

POLÍTICA EXTERNA   47
Demétrio Magnoli

63	**POLÍTICA INTERNA** *Leandro Fortes*
73	**DIREITOS HUMANOS** *Marco Mondaini*
85	**CIDADES** *Ana Fani Carlos*
99	**ALFABETIZAÇÃO** *Magda Soares*
109	**SAÚDE** *José Aristodemo Pinotti*
121	**NUTRIÇÃO** *Julio Tirapegui*
139	**CULTURA** *Marcos Napolitano*

TRANSFORMAÇÕES DA LÍNGUA 151
Rodolfo Ilari

MULHERES 169
Joana Pedro

COMPORTAMENTO 183
Marília Scalzo

JORNALISMO 197
João Batista Natali

ESPORTES 209
Heródoto Barbeiro

TURISMO 219
Luiz Trigo

ESTUDOS LINGÜÍSTICOS 229
Ataliba de Castilho

OS AUTORES
243

Do tamanho dos nossos sonhos

Jaime Pinsky

A Redemocratização e a Editora Contexto têm, aproximadamente, a mesma idade. Este livro é um balanço do Brasil de 1987 até hoje. A escolha do período, que coincide com o tempo de existência da Contexto, não foi acidental. Vinte anos dão uma perspectiva suficiente para uma análise do que vem acontecendo com o país.

A democracia formal está consolidada, as instituições funcionam normalmente, os poderes são razoavelmente independentes, o povo vota, os partidos têm liberdade para funcionar, a imprensa é livre, antigos opositores ao regime militar desempenham importantes papéis no Governo. Os últimos presidentes eleitos foram um intelectual cassado pelo Governo Militar e um líder sindicalista de origem operária, sem que houvesse condições para qualquer tipo de golpe, branco ou armado.

Será que os sonhos daqueles que vêm lutando pela democracia, pelo voto universal, por uma sociedade mais justa, pelo acesso de todos a uma educação pública de qualidade, pelo direito universal à cultura, a um atendimento médico decente, a um prato de comida balanceada, será que esses sonhos foram, estão sendo realizados ou têm perspectivas de se realizarem?

Para responder a essas questões, reunimos um time de primeira, um conjunto de autores da Editora Contexto que, a nosso convite, se dispuseram a escrever um balanço em suas especialidades. Num livro comemorativo de vinte anos achamos justo destacar um grupo de representantes daqueles que têm publicado suas obras conosco. São pessoas de destaque em suas áreas de atuação e, em muitos casos, personalidades notórias, de grande visibilidade pública. E generosos: os autores cederam seus direitos de publicação para uma associação que faz importante trabalho socioeducacional com crianças e adolescentes na periferia de São Paulo. Como a Contexto também não visa ao lucro com este livro, destinamos 30% do preço de venda de cada exemplar comercializado para a educação, o que nos parece adequado na comemoração do aniversário de uma editora que se orgulha de "promover a circulação do saber".

Ressalte-se, contudo, que não se trata de uma simples obra comemorativa, uma festa em letra de forma. O livro é bom, instigante, rico de idéias e de sugestões. Os autores, desafiados a fazer um balanço de duas décadas, ousaram, cada um no seu estilo, e compuseram uma obra estimulante e multifacetada. Antonio Corrêa de Lacerda, da PUC de São Paulo, mostra os dilemas da nossa política econômica, feliz em seus esforços para controlar a inflação, mas ineficiente em promover o crescimento. Márcio Pochmann, economista da Unicamp, questiona as opções implantadas na tentativa de promover a distribuição de renda, mostra contradições na política trabalhista e sugere uma mudança que possa implicar a criação de atitudes mais ativas por parte de parcela da população beneficiada com políticas unilaterais do Governo. Demétrio Magnoli, doutor em geografia pela USP, analisa as conquistas e os fracassos de nossa política externa, taticamente eficiente, mas inconseqüente nos resultados estratégicos obtidos. Leandro Fortes, jornalista da *CartaCapital*, brinca com nossa política interna, mostrando as incoerências e inconseqüências de uma classe que já teve dias melhores e cujas atitudes têm posto em xeque, para muita gente, a importância do parlamento e até da democracia.

Marco Mondaini, historiador da UFPE, trabalha com a evolução dos direitos humanos nesses últimos vinte anos, mostrando a longa luta que espera aqueles que acreditam na cidadania plena para todos e não se deixam intimidar por aqueles outros que confundem (por má fé ou ignorância) direitos humanos com defesa de bandidos. Ana Fani Carlos, geógrafa da USP, mostra o que aconteceu com nossas cidades, principalmente as maiores, cujos espaços públicos, antes locais de encontro, tornaram-se lugares temidos pela população, que elegeu centros de compras como espaços de socialização. Magda Soares, educadora da UFMG, aborda a questão da alfabetização no Brasil, dos métodos e das técnicas aplicados, ou supostamente aplicados, e dos motivos de não termos tido retorno equivalente ao investimento feito.

José Aristodemo Pinotti, ex-reitor da Unicamp e professor da USP, mostra que, com pequenas verbas e alguma vontade política, certas doenças – particularmente de mulheres – poderiam ser bastante reduzidas em nosso país, que vem gastando muito na cara medicina curativa e muito pouco na preventiva, mais eficiente e barata. Julio Tirapegui, nutricionista da USP, questiona políticas públicas que distribuem dinheiro (supostamente para suprir necessidades básicas, principalmente as alimentares) sem analisar as carências nutricionais da população.

Marcos Napolitano, historiador da USP, faz um balanço não muito otimista da cultura brasileira, mal distribuída como a renda. Rodolfo Ilari, lingüista da Unicamp, faz um levantamento sério e divertido das alterações sofridas pelo português do Brasil nessas décadas. Palavras abandonadas, outras incorporadas à língua falada, alteração de significado, falas tribais, tudo está aqui, num ensaio revelador. Joana Pedro, historiadora da UFSC, fala das conquistas e reveses das mulheres, assim como dos novos desafios que lhes são reservados neste novo século.

A jornalista Marília Scalzo mostra as transformações no comportamento das pessoas e as alterações ocorridas nos valores familiares e da sociedade brasileira como um todo nesses vinte anos. João Batista Natali, jornalista da *Folha de S.Paulo*, faz um balanço do jornalismo e Heródoto Barbeiro, da CBN e TV Cultura, do esporte (principalmente do futebol), enquanto Luiz Trigo, da USP Leste, analisa o nosso turismo e Ataliba de Castilho, da USP, a evolução dos estudos lingüísticos e o papel da Editora Contexto nesse processo.

Os autores, a quem a Editora Contexto e a Associação Santo Agostinho agradecem, têm suas fotos estampadas no sumário e os créditos relacionados no final do volume.

*   *   *

A Editora Contexto tem uma história e muitas histórias. Ela surgiu em 1987, como resultado de um projeto acalentado por um grupo de intelectuais de várias universidades, particularmente da Unicamp. Nosso objetivo era criar uma empresa que pudesse aliar agilidade operacional a um sério compromisso com o conhecimento. Parte dos colegas tinha fundado comigo a Editora da Unicamp, que eu dirigira por quatro anos. Eu havia sido também consultor, editor e coordenador de coleções em diversas editoras. Achava chegado o momento de tocar um projeto próprio visando à circulação do saber.

O entusiasmo dos colegas foi tanto que chegamos a cogitar em abrir uma cooperativa editorial. Faltou, contudo, no dizer de um deles, "espírito empreendedor", coragem para o risco. Todos se ofereciam para propor títulos, dar sugestões, avaliar originais, mas não entrar como sócios de uma empreitada arriscada. Não desanimei. Nome eu já tinha: *Contexto*, em homenagem à revista de ciências sociais de mesmo nome, sucessora de *Debate & Crítica*, que, nos anos 70, eu dirigira em companhia dos sociólogos Florestan Fernandes e José de Souza Martins, com o respaldo de um conselho editorial que tinha, entre outros, Sérgio Buarque de Holanda, Fernando Henrique Cardoso, Maria Conceição Tavares, Paul Singer e Antonio Candido. Faltava capital, mas isso foi contornado com a eliminação, ao máximo, dos custos fixos. A Editora foi montada em minha própria casa. A família, além de ajudar, teve que pagar o ônus do meu sonho: o depósito ficava na sala de jantar, a composição, na sala de visitas, a garagem foi transformada em recepção e secretaria, a revisão ficava numa salinha dos fundos e a direção, no escritório.

Começamos com duas linhas editoriais, a de literatura infanto-juvenil, abandonada em pouco tempo por não ser nossa vocação, e a de pequenos livros escritos por especialistas, nas áreas de História, Geografia, Língua Portuguesa e Lingüística. Ginásios, colégios e universidades adotavam nossos livros, feitos com conteúdo bem elaborado e preços competitivos. O resultado foi muito bom e permitiu que a Editora criasse uma base sobre a qual iria construir seu catálogo atual: quase todos esses livros tiveram várias edições e alguns acumularam tiragens de dezenas de milhares de exemplares e ainda se encontram no catálogo da Editora.

Logo que possível nos mudamos para a rua Acopiara, onde ficamos até janeiro de 2007, quando finalmente adquirimos nossa sede própria, na rua Dr. José Elias, a poucas centenas de metros da antiga, sempre próximos da USP, da Fapesp e das marginais. Vale lembrar que, antes de chegar ao patamar atual, a Contexto já havia experimentado três títulos em livros didáticos de primeiro grau, com vendas que beiraram um milhão de exemplares. Havia também tido alguns sucessos relâmpagos, com livros de oportunidade, como *Os fantasmas da Casa da Dinda* e *Parlamentarismo ou Presidencialismo?* A Editora se consolidava. Os passos já podiam ser bem maiores. O nome e a imagem da Contexto propiciaram as primeiras propostas de compra da empresa. Mas não era esse o meu plano. Muito pelo contrário.

Embora contando com bons distribuidores, ótimos prestadores de serviços editoriais e dedicados coordenadores de coleção, era fundamental que eu me dedicasse mais à área editorial e menos à administrativa e comercial. Após algumas tentativas frustradas com outros profissionais, consegui "comprar o passe" de um jovem ativo, promissor e confiável, formado em administração na FGV, e incorporá-lo ao projeto. A entrada de Daniel, por sinal meu filho, como sócio manteve a Editora na sua trajetória de crescimento lento, mas sólido, num período de muita turbulência no mercado, o que não é pouco. Além disso, a profissionalização da empresa só se viu reforçada: ter familiares não significava que a empresa fosse familiar, no sentido negativo do termo. Agregar valor humano às outras áreas permitiu que a editorial pudesse continuar com a cabeça nas alturas, mas com os pés solidamente plantados no chão.

Era o momento de ousar um pouco mais, produzir livros de referência, para a academia, e "livros de livraria", além de reforçar nossas linhas habituais com traduções e títulos de maior envergadura e peso.

Crescemos para as áreas de Economia, Turismo, Comunicação (especialmente Jornalismo) e Educação. Em Lingüística, Geografia e História nossos livros tornaram-se referência freqüente de matérias jornalísticas, teses, pesquisas, concursos, vestibulares e até em pronunciamentos de juízes em tribunais, inclusive de instâncias superiores. Obras como *História das mulheres no Brasil*, *História das crianças no Brasil*, *História da cidadania* e *História das guerras* vêm sendo sucesso de público e de crítica. *Dicionário de análise do discurso*, *Dicionário de linguagem e lingüística*, *Sexo e poder*, *O mundo muçulmano*, *Os italianos* e *Os espanhóis*, a mesma coisa. Numerosos *Jabutis*, além de prêmios *Casa Grande & Senzala*, *Clio* e *União Latina*, têm enfeitado nossas estantes. Mas não dormimos sobre os louros e continuamos criando e nos renovando, em todos os setores da empresa. A alteração do logotipo para um mais atual e representativo; a criação de um novo site moderno e mais funcional; a publicação deste livro comemorativo e a mudança física para uma sede própria e confortável são aspectos do movimento de permanente atualização que trilhamos e demonstrações do compromisso que assumimos desde a inauguração da Editora.

Reconheço, reconhecemos todos, uma ponta de orgulho ao ver nossa marca nas principais livrarias do país, em belos estandes nas feiras de livros e nas prateleiras de bibliotecas públicas e particulares. Um velho editor me disse, há tempos, que não importava quantos livros se publica, mas sim o fato de cada um se tornar um acontecimento cultural. É o que, modestamente, tentamos fazer.

As pessoas que trabalham na Contexto formam uma equipe leal e afinada. Fixas ou como prestadoras de serviço, têm grande parcela de responsabilidade pelo sucesso da editora. Editores, administradores, vendedores, estoquistas, assessores, produtores, diagramadores, motoristas, assim como ilustradores, capistas, tradutores, revisores, pareceristas garantem nosso padrão de excelência. Contudo, os maiores responsáveis são autores e leitores, sem os quais o livro não existiria.

A eles, uma fatia do nosso bolo de 20 anos.

Pela concretização do projeto deste livro, cabe registrar agradecimento especial aos nossos parceiros: Gráfica Paym; OESP Gráfica S/A e Carlos Coelho (produção gráfica); Suzano Papel e Celulose e Sergio Kon.

Economia

Antonio Corrêa de Lacerda

Nos últimos vinte anos a economia brasileira evoluiu em itens importantes, como o controle da inflação a partir de 1994. No entanto, permanece o desafio principal de atingir um nível de crescimento mais robusto e sustentado. De importador de petróleo no passado, o Brasil se vê hoje próximo da auto-suficiência. A dívida pública externa caiu substancialmente, nos tornamos até exportadores de aviões, aliviando em parte o problema da vulnerabilidade externa. No entanto, isso não solucionou as contradições de sermos um país de concentração de renda altíssima

Tornamo-nos quase que imbatíveis no agronegócio, da agricultura e da pecuária. Mas o sucesso é sustentável ambientalmente? Ao mesmo tempo em que criamos multinacionais brasileiras de sucesso, as pequenas e médias empresas são sufocadas pelas condições adversas da economia interna e a crescente concorrência internacional.

Esse é um país de contrastes. Este texto, longe de pretender esgotar todos os pontos, faz um breve balanço dos últimos anos e propõe o esboço de uma estratégia de desenvolvimento para o país. Mais do que nunca é preciso pensar o desenvolvimento na sua acepção mais ampla, que proporcione não apenas a melhora de indicadores em relação ao passado, mas também crie as condições para aumentar a qualidade de vida do povo brasileiro. Uma melhora que não apenas advenha de ajuda social, mas também de educação, saúde, saneamento e condições de emprego.

Do milagre brasileiro à estagnação

A economia brasileira experimentou um longo período de crescimento expressivo do PIB (Produto Interno Bruto). O Brasil cresceu respaldado pelo *boom* da economia mundial, os "trinta anos gloriosos", após a Conferência de Bretton Woods de 1944, que definiu a ordem econômica mundial. O ciclo longo de crescimento acelerado durou no Brasil de 1946 até 1979, período em que a economia cresceu em média 7% ao ano.

O período pós anos 1980 – que duraria até meados dos anos 1990 – foi marcado pela inflação e instabilidade da atividade econômica, associado a baixos níveis de crescimento (2% ao ano) e queda na taxa de investimentos. O longo período de estagflação também coincidiu com o esgotamento do modelo de substituição de importações. Esse modelo, baseado na forte atuação do Estado e protecionismo já mostrava claros sinais de esgotamento, diante do cenário internacional em profunda transformação.

Os anos 1980 também foram uma fase de tentativas frustradas de planos de estabilização que, além de significarem profundas interferências do Estado na economia, muitas vezes com quebra de contratos, se mostraram inócuos como alternativa de solução permanente de controle da inflação. Os sucessivos planos heterodoxos (Cruzado, 1986; Bresser, 1987; Verão, 1989) trariam resultados cada vez menos sustentados. A inflação, favorecida pela indexação generalizada de contratos, tarifas, aluguéis e salários, criava um ambiente pouco propício ao desenvolvimento.

Esse cenário faria aumentar a frustração com a Nova República instalada em 1985, depois da eleição pelo Colégio Eleitoral de Tancredo Neves, primeiro presidente civil após um longo período de ditadura de governos militares. Acometido por doença que o levaria posteriormente à morte, não chegou a assumir o posto para o qual havia sido eleito, tarefa que caberia ao seu vice, José Sarney (1985-1989).

O início dos anos 1990 representou o rompimento do modelo nacional desenvolvimentista baseado na substituição de importações. Influenciado pelo chamado Consenso de Washington, o país partia para abertura comercial e financeira, a privatização e a desregulamentação dos mercados. O novo paradigma, introduzido no governo Collor de Mello (1990-1992), se sustentaria nas linhas gerais nos demais governos que se seguiram.

Plano Real

O ápice do período de elevados déficits em transações correntes coincidiu com uma fase farta de liquidez internacional que garantiu os recursos para o seu financiamento. No triênio 1998-2000, o déficit em conta corrente foi quase integralmente financiado com o ingresso recorde de investimentos diretos estrangeiros (IDE) médio anual de US$ 30 bilhões.

A conseqüência para a economia brasileira é que a maior exposição ao mercado internacional induziu as empresas locais à busca de padrões de competitividade tendo como parâmetro o mercado mundial, o que implicou profundos ajustes defensivos na estrutura da produção brasileira.

Final dos anos 1990 e a transição FHC-Lula

No ano de 2002 houve uma acirrada disputa política. As eleições gerais, que ocorreriam no final do ano, especialmente pela presidência da República, concentraram as atenções. O segundo turno foi polarizado entre o candidato da situação, José Serra (PSDB), e Luiz Inácio Lula da Silva (PT), que concorria pela quarta vez seguida e finalmente sairia vitorioso no pleito.

Havia uma forte turbulência no mercado financeiro. Ora motivado por atitudes defensivas, ora especulativas. Tudo provocado pela expectativa do novo governo, o primeiro considerado de "esquerda", após o interregno ditatorial. Isso impactou principalmente a bolsa de valores, as taxas de juros e o câmbio, ao longo do segundo semestre do ano. A turbulência era justificada pelo temor de alterações no bojo da política macroeconômica a ser adotada e do eventual "rompimento dos contratos". O que estava efetivamente em jogo era a manutenção do cerne da política econômica adotada ao longo de toda a década de 1990 e aprofundada no período FHC.

Em meados de 2002, houve a divulgação por parte do candidato Lula da Silva da "Carta ao Povo Brasileiro" (A "Carta ao Povo Brasileiro" representava um contraponto ao documento "Um Outro Brasil é Possível", que defendia a renegociação da dívida externa e a limitação de um teto de recursos públicos para o financiamento da dívida pública.). Nela, visando claramente a ganhar confiança, foi firmado um conjunto de compromissos, entre eles o de manter o superávit primário "necessário para impedir que a dívida interna aumente e destrua a confiança".

Um outro sinal de moderação foi dado pela nomeação do ex-deputado federal, então prefeito de Ribeirão Preto, cidade do estado de São Paulo, Antonio Palocci, como coordenador do programa de governo. Ele seria o ministro da Fazenda do novo governo, espécie de homem forte, com o Banco Central, cujo presidente nomeado, Henrique Meirelles, era oriundo do mercado financeiro. Em agosto de 2002, um outro documento, "Nota sobre o Acordo com o FMI", comprometia-se a manter e respeitar os termos do acordo negociado pelo governo FHC, o que se mostrava imprescindível tendo em vista a conjuntura complicada de então.

O agravamento da crise argentina provocaria mudanças das condições de financiamento externo. Isso viria a ser determinante para a mudança de estratégia dos novos ocupantes dos cargos públicos. A adesão do novo governo à ortodoxia representava uma grande surpresa favorável para os mercados e, do ponto de vista político, uma grande contradição. Uma das grandes bandeiras da oposição sempre foi justamente a crítica à ortodoxia e ao que consideram uma postura de excessiva dependência brasileira junto ao FMI.

As bases da política macroeconômica após o ano 2000

Apesar da mudança de governo em 2002, houve pouca alteração na base da política macroeconômica adotada continuamente desde 1999. O alicerce dessa política econômica consiste na combinação do regime de metas de inflação, com o câmbio flutuante e a política de geração de superávit fiscal primário. Esse tripé tem sido a base da política macroeconômica brasileira desde 2000 e obteve relativo sucesso no tocante ao controle inflacionário. No entanto, apesar dos avanços, a escolha vem suscitando intenso debate, principalmente devido ao baixo e instável crescimento econômico, além dos efeitos colaterais provocados.

O sistema de Metas de Inflação foi adotado no Brasil no ano 1999, logo após a introdução do regime de câmbio flutuante. A estratégia tem permitido um razoável sucesso no combate à inflação. Em contrapartida, tem suscitado uma interessante polêmica no debate econômico, especialmente quanto ao papel do Comitê de Política Monetária (COPOM), que periodicamente se reúne para definir a taxa básica de juros, considerada excessivamente elevada pelos críticos.

A meta de inflação é fixada a cada ano pelo Conselho Monetário Nacional (CMN). A principal crítica ao sistema é que ao perseguir o cumprimento dessa meta estipulada, o Banco Central (BC) acaba fixando uma taxa de juros demasiadamente elevada. O sistema tem seus méritos, por tentar coordenar as expectativas dos agentes econômicos quanto ao comportamento esperado da inflação, evitando, assim, repasses exagerados. Em um mercado internacional em que tem prevalecido taxas reais de juros muito baixas, ou até mesmo negativas, o Brasil convive com uma taxa de juros reais superiores a 10% ao ano.

A elevação das taxas básicas de juros encarece o crédito, o financiamento e posterga decisões de investimentos, reduzindo potencialmente o nível de atividades. Adicionalmente, encarece o financiamento da dívida pública, uma vez que uma parcela expressiva dela é financiada por taxas pós-fixadas.

Um outro efeito da elevada taxa de juros é valorizar de modo artificial a taxa de câmbio do real, relativamente às demais moedas internacionais. A taxa de juros mais elevada no mercado doméstico acaba atraindo capital especulativo em excesso, fazendo com que a oferta, bastante superior à procura de moeda estrangeira, acabe por provocar a sua valorização.

Do ponto de vista fiscal, o resultado primário das contas públicas é o obtido pela diferença entre a arrecadação do governo federal, estadual e municipal e suas respectivas empresas estatais, menos as despesas correntes, ou seja, sem levar em conta os custos financeiros (juros) sobre a dívida. Desde 1999, o Brasil vem obtendo expressivos e crescentes superávits primários.

O fato é que o esforço fiscal, decorrente de uma crescente carga tributária e atrofia dos investimentos públicos, tem proporcionado uma relativa redução da relação dívida pública/PIB. A relação dívida pública/PIB é de cerca de 51% do PIB (2005). Não se trata de uma proporção elevada, quando comparada com outros países, mas é uma dívida excessivamente concentrada no curto prazo e de elevadíssimo custo de financiamento.

No médio e longo prazos, a Lei de Diretrizes Orçamentárias e a Lei de Responsabilidade Fiscal têm sinalizado uma relativa estabilidade nessa área. Esses instrumentos têm permitido um razoável grau de transparência e previsibilidade no que se refere ao comportamento das contas públicas. No entanto, a elevada carga tributária e o baixo investimento público colocam em xeque a sustentação do quadro fiscal no longo prazo, como veremos adiante.

Exportações e ajuste das contas externas

Um outro ponto de destaque da economia brasileira do período 2000-2006 é o expressivo ajuste no balanço de pagamentos. Os significativos resultados, obtidos especialmente a partir de 2002, têm sido fundamentais para diminuir a vulnerabilidade externa da economia. De outro lado, a crítica recorrente é que, diante de um quadro internacional tão favorável que tem prevalecido desde então, deveria se perseguir um crescimento do PIB pelo menos equivalente à média dos principais países em desenvolvimento. Enquanto esses têm crescido sustentadamente cerca de 6% a 7% ao ano, temos tido um desempenho médio inferior à metade disso.

Um dos requisitos para crescer de forma sustentada e mais robusta é ampliar as importações, principalmente de bens de capitais e de matérias-primas e componentes não produzidos localmente. Isso, no entanto, deve ocorrer sem que se abra mão da geração de um superávit comercial expressivo, sob o risco de ter seu crescimento interrompido, como já aconteceu recorrentemente na nossa história, por problemas de contas externas. Ou seja, o desafio é ampliar a corrente de comércio com geração de superávit comercial para compensar o déficit estrutural na balança de serviços, da ordem de US$ 30 bilhões ao ano. Essa é uma conta que apresenta uma relativa rigidez, dada principalmente pelos serviços de fatores, como o pagamento de juros sobre a dívida externa, as remessas de lucros e dividendos ao exterior e o pagamento de *royalties* e licenças.

O Brasil exportou US$ 118 bilhões em 2005. É um resultado expressivo, comparado ao montante de cerca de quatro anos antes, em que o Brasil exportava metade desse volume. No entanto, é uma marca modesta, considerando o desempenho médio internacional, como veremos a seguir.

O que está ocorrendo nos anos recentes é uma recuperação parcial de uma participação relativa que já tivemos no passado. Também é preciso destacar que é um volume muito abaixo da média de países comparáveis. O Brasil perdeu participação no mercado mundial nas duas últimas décadas, por sinal, as melhores em termos de oportunidades, quando houve o grande *boom* da globalização e seus principais fatores: redução das tarifas de importação; regionalização das economias (formação de blocos) e expansão das empresas transnacionais.

No *ranking* dos principais países exportadores de 2004 o Brasil só aparece no 25° lugar, com apenas 1,1% de participação. Muito pouco para um país que já teve 1,5% de participação nas exportações mundiais em meados da década de 1980 e que hoje representa a nona economia mundial, considerando o PIB por Paridade de Poder de Compra. Países que tinham um volume de exportação equivalente ao brasileiro, há vinte anos, exportam atualmente um volume significativamente superior. É o caso, por exemplo, da Coréia do Sul (US$ 254 bilhões), México (US$ 189 bilhões), Rússia (US$ 183 bilhões), Taiwan (US$ 181 bilhões), Cingapura (US$ 180 bilhões), Malásia (180 bilhões) e Espanha (US$ 179 bilhões), para não citar a China, que exporta acima de US$ 600 bilhões.

Fazendo proveito da expansão da liquidez internacional, a economia brasileira vem conseguindo progressos na diminuição da sua vulnerabilidade externa. Com o expressivo resultado da balança comercial, que está apresentando superávits crescentes há quatro anos seguidos e deve superar os US$ 40 bilhões este ano, foi possível reverter o déficit em conta corrente de 5% do PIB em 1999 para um superávit próximo de 2% do PIB em 2005.

O progresso na posição da conta corrente tem permitido uma diminuição e melhora no perfil da dívida externa brasileira e na posição das reservas internacionais. As reservas cambiais líquidas brasileiras superaram no primeiro semestre de 2006 os US$ 70 bilhões, contra US$ 17 bilhões em 2002, e a dívida externa global, que inclui compromissos públicos e, principalmente, privados, reduziu-se de US$ 241 bilhões para US$ 150 bilhões. Como o volume das exportações brasileiras tem crescido, facilitado pelo aumento dos preços internacionais, o que em alguns setores compensa o real valorizado, isso tem permitido reduzir a relação dívida externa – exportações. Essa relação, que chegou ao pico de 5,0 em 1999, foi reduzindo-se gradualmente nos últimos anos, representando em 2006 cerca de 1,2.

Esses são indicadores importantes monitorados pelas agências de classificação de risco. Os avanços obtidos devem servir de base para a correção de importantes aspectos:

- o primeiro é a excessivamente elevada taxa de juros reais, que calculada *ex ante*, considerando a taxa básica nominal de juros e a expectativa de inflação para os próximos 12 meses, resiste em mais de 10% reais ao ano, de longe a maior taxa do mundo. Isso tem provocado, entre outros efeitos, o encarecimento do financiamento da dívida pública, que reluta em reduzir-se em um nível abaixo de 50% do PIB;
- o segundo aspecto é a apreciação exagerada do real, que vem atingindo seu maior grau histórico dos últimos dez anos. Baseado em uma cesta de 13 moedas o real está cerca de 20% mais valorizado que o nível médio do início dos anos 1990 (Fonte: Funcex);
- o terceiro é a receita tributária excessiva concentrada de impostos em cascata, que tem provocado uma elevação da carga tributária para 37,4% do PIB e onerado demasiadamente a geração de valor agregado local, prejudicando os investimentos e as exportações.

Portanto, há uma agenda macroeconômica a ser trabalhada e as condições, tanto do quadro internacional quanto doméstico, são favoráveis.

É preciso aproveitar o ainda bom momento de liquidez da economia internacional para promover os ajustes necessários. Da mesma forma, é preciso mais ousadia e precisão na condução da política macroeconômica, especialmente no que se refere à calibragem das políticas monetária e cambial.

São esses fatores que poderão propiciar uma melhora substantiva na avaliação de risco da economia brasileira e viabilizar o desejado "grau de investimento" em um horizonte de três a cinco anos. No entanto, vale destacar que isso por si só não representa uma garantia de sucesso do país, embora possa contribuir para vencer o desafio do desenvolvimento. Muitos investidores institucionais (fundos) ainda têm restrições estatutárias para realizar aportes no Brasil exatamente pela ausência da classificação de menor risco, ao contrário do que ocorre com outros "países emergentes", como México, Chile e Rússia, por exemplo.

Um aspecto recorrente na economia brasileira das últimas duas décadas é o "canto da sereia" representado pelo uso da taxa de câmbio artificial, no caso valorizada, como instrumento de controle da inflação e aumento circunstancial da renda da população. No período posterior a 2004, a contínua e persistente valorização do real é um aspecto dos mais relevantes. A apreciação exagerada da taxa de câmbio tem provocado uma revolução silenciosa na estrutura produtiva brasileira. Algo que, infelizmente, só se tornará mais perceptível no médio e longo prazos. Os seus impactos geram enormes prejuízos ao país.

Alguns desses efeitos já são evidentes, embora nem sempre fique claro para a opinião pública o papel do câmbio no processo. Os impactos já são notados tanto em setores tradicionais, como têxteis e de calçados, quanto em setores dinâmicos, como o eletroeletrônico, químico-farmacêutico e automobilístico, para citar alguns exemplos.

Há um perverso processo de substituição da produção local por importações, deslocamento de centros de exportação para outros países e perdas de oportunidades de absorção de investimentos diretos estrangeiros. Todos esses fatores provocam desequilíbrios no valor agregado local, afetando negativamente a geração de emprego e renda. Além disso, há a perda de conhecimento associado às estruturas produtivas das empresas e sua cadeia de fornecedores, trocadas pelas importações. Também ocorrem perdas de projetos de exportações para outros países.

A valorização das *commodities* no mercado internacional tem levado a uma percepção equivocada no Brasil de que a valorização cambial não provoca estragos. Como os preços dos produtos primários exportados estão mais elevados, a receita em dólares gerada ainda permite um superávit significativo na balança comercial, distorcendo a análise.

Os resultados agregados da balança comercial ainda têm mostrado resultados favoráveis. Parte deles decorrentes de decisões de exportações e contratos baseados com outro cenário de taxa de câmbio. Esses acordos, embora não possam ser revertidos imediatamente, dificilmente serão renovados com um quadro de taxa de câmbio desfavorável ao exportador. O fato é que, do ponto de vista qualitativo, estamos perdendo participação relativa nas exportações de bens sofisticados e de demanda crescente no mercado internacional. Esse espaço tem sido ocupado por outros países.

A importação barata também provoca reestruturações. As empresas percebem que é mais viável economicamente importar do que insistir em produzir localmente, com condições adversas. Isso pode ser uma saída para a empresa no curto prazo. Mas, no longo prazo, para o país, isso é péssimo pois haverá a desarticulação de cadeias produtivas que levaram décadas para serem constituídas.

Esse quadro é agravado pela entrada agressiva de competidores chineses no mercado brasileiro e em terceiros mercados, muitas vezes concorrendo, de forma desleal, diretamente com produtores e exportadores brasileiros. É claro que isso não decorre apenas da taxa de câmbio, já que outros fatores de competitividade, como custos de produção e mão-de-obra, logística, impostos etc. também são relevantes. No entanto, o que não deveríamos admitir é que a valorização exagerada da nossa moeda viesse a se transformar, como de fato vem ocorrendo, em fator adicional de acirramento de nossas desvantagens. É sempre bom lembrar que os chineses, assim como vários outros competidores, utilizam a desvalorização do câmbio como fator de competitividade.

O argumento de que a política de câmbio é flutuante e que a taxa é dada pelo mercado não resiste a uma análise mais abrangente. Vale lembrar que a imensa maioria dos países não praticam o câmbio flutuante puro. Menos ainda aqueles que não possuem moeda conversível, como, aliás, é o nosso caso. Na verdade, no caso brasileiro, tendo em vista uma combinação de fatores, a tendência à apreciação do real é muito forte: 1) o enorme diferencial entre a taxa de juros doméstica e a internacional; 2) o baixo volume de comércio exterior brasileiro proporcionalmente ao PIB; e 3) o superávit proporcionado pela valorização dos preços das *commodities* no mercado internacional, decorrente do aquecimento da demanda.

Os exportadores são incentivados a internalizar rapidamente suas receitas em dólares transformando-as em reais, para aproveitar as elevadas taxas de juros do mercado doméstico e compensar parte das perdas. Esse movimento acaba valorizando ainda mais a moeda local.

Há ainda quem minimize o efeito da valorização do real argumentando, de modo equivocado, que se trata de um processo internacional de valorização das moedas em relação ao dólar norte-americano. Não é verdade. Proporcionalmente, o real tem se valorizado muito mais do que as moedas dos demais países emergentes. Na prática, isso significa um encarecimento do nosso custo de produção em dólares, comparativamente a outros países, agravando os pontos aqui levantados. Algo que o Banco Central deveria evitar, pois os prejuízos provocados são relevantes, ao mesmo tempo em que os eventuais benefícios são artificiais e temporários.

Por um projeto para o Brasil: o papel da economia

Celso Furtado, em *A construção interrompida*, apresentava uma interessante análise a respeito da incapacidade brasileira de se rearticular em face do novo cenário da mundialização financeira que marcaria o último quarto do século XX.

De fato, a economia brasileira, pelo potencial econômico que representa, pode desempenhar um papel mais ativo no novo cenário internacional. A questão é que os Estados nacionais têm tido um papel fundamental no destino das nações e essa observação não se restringe a países desenvolvidos. Assim, é preciso reestruturar a inserção externa brasileira, envolvendo a atratividade de investimentos produtivos, a substituição de importações e a geração de maior valor agregado local, a ampliação da internacionalização das empresas nacionais e a elevação das exportações.

Isso é algo que requer a articulação dos instrumentos de políticas industrial, comercial e de ciência e tecnologia, no sentido de induzir e fomentar a reestruturação para uma inserção ativa na economia internacional. Esse é um pré-requisito para viabilizar o crescimento sustentado, baseado não só no fortalecimento do mercado interno, mas também na redução da vulnerabilidade externa.

A questão-chave é diminuir a vulnerabilidade externa, mediante o crescimento sustentado da economia e sem gerar outros desequilíbrios macroeconômicos. Isso pressupõe uma mudança significativa em pelo menos três grandes frentes de atuação.

A primeira é resgatar a capacidade de planejamento e articulação do Estado. A experiência bem-sucedida de países tem mostrado que esse ponto é estratégico para superar os entraves. Isso engloba desde a identificação de gargalos na capacidade produtiva até a eliminação de desvantagens competitivas da economia.

A segunda frente é no sentido do projeto de desenvolvimento que adote políticas deliberadas de expansão das exportações, substituição competitiva das importações e desenvolvimento de centros locais de tecnologia. O foco aqui deve ser a diminuição da dependência tecnológica. Isso só é possível mediante uma clara articulação Estado-iniciativa privada e universidades/centros de pesquisas, no sentido de um esforço conjunto de superação de debilidades e construção de competências.

O terceiro ponto é uma política externa mais ativa, o que envolve não só uma postura mais atuante nos grandes fóruns, como também nas negociações internacionais. O desafio é ampliar o acesso de produtos, empresas e serviços brasileiros nos grandes mercados, sem que isso implique, em contrapartida, abrir mão da soberania, aqui entendida como perda de capacidade de dirigir os próprios rumos, no que se refere à política industrial, a decisões quanto ao poder de compra do Estado e outros itens que representam verdadeiras armadilhas nas pautas de negociações.

Esse é um desafio que pressupõe uma mudança fundamental de estratégia, diante dos desafios impostos pela economia globalizada. Para consolidar essa estratégia é imprescindível que as exportações brasileiras continuem a crescer sustentadamente, acima do crescimento econômico doméstico e das importações. Para isso, é preciso articular um conjunto de ações que implicam, entre outras iniciativas: 1) adotar uma ativa estratégia exportadora, desvinculada da conjuntura do mercado interno e externo; 2) implementar uma política cambial, o que significa uma taxa de câmbio mais competitiva e menos volátil; 3) criar novas competências em produtos e serviços de alto valor agregado e solidificar as vantagens competitivas nos setores tradicionais; 4) gerar e divulgar as marcas brasileiras e abrir canais de distribuição de produtos no exterior; 5) negociar acesso aos mercados externos, ampliando a participação em grandes mercados e ingresso em novos; 6) ampliar os canais de negociação e influenciar as estratégias das empresas transnacionais, inclusive aquelas de origem brasileira, que são responsáveis por cerca de 60% do total das nossas exportações.

A análise do conjunto de indicadores da economia brasileira nos anos recentes aponta para significativas melhoras, como na questão da recuperação das contas externas e o controle da inflação. Por outro lado, permanece o desafio de melhorar a relação dívida pública/PIB e melhorar o perfil do endividamento. É preciso criar as condições para ampliar de forma expressiva o baixo crescimento da economia, recuperar as taxas de investimento e propiciar a criação de empregos e geração de renda.

Tendo em vista o perfil da população brasileira e o elevado desemprego, especialmente entre os jovens, é urgente criar as condições para viabilizar um crescimento econômico anual pelo menos equivalente a 5%. Isso por si só não garante o desenvolvimento. Mas, é uma condição necessária, sem a qual a tarefa de melhorar a oferta de emprego e renda não se realizará.

Trabalho e renda

Márcio Pochmann

Do final da ditadura militar, em 1985, aos dias de hoje, o Brasil consolidou o mais longo período de continuidade do regime democrático.

Antes da Revolução de 1930, não havia democracia plena, sendo as eleições realizadas desde o Império com participação inferior a 5% do total da população devido à regra do voto aberto e exclusivo ao homem não-pobre. As eleições com voto secreto e universal, pelos menos para o sexo masculino e feminino e sem restrições de corte de rendimento, ocorreram após o fim do Estado Novo (1937-1945) e até o regime militar (1964-1985), para retornar novamente para presidência da República a partir de 1989. Por conta disso, interessa considerar a questão do trabalho e da distribuição de renda desde o final da década de 1980, quando emerge a participação política mais ampla de toda a história nacional.

Nesse sentido, constata-se, desde então, o predomínio recorrente do sentimento popular das mudanças no padrão de trabalho e repartição da renda e riqueza no país. Mas ao contrário do que se poderia esperar, o programa de mudanças do trabalho e da distribuição de renda que venceu em cada uma das eleições presidenciais (1989, 1994, 1998 e 2002) não foi convertido em realidade.

Por não haver mudanças substanciais, prevaleceu uma inaceitável convivência entre o agravamento da crise do emprego com a ampliação da concentração funcional da renda nacional. Para tratar dessa anomalia, optou-se por dividir o presente texto em quatro partes.

Nas duas primeiras destacam-se as razões políticas e econômicas que constrangem a mudança, para melhor, da situação do trabalho e distribuição de renda. Na terceira parte são analisados os dados disponíveis e sistematizados sobre a repartição da renda e o trabalho no Brasil, enquanto na parte final consideram-se os principais aspectos relacionados às tentativas de amenizar o grave quadro social do país nas duas últimas décadas.

Erro histórico no processo de redemocratização

A transição democrática completou a sua maior idade no Brasil. Embora as duas últimas décadas representem – do ponto de vista histórico – um período ínfimo de tempo, no Brasil parece uma quase eternidade, sem que as questões essenciais de vida e trabalho do homem simples brasileiro tenham sido profundamente alteradas.

E não se pode deixar de mencionar que no país, com uma cultura antidemocrática (sem reformas civilizadoras do capitalismo na terra, na riqueza e na estrutura social), contam-se apenas e tão-somente menos de cinco décadas de experiência acumulada de regime democrático. Com menos de cinqüenta anos de democracia, ganham destaque os mais de quatro séculos de vigência de regimes políticos autoritários.

Justamente por isso que os últimos 21 anos terminam sendo os mais longos de todos os tempos de experimentação democrática representativa. Até 1930, o voto não era secreto e nem universal, excluindo todas as mulheres e homens pobres.

Na eleição de 1926, por exemplo, menos de 5% do total da população votaram. Depois da Revolução de 1930, o avanço democrático foi interrompido em mais duas oportunidades (Estado Novo, 1937-1945, e ditadura militar, 1964 – 1985).

No período recente, o regime de democracia de massa, com participação popular de mais de 2/3 da população, permitiu importante oscilação partidária no poder, que se completou, em 2002, com a eleição de um partido de base operária, sem paralelo na História política nacional. Ademais, percebe-se também que o país completou um amplo ciclo eleitoral que incorporou praticamente toda a safra de partidos e líderes que emergiram desde a luta pela transição da ditadura militar.

Mas a experiência política desses partidos (pós-autoritarismo) parece ter sido insuficiente para alterar substancialmente a realidade econômica e social do brasileiro comum. Especialmente no que tange à questão do trabalho e distribuição da renda, não se conseguiu perceber nas atividades partidárias a construção de uma convergência política nacional capaz de romper com a inaceitável estabilidade da convivência da desestruturação do trabalho e agravamento da redistribuição de renda.

Por conta disso, não é desprezível que pesquisas recentes indiquem que 40% da população já aceitam mudar tranqüilamente de regime político, desde que isso aponte para a perspectiva de elevação da qualidade de vida da maioria do povo simples. Diante disso, cabe indagar as razões de tanta indignação popular.

Muitas podem ser as explicações, mas não há como deixar de considerar, do ponto de vista da política, um dos principais erros históricos cometidos ao longo das duas últimas décadas. A derrota da emenda Dante de Oliveira, que oferecia, naquela oportunidade (1984), a grande possibilidade de rompimento político, econômico e social com os 21 anos passados pela ditadura militar, por meio das eleições diretas para presidente da República, demarcou a mudança sem transformação.

Com o povo na rua, possivelmente o deputado Ulisses Guimarães seria o primeiro presidente eleito desde a interrupção do governo de Jango (1964). Com o lema de que a política é a arte do necessário, não do possível, haveria condições de colocar em prática o documento "Esperança e Mudança", um dos mais completos e articulados programas de governo que fora construído pelo conjunto da oposição ao regime militar desde a década de 1970.

Mas a derrota imposta à emenda de eleições diretas, em 1984, levou ao conservadorismo de Tancredo Neves, que, com a habilidade tradicional, cooptou parte integrante da antiga base de apoio da ditadura militar (Arena – Aliança Renovadora Nacional) para formar o engodo da Nova República, a partir da vitória sobre Maluf no Colégio Eleitoral. Assim, a combinação do velho (Partido da Frente Liberal) com o novo (PMDB) resultou, mais uma vez, no bloqueio de uma profunda reforma política que liberasse a transição política sem mediação, do bipartidarismo autoritário para o multi-partidarismo sem fronteira no uso de medidas variadas de cooptação e formação de maiorias políticas para garantir a governabilidade.

Acontece que a sucessão de novos presidentes da República eleitos pelo voto direto a partir de então nada mais fez do que vaticinar o equívoco primário da não-mudança sem transformação. Apesar de o povo votar majoritariamente no programa de mudança, ele não foi implementado, uma vez que a vitória do presidente e do seu partido se mostrou insuficiente para viabilizar a formação exclusiva de uma nova maioria política.

Sem a maioria política, presidente eleito e seu partido buscaram construí-la por meio da cooptação, deixando à margem o compromisso de implementar o programa de mudança com transformação. Foram os casos, por exemplo, dos governos Sarney (PMDB), Collor (e Itamar), FHC (PSDB) e Lula (PT).

Com o abandono do programa de governo e a adoção recorrente de medidas favoráveis à construção emergencial, ocasional e, muitas vezes, contraditória da governabilidade, terminou se consolidando a base do *é dando que se recebe*. Com o presidente Sarney, assistiu-se à batalha pelos cinco anos de governo, enquanto com Collor o *impeachment*, o FHC com a re-eleição e Lula com o mensalão.

Nesse ambiente de instabilidade política, a equipe dos governantes buscou amparar-se mais no *porto seguro* representado pela aproximação das elites privilegiadas e endinheiradas, que a arriscada implantação das mudanças construídas desde a luta pela redemocratização nacional. Não foi por outro motivo que os governos prevaleceram, em geral, ancorados no conservadorismo da política, geralmente prisioneiros da elite financeirizada e da cooptação, quando não corrupta, para a formação da governabilidade.

Tal como na Nova República (1985-1990), os governos que se sucederam tiveram, no seu início, uma grande expectativa de mudança, que foi se perdendo com o passar do tempo, tendo em vista a ausência das transformações imaginadas pelo ideário popular. A frustração geral terminou sendo a conseqüência que restou do ciclo político de mudanças sem transformações.

Gestão da decadência na economia nacional

O Brasil vem marcando passo depois de ter abandonado o seu projeto de industrialização nacional, ocorrido entre as décadas de 1930 e 1970. Dois são os fatores principais que indicam a situação de decadência na economia brasileira durante as duas últimas décadas: (i) a estabilidade da renda *per capita* em torno de valores não muito superiores aos da década de 1980 e (ii) a permanência de baixas taxas de investimento.

A tendência de crescimento econômico medíocre no Brasil, principalmente se comparada à evolução da população brasileira (mesmo com taxas anuais decrescentes), resultou no estacionamento relativo do Produto Interno Bruto (PIB) *per capita* em torno dos valores pouco acima dos de 1980. Essa situação de semiparalisia do PIB por habitante parece ser uma importante marca negativa da evolução da economia brasileira no período recente. Entre 1950 e 1980, por exemplo, a renda *per capita* chegou a crescer cerca de 4,0% ao ano, permitindo a quintuplicação, em apenas três décadas, da renda nacional por habitante.

Se contrastada a posição da renda *per capita* brasileira com a de outras nações, as evidências da regressão são muito mais marcantes. Em 2005, por exemplo, a renda *per capita* do Brasil foi menor que 1/5 da dos Estados Unidos, enquanto em 1980 chegou a representar quase 1/3.

A grave desaceleração da renda nacional por habitante decorre da ridícula expansão do PIB. Entre 1990 e 2005, por exemplo, o produto brasileiro aumentou somente 30,7%, enquanto a China cresceu 445%, a Coréia 158%, o México 157% e a Turquia 100%.

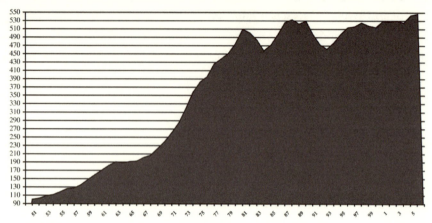

Gráfico 1: Brasil – Evolução do índice do Produto Interno Bruto *per capita* (1950 = 100,0).

Fonte: Banco Central do Brasil e FIBGE (elaboração própria).

Além da estagnação da renda, a economia nacional tem mantido elevada instabilidade, com forte e constante oscilação na produção e nos investimentos. O fato de o Brasil ter passado por dois períodos de recessão econômica (1981/83 e 1990/92), por quatro períodos de recuperação da produção (1984/86, 1993/95, 2000 e 2004) e ainda por quatro períodos de desaceleração das atividades (1987/89, 1996/99, 2001/03 e 2005) revela um contexto econômico de grave instabilidade nas decisões de produção e de investimento.

Nesse sentido, nota-se a tendência de permanência de taxas de investimento como proporção do produto relativamente baixa, indicando uma reduzida capacidade de recomposição e ampliação do parque produtivo nacional durante as últimas duas décadas. Mesmo durante as fases de recuperação da produção, como entre 1993 e 1997, estimada em 22,5% de expansão do PIB, não houve retomada significativa dos investimentos públicos e privados.

Ainda que a evolução na formação bruta de capital fixo desde 1950 reflita as distintas composições do Produto Interno Bruto, constata-se um período de elevação dos investimentos como proporção do PIB entre 1950 e 1975 e um segundo período de desaceleração dos investimentos desde então. Depois de atingir um quarto do Produto Interno Bruto na metade da década de 1970, os investimentos apresentaram cinco curtos momentos de tentativa de reversão da tendência de desaceleração sem sucesso, como entre 1978 e 1979, entre 1985 e 1986, 1994 e 1997, 2000 e em 2004.

A recuperação econômica sem retomada dos investimentos reveste-se fundamental para a ocupação da capacidade ociosa. Tão logo atinge o seu limite, inicia-se, mais uma vez o movimento de desaceleração da produção, tendo em vista a pressão da demanda sobre a importação ou a elevação do nível do custo de vida.

Nessas circunstâncias, a política macroeconômica termina por induzir a elevação das taxas de juros como forma de conter o crédito e o consumo interno (queda na massa de rendimentos). Inibe-se, assim, a pressão por elevação dos preços internos, bem como se desafoga a demanda por produtos importados.

Ademais, convém destacar também o movimento econômico em torno da financeirização da riqueza em meio à relativa estagnação dos investimentos na produção. Em síntese, assiste-se ao movimento mais geral de reestruturação patrimonial produzido pelos grandes empreendimentos do setor privado ante a ausência de perspectivas para a ampliação significativa do processo de acumulação do capital produtivo.

Nesse sentido, constata-se a existência de um elemento de ordem estrutural na dinâmica capitalista atual que transforma o setor público no comandante da produção de uma nova riqueza financeirizada, apropriada privadamente na forma de direitos de propriedade dos títulos que carregam o endividamento público. Não parece haver dúvidas de que o principal sustentáculo do ciclo da financeirização de riqueza tem sido o Estado, quando adota um padrão de ajustamento nas finanças públicas, contrário à maior parte da população.

No quadro de alto endividamento público, girando ao redor do 50% do PIB, as ações das elites dirigentes do país, por mais esforços voltados ao constante ajustamento das finanças (corte de gasto, desvinculação de receita, privatização e elevação de impostos), não se mostraram suficientes para a regressão do grau de endividamento público nacional. Em grande medida, percebe-se que o contínuo desajuste nas finanças públicas decorre do ciclo de financeirização da riqueza (altos juros pagos pelos títulos da dívida pública).

Assim, para dar conta da contínua geração de direitos de propriedade dos resultados da acumulação financeira, tornou-se imperativo implementar um padrão de ajustamento regular nas finanças públicas e que termina atuando perversamente para imensa maioria da população excluída do ciclo da financeirização. Isso porque o padrão de ajuste tem representado o aumento da carga tributária que afeta proporcionalmente os mais pobres, bem como a relativa contenção do gasto social, a desvinculação das receitas fiscais da área social e a focalização das despesas em ações de natureza mais assistencial que a universalização de bens e serviços públicos.

Não obstante a perversidade com que o atual padrão de ajuste fiscal vem sendo implementado nas duas últimas décadas e que gera, por conseqüência, o desajuste social, percebe-se hoje que o Brasil está diante da possibilidade de uma maior ortodoxia na contenção do gasto público. A opção por programas conservadores tem correspondido ao maior custo social, que se distancia da possibilidade de enfrentamento da crise do trabalho e da concentração da renda.

A fase de reformas liberalizantes não está descartada. Recomeçou com a reforma da previdência, em 2003, podendo chegar, a partir de 2007, na proposta de déficit zero, com maiores cortes relativos na área social.

Desestruturação do trabalho e concentração da renda

As razões de ordem política e econômica, conforme apontado anteriormente, praticamente bloquearam as possibilidades de enfrentamento decorrente do grave quadro que atinge tanto a distribuição da renda como o mercado de trabalho no país. Sem a plena retomada sustentada do crescimento econômico, o país terminou rompendo com a tendência de estruturação do mercado de trabalho que havia sido inaugurada ainda na década de 1930.

A partir dos anos 1980, observou-se a desaceleração na queda das ocupações do setor primário da economia, enquanto o setor secundário deixou de apresentar maior contribuição relativa no total das ocupações. O inchamento do setor terciário ocorreu simultaneamente ao avanço do desemprego e das ocupações precárias.

Ainda em relação às informações referentes ao comportamento geral do mercado de trabalho entre os anos censitários de 1980 e 2000, podem ser comprovados os evidentes sinais da desestruturação do mercado de trabalho. O ritmo de expansão média anual da taxa de desemprego foi 5,5 vezes maior que o crescimento do nível ocupacional.

Apenas a título de referência, entre 1940 e 1980, o crescimento médio anual da ocupação foi 5,2 vezes maior que a taxa de desemprego. Praticamente o inverso do verificado nas duas últimas décadas.

Nessas condições, o risco do desemprego passou a ser cada vez mais constante e elevado. De cada 100 pessoas que ingressaram no mercado de trabalho entre 1980 e 2000, 31 ficaram desempregadas.

Tabela 1: Brasil – Evolução da população economicamente ativa (PEA), da condição de ocupação e do desemprego entre 1980 e 2000.

Itens	1980	2000	Variação Absoluta Anual**	Variação Relativa Anual
População total	119.002,3	169.799,2	2.539,8	1,8%
PEA	43.235,7	76.158,5	1.646,1	2,9%
	100%	100 %		
PEA ocupada	97,2%	85%	1.135,4	2,2%
Empregador	3,1%	2,4%	24,4	1,6%
Conta própria	22,1%	19,1%	249,6	2,1%
Sem remuneração	9,2%	6,3%	41,0	0,9%
Assalariado	62,8%	57,2%	820,5	2,4%
- Com registro	49,2%	36,3%	318,7	1,3%
- Sem registro	13,6%	20,9%	501,8	5,1%
Desempregado	2,8%	15%	510,7	11,9%
Taxa de precarização*	34,1%	40,4%	801,3	3,7%

Fonte: FIBGE, Censos demográficos (elaboração própria).
* Soma de conta própria, sem remuneração e desempregado.
** Em mil.

De outro lado, o crescimento significativo do emprego assalariado sem carteira assinada foi acompanhado da ocupação por conta própria.

Tudo isso colaborou para a volta da expansão da taxa de precarização do mundo do trabalho.

Com isso, houve uma inequívoca interrupção na tendência de estruturação do mercado geral de trabalho, tendo o assalariamento contido o seu ímpeto expansionista. De cada dez ocupações abertas entre 1980 e 2000, sete eram assalariadas, sendo quatro sem carteira assinada e três com registro formal.

Por conseqüência, as ocupações por conta própria, sem remuneração e empregadores representaram 30% do total das vagas geradas no interior do mercado de trabalho durante o mesmo período de tempo. Essa ampliação da ocupação, embora tenha evitado o crescimento ainda maior do desemprego, deixou de contribuir para a elevação da precarização do mercado de trabalho.

Além da redução na participação relativa dos empregos assalariados com registro no total dos ocupados, ocorreu também a elevação da participação dos postos de trabalho nos segmentos não-organizados da economia urbana. Entre 1980 e 2000, de cada dez ocupações geradas, praticamente cinco foram de responsabilidade do segmento não-organizado e cinco do segmento organizado.

Isso porque as ocupações do segmento não-organizado cresceram a uma taxa média anual de 4,1% no mesmo período de tempo. Já o segmento organizado apresentou uma taxa média anual de variação de apenas 2,1%.

No setor terciário, o segmento organizado foi o principal responsável pela criação de ocupações, tendo em vista que na indústria (setor secundário) houve diminuição relativa das ocupações do segmento organizado, passando de 25,7%, em 1980, para 16,3%, em 2000. No mesmo período, o setor terciário organizado passou de 44,8% para 45,8% do total das ocupações urbanas do país.

Todas essas transformações nas formas de ocupação e inserção da População Economicamente Ativa no mercado de trabalho, que expressam uma trajetória de desestruturação, tiveram início ainda na década de 1980, a partir do abandono do projeto de industrialização nacional e da adoção sistemática de um conjunto de políticas macroeconômicas de corte neoliberal. Devem ser acrescidas, por conta disso, as medidas direcionadas à desregulamentação do mercado de trabalho adotadas na década de 1990, o que terminou por contribuir ainda mais para o avanço da precarização das ocupações.

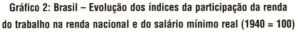
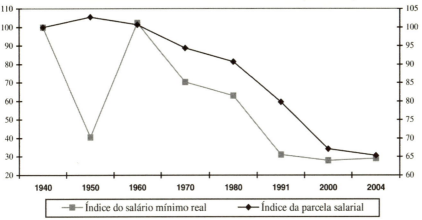

Fonte: IBGE e DIEESE (elaboração própria).

Em função disso, nota-se que durante a década de 1990, os sinais de desestruturação do mercado de trabalho foram mais evidentes. Um dos principais aspectos disso foi o significativo aumento do desemprego e do desassalariamento, provocado fundamentalmente pela contenção dos empregos com registro em relação ao total da ocupação.

Não obstante o enorme custo social imposto pela perda de dinâmica da acumulação produtiva de capital no Brasil, assiste-se também ao constante avanço do bloqueio à universalização das políticas de saúde, educação, habitação e saneamento, cultura, transporte, trabalho entre outras. Em contrapartida, o compromisso do Estado para com as classes endinheiradas permaneceu praticamente inalterado, conforme a evolução da distribuição funcional da renda.

Em meio ao avanço do cosmopolitismo das classes endinheiradas, sobretudo a partir da liberalização da conta de capitais ocorrida em 1992 (desterritorialização da riqueza e a globalização do padrão de consumo dos ricos), parte dos ricos abandonou o compromisso com a expansão produtiva, o que levou ao parasitismo e às ações anti-republicanas contaminadas pela improdutiva rentabilidade financeira. Dessa forma, fundamentou-se a reprodução de uma das mais graves crises de apartação social entre os novos proprietários da acumulação financeira e os velhos e novíssimos remediados da atual situação econômica nacional.

Basta constatar que o avanço da riqueza financeirizada vem acompanhado do aumento do achatamento na renda do trabalho e da ampliação da quantidade de desempregados. Entre 1980 e 2003, o salário mínimo nacional perdeu 50,9% do seu poder de compra, enquanto o índice nacional de desemprego aberto foi multiplicado por 2,9 vezes.

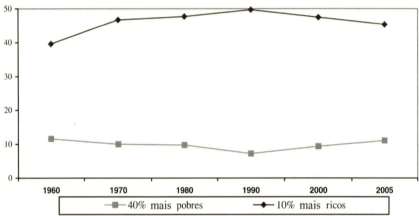

Gráfico 3: Brasil – Evolução dos índices da participação da renda do trabalho na renda nacional e do salário mínimo real (1940 = 100).

Fonte: IBGE (elaboração própria).

Quando se considera a evolução da distribuição da renda pessoal, nota-se também uma certa estabilidade, sem grandes mudanças ao longo do tempo. A década de 1990, que havia apresentado maior queda na renda dos 40% mais pobres, terminou sendo seguida por uma leva recuperação a partir da década de 2000.

Mas isso, contudo, não foi ainda suficiente para alterar os padrões distributivos de forte concentração que marcam o país. Esse anseio popular se mantém ainda inatacável.

Medidas amenizadoras

Nas duas últimas duas décadas houve queda nos investimentos produtivos e ínfimo crescimento econômico, o que problematizou a questão do trabalho e da distribuição de renda no Brasil. Apesar disso, não se deve desprezar a importância que o gasto público passou a ter na área social desde a redemocratização nacional.

Entre 2003 e 2004, por exemplo, 33,9% do total do emprego urbano aberto no Brasil foram determinados fundamentalmente pelo gasto social, enquanto nos anos de 1995-1996 era somente 18,1% do total do emprego urbano. Sem a elevação do gasto social, a taxa de desemprego de 9,03% (8,2 milhões de desempregados) registrada em 2004 (IBGE-PNAD) poderia ter alcançado 11,4% (10,4 milhões de desempregados) da População Economicamente Ativa. Ou seja, 2,2 milhões de desempregados a mais no país.

Simultaneamente, o gasto social também repercutiu no comportamento da desigualdade pessoal da renda do trabalho. Entre 1995 e 2004, o Índice de Gini passou de 0,585 para 0,547, acumulando uma queda de 6,5%.

Gráfico 4: Brasil – Índice de evolução do rendimento médio dos ocupados, do salário mínimo, do gasto social do governo federal e da taxa de investimentos em relação ao PIB (2001 = 100,0).

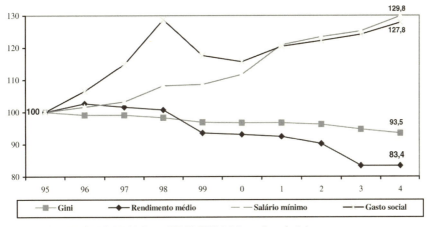

Fonte: IBGE/MTE/SPE/SIAFI (deflator IGP-DI-FGV) (elaboração própria).

Em grande parte, as medidas associadas à Constituição Federal de 1988, responsável por importantes avanços nas políticas sociais, permitiram garantir renda aos segmentos mais pauperizados do país. Assim, percebe-se que a elevação do gasto social, seja na ampliação do contingente de ocupados, seja na contenção da oferta de mão-de-obra, que anteriormente dependia do mercado para sobreviver, como nos casos da previdência e assistência social, também contribuiu decisivamente para a redução da desigualdade da renda do trabalho.

Com efeito, sem o adicional de 1/3 na geração anual dos postos de trabalho, bem como o pagamento de benefícios vinculados ao aumento do poder de compra do salário mínimo (previdência e assistência social) pelo gasto social, a desigualdade na renda possivelmente teria aumentado.

Em resumo, pode-se estimar que 87% da queda de 6,5% no Índice de Gini verificada entre 1995 e 2004 pode ser explicada pela contribuição conjunta do aumento do gasto social e do salário mínimo. Individualmente, o salário mínimo respondeu por 51,4% da redução na desigualdade da renda do trabalho no mesmo período, enquanto o gasto social contribuiu com 48,6%.

Durante os últimos vinte anos, o Brasil registrou um comportamento paradoxal. De um lado, decresceu a participação do rendimento do trabalho na renda nacional, com agravamento da situação do mercado de trabalho e, de outro, a desigualdade da renda pessoal do trabalho foi reduzida.

Não obstante a ausência de crescimento econômico, que sinaliza uma situação de decadência do país, houve a ampliação do gasto social, responsável, em última análise, por forte contribuição tanto na geração de quase 34% dos postos de trabalho urbanos como na redução do Índice de Gini (42% da queda de 6,5% entre 1995 a 2004). Da mesma forma, o pagamento de maior valor do salário mínimo, especialmente aos beneficiados pela política social, permitiu que o rendimento da população mais pobre fosse protegido, mesmo quando a renda média dos ocupados perde poder aquisitivo.

Os efeitos do gasto social não são ainda maiores porque há uma restrição importante que deriva do pagamento dos encargos da dívida pública, equivalente, em 2005, a 56% de todo o volume de recursos comprometidos com a área social do governo federal. Além de improdutivas, as despesas financeiras deprimem a geração do emprego (perda de 521 mil novas vagas em 2005) e contribuem para a maior transferência de renda aos segmentos mais ricos da população.

Em grande medida, a captura da gestão econômica e social dos governos eleitos desde o final da década de 1980 revela o erro verificado no processo de transição política da ditadura para a democracia. A derrota das eleições diretas em 1984 não apenas bloqueou a realização de uma reforma política moralizadora, como também comprometeu a governabilidade dos demais presidentes eleitos a partir de então.

Nesse sentido, toda a expectativa de mudança estabelecida desde o retorno aos governos civis permanece praticamente intocável. O tema do trabalho e da distribuição da renda, portanto, permanece no centro nevrálgico para a permanência do regime democrático no Brasil.

Política externa

Demétrio Magnoli

A política externa é o reino da tradição, da permanência e da persistência. O seu norte são os interesses nacionais, formulados na tela ampla da história e da geografia. A agulha imantada da sua bússola é feita com o metal duro da identidade nacional, não com o plástico volúvel da vontade dos governantes de turno. Estados são como transatlânticos: não mudam de rota bruscamente, a não ser quando a própria nação se reinventa ou refunda.

O Barão do Rio Branco, "pai" da diplomacia brasileira, traçou no começo do século XX o rumo geral da nossa ação externa. As coordenadas daquele tempo ainda nos guiam. O Brasil busca a autonomia possível, na moldura hemisférica sombreada pelo vulto gigantesco dos EUA e numa esfera de interesses imediatos constituída pela vizinhança sul-americana. Nas relações internacionais, busca abrir caminhos para o seu desenvolvimento econômico, não projetar influência estratégica ou difundir algum programa ideológico.

Vista retrospectivamente, num horizonte amplo, a política externa brasileira apresenta-se como um pêndulo, cujas oscilações o afastam periodicamente das coordenadas de base, sem nunca se desprender delas. Em nome da autonomia e do desenvolvimento, no governo Getúlio Vargas, antes da Segunda Guerra Mundial, usamos o comércio bilateral com a Alemanha como contrapeso à influência dominante dos EUA. O realinhamento seguinte nos deu a Companhia Siderúrgica Nacional, fruto do acordo com Washington, que marcou o engajamento brasileiro na guerra, e depois nos colocou na esteira do pan-americanismo da Guerra Fria.

O Brasil participou da fundação da Organização dos Estados Americanos (OEA) e assinou o Tratado Interamericano de Assistência Recíproca (Tiar), que subordinava as forças armadas hemisféricas à estratégia anti-soviética dos EUA. Mas o impulso de autonomia não se perdeu. Juscelino Kubitschek conclamou Washington, por meio da Operação Pan-americana (OPA), a formular uma agenda de desenvolvimento para a América Latina e abriu um caminho conceitual que, radicalizado, produziria a Política Externa Independente (PEI) do interregno turbulento de Jânio Quadros e João Goulart.

O golpe de 1964 ativou um novo ciclo, com o brusco realinhamento de Castello Branco, quando a PEI foi repudiada e tropas brasileiras desembarcaram na República Dominicana para cumprir uma função definida em Washington. Mas, contrariamente à lenda, o regime militar não renunciou à agenda do desenvolvimento autônomo. Num compasso diferente, a melodia das disparidades Norte-Sul voltou a ser cantada pela diplomacia nacional e os temas caros do desenvolvimentismo cepalino ressurgiram dentro do envelope do nacionalismo do Brasil-potência fabricado pelos generais-presidentes.

A crise interna que desaguou na transição pouco controlada de João Baptista Figueiredo coincidiu com a crise do sistema internacional da Guerra Fria. O Brasil da redemocratização, inaugurada com o governo de José Sarney, enfrentaria os desafios simultâneos da inserção estratégica na "Nova Ordem Mundial" e da busca de um lugar no cenário competitivo da globalização. As respostas a esses desafios, filtradas pela tradição de Rio Branco, delinearam a política externa das últimas duas décadas.

Num outro tempo, a política internacional era o domínio incontexte da vontade do Príncipe. A democracia de massas quebrou o monopólio tradicional, submetendo as opções de ação internacional ao escrutínio do público. No Brasil da Campanha das Diretas Já! e da Constituição de 1988, as vozes da opinião pública tornaram-se elementos significativos no tabuleiro estratégico da diplomacia. De Sarney a Luiz Inácio Lula da Silva, os governantes fizeram política externa com um olho voltado para a mídia interna, os grupos de pressão domésticos e as percepções dos eleitores.

Do encontro em Iguaçu ao Tratado de Assunção (1986-1991)

Em 29 de novembro de 1985, menos de nove meses depois da sua posse, Sarney reuniu-se com o argentino Raúl Alfonsin na fronteira tríplice de Foz do Iguaçu para inaugurar a Ponte Internacional que liga Porto Meira, no Brasil, a Puerto Iguazú, na Argentina. No dia seguinte, os presidentes assinaram a Declaração de Iguaçu, que dinamitava a muralha de ressentimentos erguida pela história entre as potências da Bacia do Prata. O documento não usava essa expressão, mas fundava uma aliança estratégica bilateral baseada na integração econômica e na renúncia mútua às armas nucleares.

A reviravolta era o ponto de chegada de uma trajetória iniciada três anos antes, durante a Guerra das Malvinas, por uma cuidadosa combinação de atos públicos e movimentos secretos. O Brasil do general Figueiredo, para surpresa de muitos, declarara seu apoio à reivindicação argentina de soberania sobre o arquipélago das Malvinas e os operadores brasileiros de radares militares compartilharam informações sigilosas com o alto comando das forças armadas da Argentina. Naqueles momentos dramáticos, Brasília e Buenos Aires desvencilharam-se da armadilha da rivalidade nuclear.

O Cone Sul poderia ser um outro Subcontinente Indiano e experimentar as tensões que contaminam a relação entre Índia e Paquistão. A decisão de rejeitar esse futuro forma um fio de continuidade que liga Figueiredo, Sarney e Collor. O Mercosul é, antes de tudo, o fruto dessa renúncia à hegemonia militar. Só secundária e acessoriamente, ele é um acordo de integração comercial.

Inicialmente, a integração Brasil-Argentina foi imaginada como um conjunto de acordos de cooperação setoriais. Essa visão refletia a herança conceitual do desenvolvimentismo, formulada no quadro dos modelos de substituição de importações vigentes ao longo de meio século nos dois países. Ela não resistiu à eleição de Fernando Collor, que representou a vitória de um programa de agressiva abertura econômica. O Mercosul já seria imaginado em outras bases, sintetizadas pela noção de reduções lineares de tarifas de importação e exposição dos produtores nacionais à concorrência externa.

O Tratado de Assunção, firmado em março de 1991, assentou-se sobre o conceito de regionalismo aberto e fixou as metas sucessivas de constituição de uma zona de livre-comércio e de uma união aduaneira. O Mercosul incorporava Uruguai e Paraguai, a fim de reverter a dinâmica histórica de disputa entre as duas potências pela influência sobre os vizinhos menores. Mas essa devia ser apenas a pedra fundamental de um sistema de integração mais amplo, de âmbito sul-americano.

Para o Brasil, a América Latina, um espaço que inclui a esfera de influência direta dos EUA formada pela região caribenha, só representou um conjunto relevante no efêmero período da PEI, quando Che Guevara foi condecorado por Jânio Quadros. O nosso "exterior próximo" é a América do Sul, espaço geopolítico associado às faixas de fronteiras brasileiras e estruturado pelas bacias do Amazonas e do Prata. Uma iniciativa de cooperação sul-americana, centrada no Cone Sul, foi inaugurada por Rio Branco, pela política ABC (Argentina, Brasil, Chile). O Mercosul se inscreve na linha de continuidade daquela política, que buscava superar os ressentimentos gerados, no século XIX, pela difícil convivência entre o Brasil imperial e as repúblicas bolivarianas.

No plano econômico, o Mercosul foi imaginado como instrumento de adaptação competitiva das economias brasileira e argentina. Na "ante-sala da globalização" formada pela união aduaneira, os dois países aprenderiam novas regras de alocação de capital e trabalho, superando os travos do protecionismo e preparando-se para enfrentar os desafios agudos da concorrência externa.

Diante da globalização (1992-2002)

A transição representada pelo governo Sarney ativou os motores do Mercosul, mas sua ação externa ficou comprometida pelas conseqüências internacionais do Plano Cruzado, que se apoiou na moratória forçada da dívida externa. A guerra de atrito com o FMI e os credores contaminou a agenda, colorindo as percepções brasileiras com os tons tradicionais da dependência financeira e do conflito Norte-Sul.

Fernando Collor promoveu a ruptura. A sua campanha eleitoral, marcada pelo simbolismo do ataque às "carroças brasileiras", como celebremente se referiu aos automóveis produzidos na estufa do protecionismo, indicava o rumo da abertura comercial e, mais ainda, delineava um modelo a ser imitado: o Brasil devia se mirar no Norte, renunciando ao Terceiro Mundo.

O presidente, que acabava de bater Lula, surfava na onda histórica da queda do Muro de Berlim e do recuo generalizado do socialismo e dos nacionalismos. Os seus parceiros privilegiados seriam os EUA, a União Européia e a Argentina de Carlos Menem, que nos anos de glória e brilho falsos da inauguração do Plano Austral compartilhava a sedução da modernidade globalizada.

Collor durou pouco, mas a fortuna lhe permitiu ser o anfitrião da Conferência das Nações Unidas sobre Meio Ambiente e Desenvolvimento (Rio-92). O evento, ápice da diplomacia ambiental e fonte de uma extensa agenda internacional, ofereceu ao Brasil a chance de figurar como protagonista no palco mundial. A oportunidade foi aproveitada com maestria por um Itamaraty que revelava versatilidade e competência técnicas na absorção do novo conceito de desenvolvimento sustentável.

Na Rio-92, em meio a milhares de representantes de ONGs do mundo inteiro, o Brasil conseguiu representar, a um só tempo, papéis de liderança das coalizões que formularam os principais tratados e de mediador entre maiorias e minorias. No fim, os textos das convenções do Clima e da Diversidade Biológica refletiram, sobretudo, o sucesso da articulação diplomática entre as nações em desenvolvimento e a União Européia.

Cinco meses depois da Rio-92, Collor era afastado do poder, no curso do processo de *impeachment*. O governo transitório de Itamar

Franco, definido na origem pelas manifestações populares que derrubaram o antecessor, girou o leme da política externa sem, contudo, cancelar a ruptura com o protecionismo. A nova orientação, comprometida com uma inserção competitiva na globalização, restaurou a prioridade histórica à América do Sul e conferiu impulso ao projeto de expansão do Mercosul.

Desde 1990, no tabuleiro da política hemisférica destacava-se o amplo movimento ofensivo da torre promovido por Washington por meio da Iniciativa das Américas. Aquele discurso de George W. Bush, uma conclamação à integração comercial continental, "do Alasca à Terra do Fogo", prenunciara a formação do Acordo de Livre-Comércio da América do Norte (Nafta) e a proposta da Área de Livre-Comércio das Américas (Alca), que seria adotada por 34 Estados na Cúpula das Américas (Miami, dezembro de 1994). O movimento brasileiro de consolidação e a expansão do bloco do Cone Sul destinavam-se a posicionar os peões de modo a equilibrar o jogo.

A operação do Brasil iniciou-se pela formulação da idéia de uma Área de Livre-Comércio Sul-Americana (Alcsa), que se deve a Celso Amorim, ministro do Exterior de Itamar Franco. Não era uma proposta de tratado, mas uma ponte conceitual que traçava um rumo de negociações entre o Mercosul e os vizinhos sul-americanos. Em janeiro de 1995, já no primeiro governo de Fernando Henrique Cardoso, o bloco do Cone Sul alcançava, pela fixação de uma Tarifa Externa Comum (TEC), a condição de união aduaneira. No ano seguinte, Chile e Bolívia assinavam tratados de associação com o Mercosul.

A ONU completou meio século de existência em 1995 e nos anos anteriores criou-se a expectativa de uma ampla reforma do Conselho de Segurança (CS). O núcleo estratégico das Nações Unidas, constituído pelas cinco potências nucleares "oficiais", refletia a geometria de poder emanada da Segunda Guerra Mundial. O encerramento da Guerra Fria e, com ela, do "curto século XX" (Hobsbawm), assinalava um ponto final geopolítico na própria guerra mundial. Alemanha e Japão já podiam virar a página da derrota e esperavam um assento entre os membros permanentes do CS. Na esteira da globalização, uma reforma genuína deveria também abranger representantes do Terceiro Mundo.

Nessa conjuntura, sob inspiração do chanceler Amorim, o Brasil deflagrou uma campanha pela reforma do CS e anunciou a sua candidatura. Em meados dos anos 1920, o Brasil experimentara um constrangedor insucesso, numa campanha persistente por um lugar no Conselho da Liga das Nações. A iniciativa de Amorim sofreu logo o esperado fogo de barragem de uma Argentina, que, sob Menem, procurava estabelecer "relações carnais" com os EUA e que, sob qualquer governo, se opõe historicamente a uma liderança ostensiva do Brasil na região. Depois, esbarrou no desinteresse das potências do CS em levarem adiante a idéia de reforma.

FHC foi ungido como candidato no interior do governo Itamar Franco, por meio da delicada operação de implantação do Plano Real. Mas seu governo não seria uma continuidade do anterior, ao menos no campo da política externa. A substituição de Amorim por Luiz Felipe Lampreia no Itamaraty não representou uma mudança radical, mas foi um nítido ajuste de foco. Como providência inicial, a campanha pela cadeira no CS da ONU baixou de tom e, com o tempo, converteu-se em mera afirmação de defesa da reforma. O governo, sabiamente, evitava engajar a diplomacia brasileira na perseguição de uma meta que parecia cada vez mais incerta.

Nos anos FHC, o Brasil enfrentou o desafio de conduzir as negociações da Alca sem deixar que esse projeto, impulsionado por Washington, destruísse o empreendimento de integração sul-americana. Nas conferências ministeriais da Alca, defendeu a visão de um tratado baseado na abertura de mercados, via redução de tarifas, eliminação de instrumentos protecionistas excepcionais e corte de subsídios agrícolas. Os EUA, por outro lado, insistiram num tratado inspirado no Nafta, que se baseia na proteção de investimentos estrangeiros, na liberalização do setor de serviços e em severas restrições às políticas industriais nacionais. Além disso, recusaram-se a abrir mão de seu arsenal protecionista organizado em torno de regras antidumping e de generosos subsídios a seus produtores rurais.

Diante do impasse na Alca, o Brasil estimulou as negociações paralelas entre o Mercosul e a União Européia. Essa frente de ação comercial nunca apresentou horizontes muito favoráveis, em virtude da política agrícola européia. Mas, do ponto de vista, fazia sentido usar o interesse dos europeus na ampliação dos fluxos de comércio com o Brasil e a Argentina como contraponto às pressões de Washington por uma Alca cortada no alfaiate dos interesses norte-americanos.

Os ventos dos negócios encheram as velas do Mercosul até o início da crise financeira argentina. Entre 1991 e 1997, o fluxo comercial entre o Brasil e o bloco do Cone Sul multiplicou-se por cinco, o que serviu para ocultar as dificuldades perenes de eliminação das numerosas exceções que perfuram as regras da união aduaneira. Contudo, depois desse período, o intercâmbio declinou e as divergências comerciais entre Brasil e Argentina evidenciaram-se cada vez mais.

Menos comércio, mais política. Em julho de 1988, pelo Protocolo de Ushuaia, o Mercosul incorporou uma "cláusula democrática" ao Tratado de Assunção. A iniciativa destinava-se a reforçar os vínculos do bloco do Cone Sul e fincar um alicerce no edifício da integração sul-americana. A "cláusula democrática" não ficou no papel, servindo para abortar, na origem, dois ensaios golpistas no Paraguai. Ela também ecoou na América do Sul, como uma mensagem enviada pelo Brasil e pela Argentina, que tinha um claro significado: os pretendentes ao ingresso no Mercosul deveriam resistir à tentação do autoritarismo.

Sob Lampreia, entre 1995 e 2001, e depois sob Celso Lafer, entre 2001 e 2002, o Itamaraty adaptou a política externa brasileira à agenda internacional diversificada dos anos áureos da globalização. Uma decisão conceitual de fundo foi investir na defesa dos princípios da paz, da democracia e dos direitos humanos, que refletiam consensos nacionais gerados pela redemocratização. Em 1998, nossa diplomacia promoveu uma ruptura decisiva com o passado aderindo ao Tratado de Não-Proliferação de Armas Nucleares (TNP). No mesmo ano, quase simultaneamente à assinatura do Protocolo de Ushuaia do Mercosul, os representantes brasileiros participaram ativamente da Conferência de Roma, das Nações Unidas, que aprovou a criação do Tribunal Penal Internacional (TPI).

O TNP, firmado em 1968, havia sido rejeitado pela ditadura militar brasileira, que sonhava com o Brasil-potência e ensaiava os passos inaugurais do seu programa nuclear secreto. A rejeição fundamentava-se no argumento de que o TNP era um tratado desigual, um instrumento de congelamento do desequilíbrio internacional de poder nuclear. Sob esse argumento, permanecemos à margem do TNP mesmo depois do abandono do programa nuclear secreto e dos acordos com a Argentina para a manutenção de uma zona de paz no Cone Sul e no Atlântico Sul.

A conjuntura mundial do pós-Guerra Fria, marcada pela Guerra do Golfo de 1991 e pelo crescimento dos riscos de proliferação nuclear, converteu a antiga postura num jogo de soma zero: o Brasil não pretendia se tornar uma potência nuclear, mas enfrentava as desconfianças decorrentes da rejeição do tratado. Nesse contexto, a adesão ao TNP representou o encerramento de um ciclo histórico e separou o rumo brasileiro daquele seguido pela Índia e pelo Paquistão.

O TPI inscreve-se na trama de tratados de proteção dos direitos humanos que ganhou um primeiro impulso no pós-guerra e um novo sopro vital com o fim da Guerra Fria. Ele foi um fruto direto das guerras étnicas que ensangüentaram a antiga Iugoslávia nos anos 1990 e do genocídio de Ruanda, em 1994. A sua criação decorreu de articulações que envolveram, principalmente, a União Européia e as redes de ONGs de defesa dos direitos humanos. Perfilando-se entre os articuladores do TPI, o Brasil abrandou a sua posição tradicional de defesa intransigente do princípio de autodeterminação nacional. A nova lógica da posição brasileira procura equilibrar o princípio clássico, que forma a estrutura das relações internacionais, com o princípio da universalidade dos direitos humanos.

Os EUA de Bill Clinton firmaram o tratado do TPI, mas expressaram desde o início as suas reservas e reticências. A hiperpotência da "Nova Ordem Mundial", com suas tropas amplamente engajadas em conflitos regionais e operações de paz da ONU, temia que a corte internacional viesse a representar um instrumento de limitação da sua liberdade de ação militar.

No ano 2000, em Brasília, reuniu-se uma conferência de chefes de Estado da América do Sul. O evento afirmou o desejo comum de criação de uma Comunidade Sul-Americana de Nações (Casa), pela aceleração da integração comercial e de infra-estruturas da região. Mas ele coincidiu com o agravamento da crise financeira argentina, que expôs as fragilidades do Mercosul, e com a eclosão da crise institucional peruana provocada pela fraude eleitoral que conferiu um terceiro mandato a Alberto Fujimori, no Peru.

A crise peruana representou um teste amargo para a política externa brasileira. Na OEA, os EUA propuseram a adoção de sanções contra o Peru, mas o Brasil reuniu uma maioria contrária à iniciativa. O princípio da autodeterminação nacional, de um lado, e as circunstâncias do apoio político de Fujimori à liderança desempenhada pelo Brasil na região, de outro, explicam a postura brasileira. Contudo, ela constituía uma defesa, indisfarçável e penosa, do regime autoritário peruano que se esfarelava internamente. Poucos meses depois da fatídica reunião da OEA, Fujimori deixava o seu país, buscando asilo no Japão.

Os movimentos derradeiros da política externa de FHC circunscreveram-se à administração de impasses, no Mercosul e na América do Sul, que não foram produzidos pelo Brasil, mas que evidenciavam o encerramento da fase áurea da integração regional. Dali em diante, seria preciso agir com destreza e prudência, em terreno sempre mais perigoso. A política externa de Lula não se revelou à altura do desafio.

Nostalgia do Brasil-potência (2003-2006)

[...] não devemos e não podemos alimentar visões de projeção mundial de nosso poder político-militar. As carências que enfrenta o povo brasileiro não permitem que haja a mobilização dos enormes recursos necessários para dar lastro e credibilidade a um projeto desta natureza, como em certo momento alguns preconizaram sob o rótulo de "Brasil-potência". Nossa melhor tradição diplomática, desde a Independência, é dar sentido estratégico e pragmático à nossa política externa recusando iniciativas que tenham apenas uma fosforescência fácil e evitando guinadas bruscas de doutrina. Quase sempre foi assim e é necessário que seja sempre assim.

Esse trecho, de uma obra do então chanceler Lampreia (*Diplomacia brasileira: palavras, contextos e razões*), foi publicado em 1999, mas poderia ser tomado como crítica direta à política externa de Lula. Essa política, inaugurada em 2003 e conduzida por Celso Amorim, que retornava ao cargo de ministro do Exterior, apresentou-se desde o início como uma ruptura com a tradição. Ela o foi, mas apenas até certo ponto.

A viagem inaugural do presidente Lula ao exterior, em janeiro de 2003, teve como cenário a América do Sul. Na conclusão do périplo, em Quito, Lula não fez concessões à melíflua linguagem da diplomacia, afirmando que o Brasil deveria liderar a região e se preparava para "desabrochar de uma vez por todas, assumir sua grandeza e dar a contribuição que tem de dar à América do Sul e ao mundo". Era apenas a primeira de uma série de proclamações da "liderança natural" brasileira. Como liderança se exerce, não se proclama, e nunca é "natural", as palavras prenunciavam uma rota diplomática pouco recompensadora.

Ainda no ano inicial do governo, um duplo consenso tinha se estabelecido no Brasil. Os conservadores adoravam a política econômica, mas detestavam a política externa, enquanto a esquerda odiava a política econômica, mas elogiava a política externa. O Itamaraty esmerava-se num discurso quase terceiro-mundista, evocando subliminarmente a memória da PEI e anunciando uma extensa agenda de visitas presidenciais à África e ao mundo árabe. Com a Índia e a África do Sul, o Brasil formava o Ibas, um grupo de articulação política que preparava uma nova formulação da proposta de reforma do CS da ONU. Na Organização Mundial de Comércio (OMC), o Brasil juntava-se à China e à Índia para liderar o G-20, um grupo de países em desenvolvimento que participaria com agenda própria das negociações multilaterais da Rodada de Doha.

Aparentemente, era uma inflexão e tanto. Mas um exame mais detido evidenciava os fios de continuidade. Na visão do Barão do Rio Branco, o caminho para a América do Sul passava pela América do Norte, ou seja, por uma parceria privilegiada com os EUA. O governo Lula fez a crítica da invasão norte-americana do Iraque, num diapasão discreto que apenas retomava os conceitos expostos no ano anterior por Celso Lafer, chanceler de FHC, e não permitiu que o tema turvasse as relações com Washington. Meses depois da posse, Lula visitou George W. Bush na capital norte-americana e anunciou que uma forte empatia pessoal se tinha estabelecido. A viagem serviu para que o Brasil reafirmasse a sua tradicional posição de mediador entre os EUA e a América do Sul, cuja importância crescia com a radicalização da guerra verbal entre a hiperpotência e a Venezuela de Hugo Chávez.

A verdadeira inflexão não era uma novidade, mas uma restauração: sob Lula, o sonho do "Brasil-potência", caro à ditadura militar, ressurgiu em roupagens de esquerda. A sua expressão mais clara foi a prioridade absoluta conferida à campanha por uma cadeira de membro permanente no CS da ONU, que se converteu no eixo organizador de toda a política externa brasileira. A fonte ideológica principal da nova orientação era o secretário-geral do Itamaraty, Samuel Pinheiro Guimarães.

Guimarães, um nacionalista nostálgico de Getúlio Vargas e Ernesto Geisel, chegou ao posto de número 2 do Itamaraty a partir de um episódio curioso. No ocaso do governo FHC, ele concedeu uma rumorosa entrevista com críticas ácidas à Alca e, com base nas regras que regem o Itamaraty, foi afastado do cargo pouco destacado que ocupava na burocracia diplomática. O acontecimento seria um traque em tempos normais, mas provocou um trovão na hora em que o país passava do comando de FHC para o de Lula, abrindo caminho para que Guimarães se tornasse, aos olhos do PT, o profeta de uma nova diplomacia e chegasse à secretaria-geral.

A aventura rumo ao CS da ONU custou-nos, ainda em 2003, o compromisso de liderar a missão de paz das Nações Unidas no Haiti (Minustah). O governo legal haitiano tinha sido derrubado, sob falsas alegações humanitárias, por uma intervenção dos EUA e da França. A pedido de Bush, que não pretendia engajar tropas no Haiti na hora em que se estabelecia o regime de ocupação no Iraque, Lula aceitou a liderança da missão na expectativa de conseguir o apoio de Washington à candidatura ao CS. Como resultado, forças brasileiras foram deslocadas para a ilha caribenha com a missão de sustentar um regime imposto pela intervenção estrangeira e estabilizar o país devastado pela pobreza e por conflitos entre gangues.

A campanha do CS amparou-se numa proposta de reforma apresentada pelo G-4 (Alemanha, Japão, Índia e Brasil), que previa a expansão do organismo para 11 membros permanentes, pela inclusão dos 4 e de mais 2 representantes africanos. Contra ela, articulou-se o chamado Grupo do Consenso, que reuniu os opositores, em cada região, das quatro candidaturas: Itália, Espanha, China, Paquistão, México e Argentina. Mais importante, os EUA, defendendo o ingresso apenas do Japão e da Índia, e a China, contrária ao ingresso do Japão, anunciaram vetos cruzados à proposta do G-4.

O Brasil persistiu, diante de evidências de que as potências do CS não estavam dispostas a negociar uma redistribuição profunda do poder na ONU. A estratégia do Itamaraty, orientada para a quebra das resistências no CS e a conquista de uma maioria na Assembléia-Geral, subordinou os princípios e os interesses da política externa brasileira ao cobiçado prêmio. O Brasil proclamou no vazio uma "aliança estratégica" com a China, à qual concedeu o estatuto de economia de mercado e presenteou com um elogio público no campo dos direitos humanos. Na empreitada, a representação brasileira na ONU votou contra qualificar a matança em Darfur (Sudão) como genocídio, o que poderia resultar na perda de votos africanos incertos.

O tema do CS aprofundou as dificuldades inerentes ao projeto de integração sul-americana. Em outubro de 2005, em Brasília, os representantes de 12 países firmaram o tratado de criação da Casa, mas os acordos não passavam de vagas declarações de intenções e, mesmo assim, a conferência quase fracassou totalmente quando o venezuelano Hugo Chávez ameaçou não apor sua assinatura aos textos que interpretou, com razão, como castelos erguidos sobre areia. De qualquer forma, a proclamação solene de unidade não conseguia disfarçar a fragmentação política real experimentada pela América do Sul.

A liderança do Brasil, cantada em prosa e verso, revelava-se uma miragem. Os argentinos opuseram-se desde o início à pretensão brasileira, que implicaria congelar uma liderança regional ostensiva, e exigiram que se abrissem novos furos no dique precário das regras comerciais do Mercosul. Enquanto isso, um após o outro, os países sul-americanos começaram a firmar tratados bilaterais de livre-comércio (TLCS) com os EUA, que adotaram essa estratégia como forma de circundar o impasse na Alca e isolar o Brasil e a Argentina. Em 2006, uruguaios e paraguaios ensaiaram negociar TLCS com Washington, o que implicaria, pelas regras da união aduaneira, a sua retirada do Mercosul.

Nuestro norte es el Sur. Esse dístico adornava a mesa da reunião de chefes de Estado dos países do Mercosul, em Caracas, no 4 de julho de 2006. Naquele dia, foi formalizado o ingresso da Venezuela no Mercosul. Os venezuelanos teriam dois anos de adaptação às disposições que regem a zona de livre-comércio e a união aduaneira, mas o país tornava-se, politicamente, membro pleno do bloco do Cone Sul. O procedimento excepcional respondia aos interesses de Chávez, mas não necessariamente aos do Brasil.

O chavismo é um nacionalismo *sui generis*, pois a sua bandeira é uma releitura da "Pátria Grande" bolivariana. A política externa da Venezuela acalenta o sonho da unidade da América Latina e nutre-se do antiamericanismo. Assim definidos, os interesses venezuelanos não se coadunam com as orientações estruturais da política externa brasileira, que busca a integração sul-americana e conserva a parceria histórica com os EUA.

A política agressiva de Chávez provocou atritos da Venezuela com a Colômbia e o Peru. A interferência chavista no novo ciclo da revolução boliviana foi decisiva para que Evo Morales se entregasse a uma estratégia de confronto, no curso da nacionalização dos hidrocarbonetos, com prejuízos diretos para o Brasil. O Chile, cujos laços comerciais com os EUA se aprofundaram, apresenta-se como contraponto explícito da orientação venezuelana. No Mercosul, Chávez oferece à Argentina a possibilidade de um jogo triangular, que reduz o peso dos interesses brasileiros.

A experiência de política externa lulista combinou elementos tradicionais, como a parceria com os EUA, com releituras do terceiro-mundismo da PEI e do paradigma do Brasil-potência do regime militar. Ela não produziu os fantásticos frutos prometidos na sua inauguração. No fim, almejando a meta irrealista de um lugar entre as grandes potências mundiais, o Brasil perdeu-se no labirinto da política sul-americana.

Política interna

Leandro Fortes

No inverno de 1986, Zico perdeu aquele pênalti maldito contra a França, na segunda Copa do México, mas a desclassificação da seleção brasileira nem tão triste me deixou. Eu tinha 20 anos, o que por si só justifica o desvario dessa ausência, e os trocados que levava no bolso rendiam muitas cervejas. Desde março daquele ano, o Plano Cruzado havia baixado e congelado os preços das bebidas e tudo mais. Era fácil e barato, portanto, afogar as mágoas com uns poucos cruzeiros com zeros cortados, os tais cruzados, catados aqui e ali nas rodas de amigos. Consolava-me o fato de que, na política, o país parecia respirar, finalmente, os ares do tal futuro prometido, mas entregava-se, sem saber, a uma lenta asfixia moral e ética.

A abertura política

O governo do presidente José Sarney, até hoje lembrado como um dos grandes desastres nacionais, como a Copa de 1950 e a plástica facial da cantora Rosana (outro ícone inesquecível daqueles tempos), havia lançado as bases do veneno político que se prolonga até hoje, na parte visível, nos maus modos do Congresso Nacional e na arrogância do poder econômico. Com Sarney, estabeleceu-se o domínio da mediocridade na atividade política baseada, em sua essência, no controle da mídia por grupos reacionários e conservadores, graças à farra de concessões de canais de TV e rádio. Os agraciados pagaram a fatura com um mandato de cinco anos para Sarney e uma condenação, ainda em vigor, de despolitização contínua da sociedade brasileira. Das entranhas daquele descalabro, vale lembrar, nasceu a candidatura de Fernando Collor de Mello, o caçador de marajás.

Os esquemas montados pelo tesoureiro de campanha collorida, o falecido Paulo César Farias, eram mesmo escabrosos, mas culpar isoladamente Fernando Collor, no entanto, virou quase um clichê freudiano entre os analistas políticos da época. Era uma maneira de ignorar a essência da trajetória política nacional, de perguntar, cinicamente: "Onde foi que erramos?". A resposta estava em muitos lugares, como ainda está agora, guardada na memória de uns tantos protagonistas ainda vivos: no "Centrão" conservador e fisiológico formado na Assembléia Nacional Constituinte por deputados e senadores vergonhosamente de direita; na política de concessões de TV e rádio coordenada pelo então ministro das Comunicações Antonio Carlos Magalhães, para ficar em um outro bom exemplo, o do carlismo baiano, de atraso projetado para o futuro; na submissão aos interesses da banca internacional; na concentração criminosa de renda; na proletarização dos sonhos de urbanidade de milhões de cidadãos brasileiros; e, sobretudo, na descrença nos políticos.

Eu nem pensava nisso, aos 20 anos, quando chamei um policial militar para prender um vendedor de cerveja na praia de Copacabana, naquele inesquecível ano de 1986. Eu, menino grande, aceitei a patética incumbência de ser fiscal do Sarney, embora não tivesse o *botton* verde-amarelo pregado no peito. O PM caminhou lentamente pelas areias escaldantes do verão carioca. Derreteu-se em suor para ouvir minha acusação de ultraje à tabela de preços baixada pelo governo. Era o Rio de Janeiro, e eles, policial e vendedor, logo sacaram que eu era da Bahia. Peguei meu dinheiro de volta e sumi do pedaço, porque bobo eu nunca fui. No mesmo dia, cientistas suecos iriam informar ao mundo da presença do elemento químico rutênio no ar da Escandinávia. O rutênio, metal derivado da platina, só se funde a 2.255 graus centígrados. Dois dias depois, Moscou noticiava ao mundo que o reator da usina nuclear de Chernobyl, na Ucrânia, havia explodido. O mundo prendeu a respiração. Mas, no Brasil, a preocupação mesmo era com a escassez de carne de boi nos açougues. Com o desabastecimento de produtos, provocado pela política de congelamento de preços, o Plano Cruzado logo iria fazer água. Sarney voltava a ser Sarney e o Brasil jogava outra vez o futuro no lixo.

A composição final do drama político brasileiro, até aqui, também contou com a ajuda do processo que cassou Fernando Collor, em 1992, sob a acusação de chefiar uma quadrilha de malfeitores estacionada nos cargos da República. Collor e sua trupe alagoana estavam nos planos da turma do Centrão, a mesma que o financiou e elegeu, para permanecer intocada. Defenestrar o presidente era levar uma virgem ao altar para acalmar os deuses da opinião pública. O que não poderia morrer era a política de conchavos paroquiais e a distribuição de cargos para aliados, razão de toda a bandalha. O lema franciscano do "é dando que se recebe" sobreviveu a Collor, como uma praga de carrapatos lançada sobre Brasília. Hoje, sabe-se por quê. Então, a cada escândalo subseqüente, clamava-se, ontem, como hoje, por renovação.

Pois bem. A média de renovação do Congresso Nacional, da posse de José Sarney até hoje, variou de 40% a 46%. Teve um pico maior, de pouco mais de 50%, depois do escândalo dos anões do orçamento, em 1993. Foi quando se descobriu para que, de fato, servia um mandato parlamentar no Brasil. Mais ou menos a média prevista pelos analistas para a renovação pós-mensalão e pós-sanguessugas para a próxima legislatura. Em um país onde os noticiários regionais são dominados por esquemas medievais de censura e manipulação, renovar significa trocar seis por meia dúzia, ou por menos ainda. Collor, certa vez, preteriu autoridades da Organização Pan-Americana de Saúde (Opas) para receber no Palácio do Planalto a atriz Gabriela Rivero, a doce professorinha Helena da telenovela mexicana *Carrossel*, sucesso em 1991. Os médicos queriam falar sobre a epidemia da aids no planeta. A bela Gabriela foi falar de amenidades com o presidente. Ninguém deu bola para o fato. Collor era a renovação.

Acompanhei o processo de *impeachment* de Fernando Collor de dentro da presidência da República. Eu era repórter da sucursal de Brasília da *Zero Hora* de Porto Alegre e presidente do comitê de imprensa do Palácio do Planalto. Vi, com grande alívio e felicidade, Collor subir em um helicóptero para nunca mais voltar. Eu era um sonhador, e assim continuei governo Itamar Franco adentro, certo de que um admirável mundo novo se anunciava no horizonte, com a estabilização da nova moeda, o real. Mas a volta do PFL, na canga do PSDB, para o centro do poder, aliada à massificação e popularização das duplas sertanejas, foi o suficiente para conter a marcha dos sonhadores. Era o Centrão de novo, agora com penugens azuis, no controle das rédeas. O país caminhava para seu quarto presidente em oito anos de redemocratização. As cadelas que ajudaram a parir a ditadura passaram a ensaiar um novo cio. Veio, então, a era FHC.

Eras: FHC e Lula

Fernando Henrique Cardoso havia tentado levar o PSDB para dentro do governo Fernando Collor, do qual pretendia participar como chanceler. Foi impedido pelo deputado Mário Covas, um dos fundadores do partido, até hoje símbolo de honestidade e correção na política. Virou chanceler no governo Itamar Franco, mas foi como ministro da Fazenda, alçado à estatura de idealizador do Plano Real, que FHC cimentou seu caminho para o Palácio do Planalto. Nos oito anos em que lá esteve, os brasileiros acostumaram-se com os termos "globalização" e "pensamento único". Era o reflexo da moda neoliberal dos anos 1990, baseada no chamado Consenso de Washington, a crença formulada pelos Estados Unidos de que as virtudes das leis de mercado iriam trazer a felicidade soterrada pelo sonho socialista sob os escombros do Muro de Berlim.

Do ponto de vista da evolução política brasileira, os anos de Fernando Henrique serviram para desmoralizar, em grande escala, a atividade parlamentar no Brasil. Um dos primeiros atos do presidente, em janeiro de 1995, foi o de não vetar uma excreção legal bolada nos porões do Congresso Nacional. Cassado pelo TSE por uso irregular da Gráfica do Senado, o senador paraibano Humberto Lucena mobilizou os colegas para criar uma lei cujo objetivo era anistiá-lo. O projeto foi aprovado em plenário, mas temia-se que o presidente recém-empossado o vetasse. FHC preferiu não intervir nos assuntos do Parlamento. Lavou as mãos, como Pilatos, porque tinha outros planos para o Congresso. Humberto Lucena morreu em 1996, anistiado, mas com a pecha de ter servido de inspiração para o humorista Chico Anísio criar o personagem Justo Veríssimo – caricatura grotesca, mas atualíssima, do político brasileiro conservador, elitista e fisiológico.

Os dois mandatos de Fernando Henrique Cardoso consolidaram a predominância do Poder Executivo sobre o Legislativo, em todos os níveis da federação. Essa nova cultura relegou a figura do parlamentar a uma situação cosmética, supérflua, para não dizer inútil, diante da vontade do presidente da República, dos governadores e dos prefeitos. Com a ampla maioria obtida ao se aliar aos grupos conservadores e fisiológicos do Congresso, FHC passou a decidir os rumos do Legislativo a partir do gabinete presidencial. Graças a isso, impediu a implantação da CPI que iria investigar as denúncias de compra de votos para a emenda da reeleição. Não teve adversários capazes de barrar a política de privatizações de empresas públicas. Impôs, quando quis, sua agenda política ao parlamento. E o parlamento eclipsou-se.

O governo do metalúrgico Luiz Inácio Lula da Silva, do PT, veio para ocupar uma brecha da História. Para viabilizar-se nas urnas, no entanto,

Lula teve que se remodelar também. Um belo terno, cabelos alinhados, barba suavemente grisalha e uma Carta ao Povo Brasileiro formulada para acalmar os que queriam mudança, mas não revolução. Não há como negar que a eleição de Lula é um salto evolutivo no processo eleitoral brasileiro, não obstante os escândalos e defeitos do governo do PT explicitados no primeiro mandato do ex-operário do ABC Paulista. Pulou-se longe para, outra vez, voltar a marcar passos.

O escândalo do "mensalão", embora careça de propriedade semântica, revelou que a ação executiva do governo Lula não teve qualquer reflexo na melhoria da qualidade política do Parlamento, onde a troca de favores e a distribuição de recursos de caixa dois ainda dão o tom do expediente. O sem-número de medidas provisórias baixadas pelo governo do PT também é uma boa indicação de que maus hábitos não têm ideologia. Ou uma boa amostra de como é difícil abrir mão de fórmulas centralizadoras e autocráticas de poder.

Passados vinte anos desde o engodo do Plano Cruzado, a sucessão de escândalos e decepções no mundo político brasileiro serviu para reforçar a doutrina Sarney, fisiológica e manipuladora. A base da ação eleitoral no país ainda se dá pelo clientelismo barato, paroquial, essencialmente individualista. Vota-se no candidato que promete lotes, cestas básicas, cimento, tijolos. Vota-se por gratidão imediata ao político que arranjou cadeiras de roda, dentista, consulta médica, remédios, empregos. A despolitização relegou a cidadania a um luxo exclusivo da classe média e dos ricos. A escolha de candidatos passou a ser uma tarefa aborrecida, muitas vezes levada a cabo na selva das bocas-de-urna instaladas nos arredores das zonas eleitorais.

Não por coincidência, os investimentos no período em educação pública sucumbiram à política de contingenciamento orçamentário voltado a pagamento de serviços da dívida via acúmulo de superávit primário. Com mais de 70% das unidades de curso superior nas mãos da iniciativa privada, revelou-se uma disfunção típica da realidade social brasileira. As universidades públicas, gratuitas e de maior relevância acadêmica, passaram a ser um clube quase exclusivo da classe média. O estudante-trabalhador, oriundo de escolas públicas e sem flexibilidade de horário para estudar, passou a ser figurinha fácil nos cursos noturnos das faculdades privadas. Essa dissonância, além de alargar o histórico fosso social brasileiro, enfraqueceu os movimentos estudantis, antigo nascedouro de lideranças políticas do país.

A continuidade da "política real"

Pausa para uma memória emblemática. No final da década de 1980, os estudantes da Universidade Federal da Bahia tomaram de assalto o prédio da reitoria e impediram, por sete dias, que o reitor Rogério Vargens fosse empossado. Eu estava lá. Vargens era o quinto colocado de uma lista sêxtupla apresentada por professores e funcionários da UFBA ao então ministro da Educação do governo Sarney, o baiano Carlos Santana. A partir daí, e por quatro anos, implantou-se um esquema de autoritarismo e truculência acadêmica na velha universidade da Bahia que fazia parte de um plano geral de desmonte do ensino superior público. Vargens não sabia, mas era, ao mesmo tempo, um precursor e um exemplo. Quando, 14 anos depois, Paulo Renato Souza, titular do MEC na era FHC, deixou tranqüilamente a pasta, o trabalho estava quase completo.

A conseqüência mais palatável da despolitização deliberada do povo brasileiro nas duas últimas décadas é o descompasso entre a qualidade dos políticos e a relevância formal da política no cotidiano do país. Nada mais educativo, como comprovação de tese, do que o desfile bizarro de candidatos pelo palco da propaganda gratuita de televisão. Tudo bem, o formato do tipo vai-lá-e-desembucha-em-dez-segundos não colabora muito, mas basta prestar atenção às propostas de varejo para compreender o quanto ficamos parados no lodaçal da democracia brasileira. Como parte da nossa condenação, passamos a ser obrigados a assistir a esse espetáculo de marionetes e mentecaptos mal e porcamente postados para ler, com a ajuda de um *teleprompter*, mensagens eleitorais boladas por marqueteiros primários.

No fim das contas, a vitória das nulidades dentro do ambiente eleitoral serviu para afastar da política as pessoas decentes. Assim, boa parte dos que se dispõem a entrar no meio o faz como exercício de alpinismo social, para consolidar grupos de interesse ou, simplesmente, para se colocar à disposição de *lobbies* de alta remuneração. Serviu, ainda, para neutralizar, no pior sentido possível, o discurso ideológico da esquerda, bem entendido, porque o da direita jamais se materializou como doutrina explícita no cenário político nacional. Pouco mais de vinte anos depois do fim da ditadura militar, e com a ajuda do governo Lula, o eleitor brasileiro médio chegou à conclusão falaciosa, mas de grande apelo popular, de que político é tudo igual.

Último e definitivo corte no tempo. Eleições de 1989, comício de Lula no Farol da Barra, em Salvador. Mais de quatrocentas mil pessoas cantarolando o mantra do "Lula-lá", o país dividido em dois no segundo turno do pleito. O discurso anticomunista ainda era parte da estratégia dos adversários do PT, bem como ainda valiam, em altos brados, as bandeiras e bravatas eleitorais da esquerda, como "Fora FMI" e "Reforma Agrária já!". Lula, suado e feliz, cria na vitória das organizações populares contra a avalanche de dinheiro colocada pelos grandes empresários nacionais na campanha de Collor. Perdeu, mas conservou nos discursos dos processos eleitorais seguintes a observância da ética como preceito fundamental para o exercício da política. Manteve-se, assim, até chegar ao poder, onde se aliou a tudo de ruim sob o argumento gasto, e cada vez mais incompreensível, da governabilidade.

Digo isso não para focar no desastre de relações entre Executivo e Legislativo no governo Lula, em que a liberação de verbas para bases eleitorais permanece como moto-contínuo da garantia de apoio nas votações. As ligações do PT com partidos como PP (de Paulo Maluf), PTB (da família Martinez), PL (de Waldemar Costa Neto) e mesmo do PMDB, ligado a José

Sarney e outros da mesma estirpe, revelaram não somente incoerência, mas um desrespeito profundo ao verdadeiro princípio da renovação. Os reflexos dessa continuidade da chamada "política real" podem ser sentidos na apatia do discurso político, à direita e à esquerda, por total falta de alternativas de modelo de poder.

Em duas décadas de aperfeiçoamento das instituições democráticas, o Brasil consolidou-se como país capaz de decidir caminhos e, ainda que mal e porcamente, projetar-se como nação economicamente viável. A cultura política nativa, no entanto, estagnou-se nas bordas do século XIX, embora movida a urnas eletrônicas. Para desespero dos que ainda se mantêm acordados, a longa noite dos coronéis e das negociatas eleitorais parece longe, muito longe, de acabar.

Direitos humanos

Marco Mondaini

Não foram poucos os momentos na história da república brasileira nos quais as discussões acerca dos problemas centrais que se erguiam como obstáculos ao desenvolvimento da nação foram postas em termos de uma contradição permanentemente suspensa entre dois "brasis" em grande medida inconciliáveis.

Na maioria das vezes, a dicotomia girava em torno da idéia de que existiria dentro de um mesmo território nacional um Brasil moderno, urbano e desenvolvido em muito diverso de um outro Brasil atrasado, rural e subdesenvolvido.

A relação entre modernidade e conservadorismo não é, entretanto, a única relação contraditória a se fazer presente em nosso país. Junto a ela – e fruto, talvez, das mesmas opções históricas realizadas principalmente a partir dos anos 1930 –, desenvolveu-se uma segunda estranha relação entre um país avançado em termos legais, de um lado, e outro que vive absolutamente à margem das conquistas obtidas no plano das normas e das leis, de outro lado: um "Brasil legal" que não consegue se ajustar ao "Brasil real", ou vice-versa.

Nesse plano, a separação entre duas nações, dentro de uma única, assume explicitamente a face de um abismo entre um país que vive em função da ilusão de que basta uma alteração normativo-legal para que os problemas sociais sejam solucionados, e outro que, na ignorância em relação ao que lhe é de direito, não consegue se movimentar na direção da melhoria das suas condições materiais de existência.

No presente texto, buscar-se-á analisar as transformações ocorridas no campo dos direitos humanos, nos últimos vinte anos da história brasileira, por intermédio da observação dos diferentes ritmos existentes entre a conquista desses direitos no plano formal e a sua efetivação na realidade social.

Para tanto, procuraremos avaliar em que medida a Constituição de 1988 conseguiu realizar na prática social dos últimos 18 anos os seus princípios fundamentais. Isso, partindo do princípio de que, neste início de século XXI, a idéia de cidadania deve ir muito além da necessária igualdade jurídico-formal.

A Constituição Federal de 1988: o Brasil legal avança

Marco fundamental para toda e qualquer análise que pretenda ser realizada sobre o desenvolvimento dos direitos de cidadania nos últimos vinte anos de história brasileira, a Constituição de 1988 representa o ato de fundação (ou refundação) de um país que teve raríssimos momentos de vida plenamente democrática nos seus quase dois séculos de independência nacional.

Então, o desejo das forças situadas no chamado campo democrático era de que, com a promulgação da nova Constituição, uma pá de cal sepultasse em definitivo todo um sombrio passado de regimes discricionários, vacinando o país contra quaisquer ameaças autoritárias vindouras.

Naquele momento, vislumbrava-se a oportunidade histórica de livrar o país do horripilante pesadelo representado pelo Estado Novo varguista (1937-1945) e pelo regime militar (1964-1985) – ditaduras diretamente responsáveis pela inclusão do Brasil no seleto grupo de nações tristemente famosas por fazerem do desrespeito aos direitos fundamentais do indivíduo uma prática constante.

Nesse sentido, talvez não fosse exagerado afirmar que a Constituição de 1988 inaugura, no Brasil, ainda que no plano formal, uma autêntica

"Era dos Direitos", responsável pela afirmação inédita de garantias tanto no plano individual quanto no plano coletivo – no campo civil e político, da mesma forma que no campo social.

Chamada pelo deputado federal Ulysses Guimarães – presidente da Assembléia Nacional Constituinte eleita em 1986 – de "Constituição cidadã", a nova Carta Magna revela já no seu preâmbulo o intuito de servir como referência legal para a construção de uma nova nação, assentada sobre os alicerces dos direitos humanos.

Isso se revela de maneira clara à medida que se afirma a intenção de se "instituir um Estado democrático, destinado a assegurar o exercício dos direitos sociais e individuais, a liberdade, a segurança, o bem-estar, o desenvolvimento, a igualdade e a justiça como valores supremos de uma sociedade fraterna, pluralista e sem preconceitos, fundada na harmonia social e comprometida, na ordem interna e internacional, com a solução pacífica das controvérsias".

Rompendo decididamente com os vários momentos ditatoriais que marcaram dolorosamente o nosso passado nacional, a República Federativa do Brasil passa a ser definida como um Estado democrático de direito, por intermédio da valorização de três princípios muito caros à tradição política liberal-democrática: o pluralismo político, a separação dos poderes do Estado e a representação eleitoral.

No entanto, se o fio condutor da nova Constituição encontra-se localizado no pensamento liberal-democrático, isso não implica dizer que o ideário defendido pela tradição social-democrática tenha sido ignorado por completo, já que não faltam referências, ainda mesmo na identificação dos seus princípios fundamentais, às noções de participação e de combate às desigualdades sociais e regionais.

O mesmo pode ser afirmado em relação à tradição multifacetária presente nos assim denominados novos movimentos sociais, pois que é explícita a referência ao objetivo de promoção do bem comum sem qualquer espécie de preconceito de origem, raça, sexo, cor, idade etc.

No campo dos direitos sociais, a grande inovação trazida pelo texto constitucional diz respeito à ruptura estabelecida com a tradição varguista de conceber a cidadania como uma condição regulada pelo trabalho, ou seja, o acesso aos direitos de cidadania dependia da ocupação profissional do indivíduo.

A fim de que isso fosse feito, a seguridade social foi definida como "um conjunto integrado de ações de iniciativa dos poderes públicos e da sociedade, destinadas a assegurar os direitos relativos à saúde, à previdência e à assistência social", com base em três princípios fundamentais: universalidade, descentralização e participação.

Liberdade e igualdade: avanços e retrocessos no Brasil real

No plano real, se a Constituição promulgada em 1988 conseguiu reavivar a liberdade perdida durante os 21 anos de ditadura militar, o mesmo não foi alcançado em relação à igualdade, pois a questão social, com o seu complexo conjunto de implicações, permaneceu não resolvida satisfatoriamente.

É inquestionável o fato de vivermos hoje no Brasil sob uma forma democrática de Estado garantidora dos procedimentos centrais que possibilitam a expressão da vontade popular.

No entanto, se a liberdade de expressão e o direito universal ao voto foram conquistados na sua plenitude, muito ainda há de ser feito a fim de que a democracia brasileira não se limite apenas à forma, passando a ser também preenchida de conteúdo. Isso porque a desigualdade social continua a se fazer presente entre nós de maneira alarmante.

O conjunto dos indicadores sociais brasileiros fala quase por si só a esse respeito, insistindo o Brasil em patinar sobre o gelo da injustiça social. As elevadas taxas de desemprego e trabalho informal, de um lado, e o crescimento vertiginoso da violência urbana e rural, de outro, podem muito bem ser vistos como as duas pontas do mesmo gigantesco iceberg da iniqüidade nacional.

Assim, se, no que tange aos direitos políticos, o Brasil levou adiante um forte movimento de inclusão dos seus cidadãos por meio da ampliação do contingente eleitoral, naquilo que diz respeito aos direitos sociais, a produção e a reprodução da exclusão continuam a ser a tônica, dando forma a uma verdadeira fábrica especializada na formação de novos contingentes populacionais situados completamente à margem do acesso aos bens materiais indispensáveis à sobrevivência.

Dessa forma, nos últimos vinte anos, os brasileiros participaram do processo de escolha dos seus representantes como nunca haviam feito antes. Além da escolha de vereadores, deputados estaduais e federais, senadores, prefeitos e governadores, foi recuperado o direito de se eleger o presidente da República, ato levado a cabo, após a perda do direito durante as trevas do regime militar, em cinco ocasiões.

Alternando movimentos de esperança e frustração típicos do aprendizado democrático, o cidadão brasileiro colocou no mais alto posto da nação, dentro da mais completa situação de liberdade de organização partidária, Fernando Collor de Melo (1989), Fernando Henrique Cardoso (1994 e 1998) e Luiz Inácio Lula da Silva (2002 e 2006).

No decorrer dessas duas décadas, o país amadureceu politicamente a ponto de ter sido capaz de afastar um presidente eleito (Collor) de maneira legal, dentro dos quadros institucionais. Por intermédio de uma onda de manifestações que trouxeram à memória o movimento pelo restabelecimento das eleições para presidente, em 1984 (o Diretas Já!), os brasileiros, principalmente os mais jovens, pressionaram o Congresso Nacional a abrir um processo de impedimento contra um político que, de arauto da moralidade durante a campanha eleitoral, se revelara responsável pela edificação de um esquema de corrupção absolutamente vergonhoso.

Além disso, por meio das lutas nem sempre razoáveis do Movimento dos Trabalhadores Rurais Sem Terra (MST), a nação tomou conhecimento da sofrida realidade vivida no campo brasileiro por uma massa de seres humanos completamente alijados do mundo dos direitos, uma realidade resultante diretamente da situação de extrema concentração fundiária, característica do nosso meio rural.

Com isso, tanto no campo indireto da representação, como no campo direto da participação, a democracia brasileira parece ter amadurecido bastante. Isso a ponto de não ser considerada mais absurda a hipótese de as instituições nacionais terem se fortalecido o suficiente para tornarem coisa do passado a tradição de resolução das crises políticas por intermédio de golpes de Estado.

Sem dúvida, as ameaças à jovem democracia brasileira não se encontram localizadas no plano estritamente político, mas sim na área social, mais especificamente na crônica insistência em não se resolver o problema da extrema concentração de riquezas em nosso país, com todos os males daí decorrentes.

Dito de forma direta, a falta de conteúdo social da democracia brasileira poderá minar as bases daquilo que foi arduamente conquistado em termos políticos. A carência de igualdade, com todas as suas inúmeras conseqüências, poderá destruir a própria liberdade alcançada no decorrer dos últimos vinte anos.

Na verdade, essa não é apenas uma previsão. Infelizmente, a restrição a uma vida livre já se apresenta como uma constatação do dia-a-dia. Não no campo político, mas sim no civil. E de forma a ameaçar os direitos civis de todas as classes sociais, ainda que de maneira diferenciada, já que as camadas mais empobrecidas da sociedade sofrem com maior intensidade o fenômeno da violência, entre outras razões, por serem alvo não apenas das ações criminosas de bandidos, mas também das ações arbitrárias das forças policiais.

Em virtude do assustador crescimento da violência urbana (e, também, da continuidade da crônica violência que assola o campo), os cidadãos brasileiros têm visto o direito à segurança individual ser negado cotidianamente, numa seqüência de atos que colocam em xeque a capacidade do Estado para se fazer presente no seu tradicional papel de detentor do monopólio da coerção física.

A sensação de insegurança cresce na exata medida em que o Estado se apresenta cada vez menos capaz de manter a ordem pública democrática, mantendo-se responsável pela realização da justiça, por intermédio das forças policiais (civil e militar) e do poder judiciário – fato que acaba por gerar um questionamento sobre a sua própria legitimidade para desempenhar as funções de justiça, dando forma a um verdadeiro círculo vicioso.

Para o crescente descrédito da população em relação à capacidade do Estado brasileiro ser o artífice da justiça, colaboram três constatações principais realizadas por qualquer cidadão comum. Em primeiro lugar, em função da impunidade dos crimes de colarinho branco, a constatação de que a justiça sempre está do lado dos mais ricos, já que esses últimos nunca são devidamente punidos. Em segundo lugar, mediante a observação do público que compõe hoje a população carcerária e dos assassinatos diários de moradores – principalmente jovens – das favelas e periferias, a constatação de que a justiça só pune os mais pobres, com ou sem o respaldo legal. Em terceiro lugar, devido ao crescimento avassalador das ações de grupos como o Comando Vermelho (no Rio de Janeiro) e do PCC (em São Paulo), a de que a justiça não é capaz de fazer frear o avanço das organizações criminosas e do banditismo em geral.

Com isso, para a maioria da população brasileira, uma inquietante conclusão não pode deixar de ser tirada: a de que os órgãos responsáveis pela afirmação e defesa da justiça em nosso país são completamente injustos.

É possível que o exemplo mais contundente do caráter injusto de tais órgãos encontre-se localizado na série de chacinas praticadas por forças policiais contra membros das camadas subalternas da sociedade, no decorrer dos anos 1990 – a esmagadora maioria delas impune até hoje.

O fuzilamento dos 111 presos na Casa de Detenção do Carandiru, na cidade de São Paulo, em 1992; as chacinas de Vigário Geral, com 21 moradores mortos, e da Candelária, com 7 menores assassinados, na cidade do Rio de Janeiro, respectivamente em 1992 e 1996; e o massacre de 19 trabalhadores rurais sem-terra, em Eldorado de Carajás, no Pará, no ano de 1996; todos eles, no seu conjunto, assinalam o quanto a violência policial contra os cidadãos comuns continua sendo uma prática rotineira, mesmo o Brasil tendo deixado de ser um regime ditatorial, tornando-se um Estado democrático de direito.

De outra parte, o judiciário continua a ser, em grande medida, um poder inacessível para a grande maioria da população, não obstante as iniciativas de democratização do acesso à justiça, como, por exemplo, a criação dos Juizados Especiais Cíveis e Criminais e a expansão da Defensoria Pública. No geral, porém, a prestação jurisdicional em nosso país continua a ser excessivamente cara e lenta, uma aliança perversa para quem tem tanta sede e fome de justiça.

Na verdade, tal déficit de justiça responsável pela crise que atravessa os direitos civis atualmente no Brasil encontra-se intimamente associado a uma ordem de questões mais amplas situadas, por um lado, nos fundamentos sociais da estrutura capitalista brasileira e, por outro lado, nas opções econômicas realizadas nas duas últimas décadas por sucessivos governos eleitos democraticamente.

Dito de outra maneira, a selvageria do capitalismo brasileiro – um capitalismo dependente, enraizado historicamente na tradição ibérica patrimonialista – ganhou dimensões ainda mais brutais em virtude das escolhas feitas no plano das políticas econômicas, isto é, a adoção do receituário imposto por um liberalismo econômico renascido das cinzas na passagem dos anos 1970 para os anos 1980, nos países do capitalismo central, em especial, a Inglaterra e os Estados Unidos.

A fundamentar esse neoliberalismo, encontra-se o pressuposto central de que cabe ao mercado o papel crucial de gestão da economia, o que traz como corolário a diminuição drástica das funções socioeconômicas desempenhadas até então pelo Estado. Seja na sua versão européia (o Estado de bem-estar social) ou na sua versão latino-americana (o Estado desenvolvimentista), o Estado deveria se tornar mínimo.

Ora, a grande contradição que nos assola, desde o ano de 1988, encontra-se justamente relacionada ao fato de termos uma legalidade constitucional que traz em si a exigência de um Estado atuante, de um lado, e uma realidade político-econômica que se fundamenta na necessidade oposta da retirada do Estado, de outro lado.

Será exatamente dessa grave contradição entre "uma legalidade constitucional progressista" e "uma realidade político-econômica conservadora" que advirão tanto a atual crise social como grande parte dos nossos conflitos sociais.

Os resultados não poderiam deixar de ser outros senão uma cidadania aviltada. O Brasil continua sendo um dos maiores PIBs (Produto Interno Bruto) do planeta, mantendo-se, também, entre os primeiros colocados na infame competição pelo título de campeão mundial de desigualdade social.

A situação de recesso dos direitos sociais se dá por todos os setores, ainda que com mais gravidade na região Nordeste e entre negros e pardos, tendo as suas expressões mais visíveis no crescimento do desemprego, do trabalho informal e das inúmeras formas de trabalho precarizado, incluindo-se aí o trabalho infantil e, até mesmo, o trabalho escravo. Na Educação, o crescimento do número de matrículas no ensino fundamental não consegue encobrir os altíssimos índices de reprovação e de analfabetismo funcional ainda existentes. Na Saúde, a visão não é menos apavorante, apesar da implantação do SUS (Sistema Único de Saúde), sendo a falta de leitos disponíveis e as filas para atendimento clínico e emergencial uma perversa rotina. Na Previdência Social, as sucessivas reformas levadas a cabo pelos governos FHC e Lula limparam o terreno para o avanço dos planos de previdência privada, com a justificativa de redução do déficit do sistema previdenciário público.

De maneira esclarecedora, os grandes progressos realizados na área das garantias sociais deram-se no campo da Assistência Social, por meio da expansão dos programas sociais de caráter compensatório, dos quais o Bolsa Família implementado pelo governo Lula é o mais famoso.

Mas, até quando o tecido social brasileiro suportará a ausência de trabalho formal com a compensação assistencial?

Dos últimos vinte anos aos próximos vinte anos: o caminho para o encontro entre o legal e o real

Não são poucas, muito menos de fácil solução, as tarefas necessárias para que o Brasil tenha não apenas uma "Constituição cidadã", mas que seja de fato uma "Nação cidadã", na qual todos os seus habitantes sejam reconhecidos como portadores de direitos (cidadãos) e não apenas como simples habitantes de um território (citadinos).

No entanto, se são muitas as tarefas a serem realizadas, um princípio norteador não pode deixar de ser apontado, com risco de nos perdermos em meio à difícil luta contra o déficit de cidadania que caracteriza a sociedade brasileira. Para nós, o norte a ser seguido não pode ser outro que não aquele da construção de um espaço público solidamente republicano e radicalmente democrático.

Para que esse caminho seja trilhado, em primeiro lugar, é preciso fazer com que o ideal republicano de prevalência da coisa pública se afirme plenamente, neutralizando a chaga colonial patrimonialista que insiste em se fazer presente confundindo os espaços público e privado, por intermédio da utilização do primeiro em benefício do segundo.

Na verdade, o hábito herdado de nosso passado colonial do uso privado da coisa pública enraizou-se de tal maneira no Estado e na sociedade brasileiros que a própria idéia clássica de cidadania ganhou entre nós um sentido próprio, marcado pela confusão quase generalizada entre o que é próprio do ambiente doméstico-familiar (amigos inclusos) e aquilo que é específico do Estado.

Dito de outra forma, a cidadania patrimonialista brasileira é exatamente aquela nas quais as relações de caráter privado se impõem sobre as de caráter público, ou seja, entre nós, são as relações de conhecimento – parentesco e amizade – que servem de princípio articulador da idéia de cidadania e não o critério da impessoalidade.

Em conseqüência de tal noção pessoalizada de cidadania é que se fazem presentes no nosso cotidiano, como se fosse algo perfeitamente normal, expressões como "sabe com quem está falando", "aos amigos tudo, aos inimigos a força da lei", "QI – quem indica" etc., termos que só fazem comprovar a tremenda incompreensão em relação à idéia de cidadania existente no Brasil, até mesmo quando pensada apenas nos termos da igualdade formal perante a lei, já que, por aqui, se todos são formalmente iguais como cidadãos, alguns privilegiados são realmente muito mais iguais do que outros em virtude das suas relações pessoais.

Assim, a fim de que uma cidadania autenticamente republicana – direcionada pela e para a realização do interesse público por meio de critérios absolutamente impessoais – possa se afirmar no Brasil é urgente a eliminação desse passado que insiste em não passar, esse passado que se reatualiza continuamente fazendo-se presente de maneira crônica: o passado patrimonialista.

Em segundo lugar, junto à luta contra o passado patrimonialista, é necessário que se implemente uma decidida oposição ao projeto neoliberal de ampliação dos espaços privados em detrimento daqueles públicos, oposição esta não apenas à sua apologia de uma economia de mercado, mas também, o que é muito mais grave, ao seu desaguar extremado em uma sociedade de mercado.

Isso porque, se a idéia de um Estado mínimo que não se intrometa nos negócios do mercado já representa um retrocesso no campo dos direitos, principalmente aqueles sociais, a noção de uma sociedade regulada pelos princípios mercadológicos do lucro e da competição assinala um verdadeiro passo atrás em termos civilizacionais, já que torna francamente possível a abertura das portas a um processo de mercantilização completa de todos os valores e relações presentes na vida social.

Infelizmente, dois sinais óbvios desse processo de mercantilização da sociedade já são percebidos claramente em curso na atualidade – uma lamentável constatação que só vem reforçar a urgência da resistência a ela.

De um lado, a redução da idéia de cidadania ao campo do consumo, fazendo com que o ato de ser cidadão represente apenas e tão-somente a ação de poder consumir e ter direitos de consumidor. De outro lado, a transformação da própria política em instrumento de troca, fato que tem a sua face mais aberrante na relação de compra e venda de votos de deputados e senadores levada a cabo na rotina dos trabalhos parlamentares. Ademais, não se pode esquecer do simbolismo presente na entrega da responsabilidade pela direção das campanhas eleitorais de praticamente todos os partidos políticos aos especialistas em marketing, uma inovação que faz com que o debate plural acerca dos projetos de sociedade e/ou governo passe a ser substituído pela apresentação de candidatos como se fossem produtos expostos à venda numa prateleira qualquer de shopping center.

O que se pretende afirmar com isso, em suma, é que, com a introdução do ideário neoliberal, o Brasil – e não apenas o Brasil, mas o sistema capitalista como um todo – passa a vivenciar a submissão da própria política (entendida como espaço de afirmação do interesse público) aos ditames da economia (entendida como afirmação do interesse privado).

Assim, concluímos pensando ser na esteira dessa dupla batalha contra o passado patrimonialista e contra o presente neoliberal, que o "Brasil legal" e o "Brasil real" poderão se encontrar afinal, fazendo com que de tal encontro surja uma nação integrada, com cidadãos de um único país, sem fraturas internas. Não mais uma bizarra mistura entre Bélgica e Índia (uma "Belíndia"), formada por cidadãos incluídos (os "belgas") e cidadãos excluídos (os "hindus"), mas uma nação chamada apenas de Brasil, composta por cidadãos plenos, na liberdade e na igualdade – os brasileiros.

Cidades

Ana Fani Carlos

Quando escrevemos sobre a cidade, estamos quase sempre nos referindo ao seu incessante movimento de transformação. No momento atual, no entanto, esse processo parece ter se acelerado. Mas o que mudou?

Nossos olhos vêem uma permanente modificação das formas edificadas da cidade, nossos corpos sentem que o seu ritmo é, cada vez mais, definido pelas normas que pontuam a cidade, como as faixas de pedestres, o verde, amarelo e vermelho dos semáforos, as cercas/tapumes que nos obrigam a mudar de direção, as ruas e praças que perdem a possibilidade de nos acolher em momentos de descanso ou de lazer, o automóvel que domina as ruas em detrimento dos pedestres e expulsa, definitivamente, as crianças e suas brincadeiras das calçadas, trancando-as dentro de casa (nos *playgrounds* ou diante da televisão) etc. Mas há outras mudanças importantes sinalizadoras da transformação da vida urbana, que podem ser observadas nos atos mais banais da vida cotidiana e que ocorrem em lugares específicos da cidade, em momentos definidos pelo hábito, por exemplo, de "ir às compras". O tempo dessa atividade diária acontece agora de "outro jeito" e em "novos lugares".

Assim, o supermercado substitui a antiga venda (e as pessoas se encontram, agora, diante de gôndolas e não mais de vendedores conhecidos), os "sacolões" tomam o lugar das feiras de bairro (e acabam com a alegria e o barulho da troca e do encontro entre vizinhos), a drogaria destrói a antiga farmácia (e com ela a relação de confiança entre o farmacêutico e os clientes); os bares temáticos tomam o lugar dos antigos botequins ou os bares "da esquina", onde as pessoas (geralmente os homens) encontravam-se para uma conversa depois do jantar, sem necessariamente ter de consumir muito além de um café. Os shopping centers, por sua vez, tendem, cada vez mais, a concentrar os serviços que aconteciam nos bairros, dando-lhe animação, como lugares propiciadores dos encontros cotidianos entre os moradores. É assim que se fecham tinturarias, açougues, lojas de armarinho, sapatarias, cinemas etc. Mas não é só o "ato de troca" que se transforma, as festas também mudam de sentido: a principal delas, o carnaval, há muito perdeu seu sentido lúdico e popular, para se tornar uma mercadoria pronta a ser consumida no mundo do espetáculo e presenciada diante da televisão; as quermesses e as fogueiras que marcavam as festas juninas, bem como as procissões patrocinadas pela igreja, parecem ter desaparecido.

Essas mudanças sinalizam que os lugares de encontro entre os habitantes na cidade, que acontecia no ciclo de tempo natural da vida cotidiana, particularmente no bairro, como sinal e possibilidade de constituição de laço identitário entre as pessoas, tendem a desaparecer e com elas revelar a constituição de um novo modo de vida como expressão de novas relações na cidade, agora marcadas pelas transformações no uso que as pessoas fazem do bairro onde moram e que são impregnadas de significados.

Evidentemente, essas mudanças estão mais presentes nas grandes cidades, mas aos poucos o "espírito" delas – como manifestação de um novo "modo de vida", que podemos chamar de "urbano" – vai-se disseminando por todo o espaço. Trata-se de uma vida cotidiana que se realiza tendo por base um novo conjunto de formas urbanas que aparecem como novos referenciais espaço-temporais da realização da vida na cidade, como visto anteriormente.

Desse modo, o cidadão percebe cada vez mais a cidade como estranhamento. Diante da cidade que muda num tempo cada vez mais rápido, as antigas formas arquitetônicas e antigos lugares acabam permanecendo apenas na memória do cidadão. Isto é, a cidade cresce e se descaracteriza de forma tão rápida que os referenciais que apóiam a vida urbana parecem diluir-se incessantemente, e a criação de formas arquitetônicas idênticas parece implantar-se em todos os lugares sinalizando que agora os referenciais da vida, moderna, se cunham a partir de novas orientações produzidas em outros lugares – isto é, as cidades tendem a assemelhar-se entre si. Não é difícil perceber os sinais dessa nova orientação. As mercadorias vendidas, por exemplo, nos supermercados são escritas em várias línguas, e estão presentes em boa parte dos mercados do mundo inteiro; as roupas vendidas nas lojas C&A de todo o mundo são iguais, pois a própria moda globalizou-se e tornou todos os hábitos e formas de se vestir semelhantes; o preço do sanduíche BigMac vendido no McDonald's serve de referencial para comparar o custo de vida nas diversas cidades do globo etc.

Com as mudanças, a sensação é de que a modernidade chega até nós penetrando na nossa vida e impondo-se como massacrante homogeneidade. Ao mesmo tempo, a metamorfose dos valores que servem de suporte à sociedade atual aparece em todos os lugares por meio dos gestos, das roupas, dos comportamentos, guardando incríveis semelhanças.

Nesse sentido, a cidade revela para seus moradores um conflito entre a eliminação substancial dos referenciais que estão na base de sustentação de sua vida e presente nas novas formas urbanas. Isso porque nossa vida acontece em lugares específicos para determinados fins. Seja o espaço da casa (como moradia), da rua (onde nos deslocamos), das praças onde as crianças brincam e os adultos lêem jornal e dos lugares de troca, "no vai-e-vem" para a realização das tarefas mais banais da vida, tudo acontece em pontos específicos do espaço da cidade. As formas do habitar e a vida de relações (com o vizinho) e, a partir da casa, a relação com o bairro vão se transformando, ganhando um outro sentido nos dias atuais. O bairro descaracterizado pelas transformações urbanas (metrô, abertura de avenidas, verticalização, construção de novas formas de comércio, difusão de novos serviços) criou o eclipse da rua a partir de seu esvaziamento, e, com isso, vai-se produzindo o "ambiente" no qual a vida urbana modificada vai realizar-se.

Um processo de profundas mudanças que cria, aos poucos, uma nova identidade que escapa ao plano local e mesmo àquele do espaço nacional, como produto da tendência à constituição de uma sociedade urbana forjada no plano mundial. Como conseqüência, o nível do vivido – do plano da realização da vida cotidiana – vai, aos poucos, revelando uma tendência à destruição de um tipo de memória social, que foi construída por uma história específica: aquela da realização da vida nos lugares da cidade, que ligava e identificava os habitantes entre si a partir das "pequenas histórias compartilhadas".

Esse fenômeno é acompanhado pelo crescimento, no Brasil, da população urbana, que, ao contrário das décadas anteriores, apresentou maior ritmo de crescimento nas cidades médias do que nas grandes cidades. Todavia, é preciso salientar que as metrópoles ainda apresentaram níveis não negligenciáveis de crescimento, pois cidades como Curitiba e Salvador continuam apontando taxas de crescimento da população urbana em ritmo semelhante ao das cidades médias. Já em São Paulo, constatamos uma queda nas taxas de aumento da população urbana, mas esse comportamento é diferenciado, pois a periferia cresce com taxas superiores às regiões centrais. Esse fenômeno quantitativo – o crescimento da população urbana – traz consigo uma mudança qualitativa: o desenvolvimento e a expansão do modo de vida urbano – dos valores, da cultura, que transforma as relações entre as pessoas, apontando uma mudança importante na base dos elementos que vão constituir uma nova identidade como conseqüência do que poderíamos chamar de constituição de uma nova urbanidade.

O espaço em transformação

Num mundo que caminha para a homogeneização, o aprofundamento da sociedade de consumo permitiu a pasteurização de hábitos, comportamentos e, por que não dizer, da cultura – em que a televisão e o cinema têm papel de destaque, criando e divulgando os referenciais em que se apóia uma nova urbanidade, assegurando uma coesão entre as pessoas. Em contrapartida, o grande desenvolvimento da rede de comunicação criou a possibilidade de "encontros" entre aqueles que consideramos "parceiros" –

que têm as mesmas preocupações, os mesmos gostos, os mesmos objetivos, numa clara tentativa de confronto com essa "nova ordem" através de formas particulares de constituição da identidade, que o Orkut, por exemplo, vem proporcionando etc.

Por outro lado, as distâncias reais entre as cidades parecem ter diminuído com a expansão dos meios de transportes, ao mesmo tempo em que as comunicações tornaram as pessoas mais próximas; como conseqüência, o modo de vida urbano penetra o campo de forma devastadora.

Os novos hábitos redefinem ou mesmo destroem antigos padrões norteadores da vida social na cidade, pois, agora, a vida do cidadão encontra-se invadida por novos signos divulgados pela mídia que nos assolam onde quer que estejamos: beba Coca Cola, use Nike, dirija um Toyota, visite Paris, pegue um filme na Blockbuster, quem ama compra etc. Em todos os lugares, a cidade emite ordens. Em todos os lugares, gestos, roupas, comportamentos guardam uma massacrante igualdade. Essa nova orientação comportamental, ou mesmo cultural, realiza-se em lugares destinados a esses "novos fins" – como já apontamos. Como conseqüência do processo de transformação mencionado, podemos afirmar que a vida urbana se realiza através de múltiplos conflitos, pois a cidade que em essência realiza a reunião do cidadão vem criando barreiras impeditivas para a concretização dessas relações.

A cidade, assim, é a expressão mais acabada do fato de que o espaço está em constante processo de transformação e que este movimento revela-se como redefinidor da vida na cidade. Portanto, as paisagens urbanas, com suas formas arquitetônicas, também tendem a generalizar-se em grandes porções do território nacional: edifícios de vários pisos, condomínios fechados, áreas de habitação precárias e shopping centers dominam a paisagem urbana brasileira – sinais de "novos tempos".

Esses sinais revelam que o momento atual cria uma profunda crise social pressentida/vivida pela deterioração das relações sociais, pela tendência ao escasseamento das relações de vizinhança, pela diminuição dos espaços de sociabilidade (aquele da rua, do pequeno comércio de bairro, das praças), pela implosão do bairro (promovida pelas reformas urbanas), pela deterioração do espaço público, pelo esvaziamento da centralidade simbólica do centro histórico da cidade, pelas altas das taxas de violência promovidas pelo aumento vertiginoso da pobreza e pelo crescimento da atividade do narcotráfico como setor importante da economia moderna (convém não esquecer que se acabarmos com essa atividade o sistema financeiro mundial entrará, imediatamente, em colapso), trazendo como conseqüência o isolamento das pessoas em meio à idéia de sua proximidade, através do espaço virtual que o desenvolvimento técnico hoje proporciona. A crise à qual nos referimos revela um processo de urbanização que tem, por essência, a negação do urbano, isto é, tende a destruir a cidade e a vida urbana ao destruir/esvaziar as relações entre as pessoas.

As últimas duas décadas também trouxeram o aprofundamento dos problemas urbanos e dos conflitos em torno da construção da cidade, revelando o agravamento da desigualdade social impressa, principalmente através dos espaços de moradia. Isso porque o habitante da cidade não mora, exatamente, onde quer; a localização de sua casa na cidade dependerá, fundamentalmente, de dois fatores: da renda familiar e do preço da moradia urbana. Quanto menor a renda, piores serão as opções de moradia do indivíduo, uma vez que a densidade e a qualidade da infra-estrutura urbana rebaterão imediatamente sobre o preço/aluguel da casa. Ora, o processo de concentração de renda não diminuiu, no período considerado; ao contrário, continua sua curva ascendente, apesar de os indicadores revelarem que há um aumento da renda dos segmentos mais pobres da população brasileira, pois a concentração da propriedade e da riqueza em poucas mãos só aumenta. Assim, a paisagem urbana revela cada vez mais a expansão da pobreza com o crescimento das periferias urbanas.

Com o aumento da pobreza, cria-se a necessidade de isolamento da classe alta, revelada no plano da paisagem urbana pelo crescimento dos condomínios fechados, onde os grandes muros dão a impressão de que podem se desligar dos outros, apartando-se. Nessa situação, o umbral da casa passa a marcar o limite entre o público e o privado. Esvaziado de seus conteúdos civilizatórios, o espaço público é representado, cada vez mais, como o espaço do medo, da violência, portanto, um lugar a ser evitado. Em conseqüência, a construção, quase sem limites, dos shopping centers parece querer constituir uma sociabilidade quase impossível.

De um lado, a construção dos condomínios fechados; na outra vertente, o adensamento das periferias urbanas, com a ocupação de morros, alagados, áreas de proteção de mananciais, várzeas, marcam o movimento de precarização eminente da habitação e da vida. Esse processo espacial, que sinaliza o aprofundamento da segregação urbana, acelerou-se com a recessão dos anos 1980/90, momento em que o PIB brasileiro *per capita* foi negativo. No centro desse processo, está a propriedade privada do espaço da cidade como pressuposto e elemento definidor dos conteúdos da prática socioespacial (isto é, do uso dos lugares da cidade para realização da vida) ocorrida com o processo que criou a generalização do espaço da cidade enquanto mercadoria, limitando o acesso à moradia e ao lazer somente àqueles que têm poder de compra, portanto, detentores de renda. Nessa condição, os habitantes se encontram confrontados com uma cidade em fragmentos, pois os lugares são comprados e vendidos no mercado imobiliário, sedimentando a desigualdade social, através da imposição da propriedade privada da terra urbana como condição de acesso dos habitantes à cidade (isto é, à casa e a tudo o que o ato de habitar implica). Nesse processo, a paisagem urbana revela a profunda diferenciação dos bairros na justaposição entre morfologia espacial (que marca a possibilidade de acesso à moradia pela população) e morfologia social (renda dos habitantes da cidade). Assim, a segregação torna-se mais clara – mas não exclusiva – no plano da habitação, pois é aqui que se revelam profundas desigualdades, impostas pelos acessos diferenciados da população à moradia, condicionada pela existência da propriedade privada da terra urbana.

Tal fato sinaliza a principal contradição do processo de produção do espaço urbano: a cidade se produz de forma socializada – ela é uma produção de toda a sociedade –, mas sua apropriação é privada – só os detentores de renda estão aptos a vivê-la em sua plenitude através do acesso aos melhores lugares da cidade. Assim, a disparidade expressa-se, nas construções, na existência e/ou qualidade da infra-estrutura, tanto quanto nas roupas e rostos (na rudez ou suavidade de traços), no acesso aos espaços públicos. Esse processo faz aparecer por todos os lados a desigualdade entre o "rico" e o "pobre" (entre centro e periferia e dentro de cada um) e entre este e a "miséria absoluta" representada por aqueles que moram embaixo das pontes ou nos bancos das praças.

Essa situação é decorrência do modo como a propriedade se realiza em nossa sociedade, orientando a construção da cidade onde os cidadãos têm acessos desiguais aos lugares de realização da vida, que, numa sociedade de classes, situa os homens dentro da cidade de forma diferenciada. Processo este aprofundado pela ação do Estado, que, através do direcionamento de suas políticas públicas, produz a valorização de áreas nobres e a desvalorização da periferia com uma distribuição desigual dos recursos. Nas áreas periféricas, o dinheiro tem chegado geralmente de forma assistencialista, mediante uma catástrofe ou como conseqüência da pressão da população residente nesses espaços. Isso porque a lógica do Estado tem sido aquela de estímulo aos setores competitivos da economia, seja financiando a agricultura capitalista e deixando de lado as pequenas unidades camponesas que produzem a alimentação básica dos trabalhadores, seja direcionando a localização industrial, investindo em infra-estrutura capaz de permitir o crescimento do setor de serviços ou, ainda, através da gestão empresarial da cidade.

Desse modo, a cidade vai ganhando cada vez mais importância como centro de acumulação e de poder político, mas também permitindo a reunião dos poderes que entram em confronto com a lógica da acumulação de riqueza, revelando os conflitos de uma sociedade de desiguais na medida em que a expansão da economia capitalista se faz às expensas de grande parte da sociedade brasileira que vive nos limites da sobrevivência. Tal fato revela uma crise social: segregação, hierarquização dos lugares e dos cidadãos na cidade, apontando novos conteúdos da urbanização.

A sociedade assentada no sistema produtor de mercadorias fundado na existência da propriedade privada – da terra, dos meios de produção e do dinheiro –, ao se desenvolver não só inundou o mundo de produtos sempre novos, calcados na obsolescência forjada e na moda que introduz o efêmero, como também criou novos comportamentos. Estamos, então, diante de uma vasta crise: primeiro do trabalho, com o aumento do desemprego e das taxas de ocupação no setor informal da economia, bem como com a diminuição dos contratos de trabalho com a carteira assinada;

depois da vida de relações cada vez mais esvaziada nas cidades, como apontado até aqui; em seguida da natureza que se degrada na cidade, como decorrência de uma produção que visa ao lucro imediato. Assim, a cidade aparece aos habitantes como caos, vivida como estranhamento.

A prática urbana como cisão

As transformações na cidade revelam comportamentos padronizados, modelos éticos, estéticos, gostos, valores, uma mesma moda, constituindo-se como elemento fundamental da reprodução dos cidadãos a partir não só dos lugares, mas também de um cotidiano normatizado e programado, em que todas as relações são mediadas pela mercadoria (tornadas signos de identidade), dando origem a uma nova urbanidade, marcada pela dissolução de relações sociais que ligavam os homens entre si, bem como na vida familiar e social. As relações com novos objetos – dentre eles a televisão que banaliza tudo (da religião à política) e que se impõe através de seu poder hipnótico extraordinário definindo gostos, orientando hábitos, criando opiniões, encantando com a produção de um espetáculo colorido de imagem – são o sinal mais evidente da construção desta "nova urbanidade", em que as pessoas já não mais se falam. A segmentação da atividade do homem massacrado pelo processo de homogeneização, que torna as pessoas "pasteurizadas" e, nessa condição "idênticas", é vivida pelo cidadão em sua condição universal de consumidor, fato que produz a submissão de todos ao consumo, restando às pessoas se diferenciarem no universo diferenciado da moda segmentada por estratos de renda da população. Um exemplo claro desse fato é o lazer, que na sociedade moderna também muda de sentido, apontando outra cisão: de atividade espontânea, busca do original como parte do cotidiano, passa a ser cooptado pelo desenvolvimento da sociedade de consumo, que tudo que toca transforma em mercadoria, tornando o homem um elemento passivo desse processo. Tal fato significa que o lazer, tanto quanto o turismo, torna-se uma "nova necessidade" de consumo. Isto é, no curso do desenvolvimento da economia capitalista cria-se uma nova atividade produtiva diferenciada, com ocupações especializadas, que produz um novo espaço e/ou novas formas de uso desse espaço e que aparece como horizonte para muitas cidades onde o deslocamento dos estabelecimentos industriais faz minguar seus orçamentos.

Nessa direção, podemos constatar que no mundo moderno as transformações aceleradas provocadas pelo processo de globalização, como produto de desenvolvimento do capitalismo, fazem da produção do espaço um elemento fundamental que, através de suas particularidades, entra na troca, por meio do consumo de espaços turísticos, que aparece em todos os lugares como possibilidade de renda para muitos municípios. A construção dos modernos aeroportos em muitas cidades nordestinas, associada a um agressivo *marketing* para atrair turistas para suas praias, bem como a revitalização dos centos históricos de muitas cidades brasileiras, que marcam a economia urbana nesta década, sinalizam essa mudança.

A produção dos espaços de turismo e de lazer se realiza como conseqüência do desenvolvimento do mundo da mercadoria, que num determinado momento da história produz o espaço enquanto valor de troca, numa sociedade em que todos os momentos da vida cotidiana se acham penetrados e dominados pela realização da mercadoria suscitada pela extensão do capitalismo. No plano da vida, o turismo revela uma mudança da relação espaço-tempo no mundo moderno, aquele em que o tempo do lazer é realizado através do consumo de uma parcela do espaço vendido enquanto mercadoria. Assim, o tempo de lazer é cooptado ao mundo da mercadoria, diferenciando as pessoas através dos destinos turísticos. Essa atividade se realiza com o consumo produtivo do espaço – em que o atributo do lugar constitui a representação necessária que orienta o uso. É assim que o turismo aparece, no mundo moderno, como uma nova possibilidade de realizar a acumulação, que em sua fase atual liga-se cada vez mais à produção do espaço – o qual ganha valor de troca enquanto possibilidade de realização do valor de uso, isto é, possibilidade de consumo através do turismo.

A cidade consumida como espaço para o turismo, a diminuição dos lugares onde os cidadãos podem se encontrar em suas tarefas cotidianas, a perda de densidade dos encontros na cidade, o esvaziamento das relações de vizinhança, são elementos que apontam a destruição da natureza social da cidade, deixando os conteúdos da urbanidade submetidos à predominância dos objetos – os homens se relacionam, cada vez mais, com um conjunto de objetos que regem as suas relações com os outros, posto que substituem cada vez mais as relações diretas entre as pessoas. Com isso, a identidade entre os indivíduos constrói-se de forma abstrata – as mercadorias são produzidas enquanto signos distintivos, criando uma hierarquia entre as pessoas a partir de sua posse – numa sociedade direcionada ao consumo. Nesse contexto, a mercadoria absoluta criou o maravilhoso espetáculo do consumo como elemento definidor da felicidade, presente nas grandes cidades, revolucionando o modo de vida.

A cidade como direito

No final dos anos 1980, inaugura-se uma nova Constituição e com ela o "estatuto da cidade" como produto das lutas patrocinadas pelos movimentos sociais que estão na base da sociedade brasileira, como o movimento pela reforma urbana, baseado no questionamento da produção da cidade segregada, fundamentada nos acessos diferenciados da população urbana à cidade nos termos apontados anteriormente. A Lei Federal n. 10.257 criou, nesse momento da História, uma nova base jurídica para o desenvolvimento urbano com mudanças sobre o direito à propriedade (incorporando a noção de direitos urbanos, a partir dos quais estabelece uma função socioambiental para a cidade e uma função social para a propriedade da terra urbana) e, através desse mecanismo, promoveu a participação da população na gestão da cidade. Trata-se de um passo decisivo para o que viria na virada do novo século: a constituição de um Ministério das Cidades, no plano do governo federal, e a realização das "conferências das cidades" em seus vários âmbitos (inicialmente no plano dos municípios e na seqüência no plano nacional) em quase todo o Brasil, com uma participação significativa da população urbana, atendendo ao convite dos prefeitos de inúmeros municípios brasileiros para participarem da administração da cidade, principalmente através do que se chamou de "orçamento participativo" – a participação da população urbana municipal no debate sobre o direcionamento do uso das verbas públicas na cidade.

Esse fato, de fundamental importância na vida urbana brasileira, como momento de democratização da sociedade, veio relativizar a indiferença do Estado diante da desigualdade que fundamenta a produção das cidades capitalistas, colocando na ordem do dia o debate sobre o "direito à cidade". Trouxe, ainda, como conseqüência a possibilidade de uma "gestão democrática" para a cidade, em que, em muitos casos, os cidadãos "são convidados" a participar da elaboração do orçamento do município, bem como dos seus conselhos.

Sem negar esse avanço, é, no entanto, necessário chamar a atenção para o fato de que seu principal objetivo era ser capaz de produzir uma mudança radical na vida dos habitantes da cidade, de modo a minimizar as diferenças para igualar as condições de vida nas cidades brasileiras. O que percebemos, no entanto, é que aquilo que se chamou de "direito à cidade" referia-se, exclusivamente, "ao direito à moradia, mais serviços", sem que com isso se questionasse o conteúdo da desigualdade que está na base da sociedade urbana brasileira e que na cidade aparece, por exemplo, através do acesso diferenciado à terra urbana para fins de moradia.

É, portanto, importante relembrar que o homem habita, percebe e vivencia o mundo a partir de sua casa – uma realidade objetiva e povoada de objetos –, que ganha sentido à medida que a vida se desenvolve ao longo do tempo. Na habitação envolve outras dimensões espaciais, como a rua, depois o bairro, criando o quadro de articulação espacial no qual se apóia e se realiza a vida cotidiana. Como decorrência, as formas materiais arquitetônicas guardam um conteúdo social vindo da prática espacial enquanto modos de usos dos lugares. Através do uso do corpo em ato e movimento, nas atividades mais banais da vida, os habitantes se relacionam com o outro, se identificam, conferindo um conteúdo à vida e aos lugares. Assim, o ato de habitar cria e interliga um conjunto de ações em planos e escalas espaciais entre o público e o privado, entre o indivíduo e a coletividade – o homem imerso numa teia de relações que constrói uma história particular, que é, também, uma história coletiva. Portanto, a condição da reprodução da vida humana articula dois planos: o individual (que se revela, em sua plenitude, no ato de habitar) e o coletivo (que diz respeito à reprodução da sociedade).

Nessa perspectiva, o sentido do habitar é muito mais amplo e profundo que o espaço da casa e de sua infra-estrutura (escolas, postos de saúde etc.). Não resta dúvida de que o "direito à habitação" é fundamental na constituição da cidadania, mas insuficiente, como vimos. Tal fato traz ainda a necessidade de uma luta pela conquista do "direito à cidade", como direito à vida urbana e tudo o que ela implica. Esse é o desafio do nosso século.

Alfabetização

Magda Soares

Os anos 1980 marcam o início de uma fase, que ainda continuamos vivendo, extremamente rica e, ao mesmo tempo, conturbada na área do ensino e aprendizagem da língua escrita no início da escolarização. Naqueles anos, verdadeiras mudanças de paradigmas alteraram de modo radical a concepção de como a criança se insere no mundo da escrita e, conseqüentemente, de como se deve orientar essa inserção. Três principais fatores fundamentaram essas mudanças de paradigmas: a chegada ao Brasil de uma nova teoria do desenvolvimento da criança, em seu processo de aprendizagem da língua escrita – a psicogênese da língua escrita, inadequadamente nomeada, entre nós, *construtivismo*; uma reconfiguração do conceito de alfabetização, com o surgimento do conceito de *letramento*; novas concepções sobre a língua escrita como objeto de conhecimento da criança, pelas contribuições de ciências lingüísticas que, a partir dos anos 1980, assumiram a alfabetização como seu tema de pesquisa, juntando-se à Pedagogia que, até então, era a única área de conhecimento a considerar a aprendizagem inicial da língua escrita como um objeto de estudo.

Os momentos de apropriação de novos paradigmas pela área da educação e do ensino sempre se caracterizaram por movimentos contraditórios de entusiasmo pela mudança e resistência ou mesmo oposição à mudança; assim, esses movimentos têm caracterizado os últimos vinte anos na área da leitura e da escrita no início da escolarização. A fim de contextualizar as mudanças que geraram esses movimentos, convém buscar o passado próximo delas para em seguida descrevê-las, considerando cada um dos três fatores que as fundamentam, anteriormente mencionados.

A discussão sobre métodos de alfabetização ou a *metodização* do ensino da leitura e da escrita teve início entre nós na virada do século XIX para o século XX, de forma que se pode considerar inaugural, através dos textos e ações do paulista Antônio da Silva Jardim, que, naquele momento, defende e introduz no cenário educacional brasileiro o "método João de Deus", então amplamente usado em Portugal, criado pelo poeta português João de Deus. A *Cartilha maternal* de João de Deus, tradução didática do método, vinha propor a aprendizagem da escrita a partir da palavra – o método da palavração, em oposição à aprendizagem por soletração ou por silabação, que tradicionalmente se vinha fazendo. A partir desse momento, e até os anos 80 do século XX, a questão da aprendizagem da língua escrita no contexto escolar girou sempre e insistentemente em torno deste debate: de um lado, a defesa do caminho em direção à síntese, isto é, alfabetizar a partir das unidades menores da língua (dos fonemas, das sílabas) em direção às unidades maiores (à frase, ao texto) – método fônico, método silábico; de outro lado, a defesa do caminho em direção à análise, isto é, alfabetizar a partir das unidades maiores da língua (o texto, a frase) em direção às unidades menores (as sílabas, os fonemas) – método global, método da sentenciação. A meio caminho, o método da palavração: da palavra à sílaba e aos fonemas, da palavra à frase e ao texto.

Na verdade, embora por caminhos diferentes, métodos sintéticos e métodos analíticos partem do mesmo pressuposto e assumem o mesmo objetivo: ambos concebem a leitura e a escrita como sendo, fundamentalmente, um processo de decodificação de grafemas em fonemas (ler) e codificação de fonemas em grafemas (escrever) e ambos perseguem, como meta, a apropriação do sistema alfabético e ortográfico de escrita. Ou seja: métodos sintéticos e métodos analíticos consideram que, na etapa inicial de aprendizagem da língua escrita, os verbos *ler* e *escrever* devem ser tomados como intransitivos: aprender a ler, aprender a escrever. Subordinados a esse propósito, trabalham com textos artificiais, construídos especificamente para ensinar a ler e escrever: nos métodos sintéticos, frases agrupadas de forma quase sempre incoerente, de modo a fazer sobressair determinados fonemas ou determinada "família silábica" e minimizar o esforço de compreensão, de que o exemplo sempre citado é o *Eva viu a uva*; nos métodos analíticos, sentenças ou textos elaborados segundo princípios e regras que conduzam à aprendizagem do sistema alfabético e ortográfico e facilitem a apreensão de significados: controle do vocabulário, do número de sílabas na palavra, de palavras na frase, das estruturas sintáticas. Em ambos os casos, *textos para ensinar a ler*, não *textos para ler*.

Em meados dos anos 1980, a área da alfabetização que, ao longo das décadas anteriores, experimentara não mais que um movimento pendular de alternância entre métodos sintéticos e métodos analíticos, sem que os pressupostos e os objetivos do processo de aprendizagem da língua escrita fossem contestados, foi surpreendida, como dito inicialmente, pela crítica e refutação desses pressupostos e objetivos.

A psicogênese da língua escrita

A introdução, na educação brasileira, da teoria da psicogênese da língua escrita – o chamado *construtivismo* – foi um dos fatores responsáveis pelas mudanças de paradigmas na área do ensino e aprendizagem da língua escrita no início da escolarização, nas duas últimas décadas. Dos três agentes dessas mudanças de paradigmas, citados anteriormente – o construtivismo, o conceito de letramento e os estudos e pesquisas na área das ciências lingüísticas – ele foi, certamente, o mais influente e determinante.

Foi em meados dos anos 1980 que a perspectiva psicogenética da aprendizagem da língua escrita, denominada de maneira inadequada de *construtivismo*, chegou à educação brasileira, através, fundamentalmente, da obra e da ação formativa de Emilia Ferreiro – é de 1985 a publicação, no Brasil, do livro *Psicogênese da língua escrita*, escrito por essa autora em co-autoria com Ana Teberosky (original espanhol de 1979), livro que apresenta a teoria fundante sobre o processo evolutivo de apropriação, pessoal e ativa, pela criança, do sistema alfabético de escrita, teoria que passou a influenciar fortemente o ensino brasileiro na etapa inicial de escolarização.

Essa nova perspectiva da aprendizagem da língua escrita mudou o foco do processo: do foco na ação do professor – no *ensino* e no objeto de aprendizagem – no sistema de escrita, para o foco na criança – em sua *aprendizagem* e em sua trajetória de construção gradual do conhecimento da língua escrita; evidenciou a gênese do conceito de escrita na criança, mudando, assim, de novo o foco do processo – da aprendizagem dirigida e pontual do sistema de escrita para a aprendizagem ao longo de um processo de progressiva elaboração cognitiva, sujeita, portanto, ao desenvolvimento psicogenético; apagou a distinção que anteriormente se fazia entre a aprendizagem do sistema alfabético e ortográfico e as práticas reais de leitura e de escrita, de novo mudando o foco do processo – da aprendizagem ordenada e metódica do sistema como pré-requisito ao convívio com seus usos em práticas de leitura e escrita para, ao contrário, a aprendizagem do sistema *por meio* da interação com práticas e materiais reais de leitura e de escrita. Em outras palavras, o construtivismo, por um lado, esclareceu o processo de *conceitualização da escrita pela criança*, isto é, o processo através do qual a criança constrói o conceito de língua escrita como um sistema de representação dos sons da fala por sinais gráficos, evoluindo de *pré-silábica* a *silábica*, em seguida *silábica-alfabética*, chegando, finalmente, a tornar-se *alfabética*; por outro lado, sugeriu as condições em que esse processo se desenvolve de forma mais adequada: em interação com práticas e materiais de leitura e de escrita *reais*, em convívio com os diferentes gêneros e portadores de texto que circulam na sociedade. Assim, *desmetodizou* o processo de aprendizagem da escrita, opondo-se tanto aos métodos sintéticos quanto aos analíticos de alfabetização, rejeitou livros didáticos, cartilhas, negou a possibilidade de determinação de idade para que a criança fosse alfabetizada, recusando, em conseqüência, o conceito, tão aceito anteriormente, da necessidade de *prontidão* para a alfabetização.

Letramento

Um segundo fator responsável pelas mudanças de paradigmas na área do ensino e aprendizagem da língua escrita no início da escolarização foi a introdução entre nós, contemporaneamente à chegada do *construtivismo*, do conceito de *letramento*: o *Dicionário Houaiss*, o primeiro que registra a palavra com o significado que tem hoje, indica, como datação para esse significado, a década de 1980; na produção acadêmica, a palavra começa a ser usada em meados dessa década. Até essa data, bastava-nos a palavra *alfabetização*, corrente na linguagem cotidiana, com um significado consensual entre profissionais da educação e também entre leigos: *alfabetização* sempre designou o processo de ensinar e/ou aprender a ler e a escrever. É o que diziam – e ainda dizem – os dicionários. O mesmo *Dicionário Houaiss* define *alfabetização* como "ato ou efeito de alfabetizar, de ensinar as primeiras letras"; por sua vez, define *alfabetizar* como "ensinar (a alguém) ou aprender as primeiras letras"; a expressão primeiras letras, segundo esse mesmo dicionário, designa as "noções elementares do conhecimento, como saber ler, escrever e contar, ministradas durante o período de instrução primária".

Mas o conceito de *alfabetização* foi-se ampliando ao longo do tempo: à medida que foram se intensificando as demandas sociais e profissionais de leitura e de escrita, apenas aprender a ler e a escrever revelou-se insuficiente e tornou-se indispensável incluir como parte constituinte do processo de alfabetização também o desenvolvimento de habilidades para o uso competente da leitura e da escrita nas práticas sociais e profissionais.

Um claro indicador dessa ampliação do conceito de alfabetização são os Censos Demográficos: os questionários por eles utilizados ao longo do tempo e a própria apresentação dos resultados censitários revelam uma progressiva ampliação do conceito de alfabetização. Assim, até os anos 1940, os questionários do Censo indagavam, simplesmente, se a pessoa sabia ler e escrever, servindo, como comprovação da resposta afirmativa ou negativa, a capacidade ou não de assinatura do próprio nome. A partir dos anos 1950 e até o último Censo (2000), os questionários passaram a indagar se a pessoa era capaz de "ler e escrever um bilhete simples", o que já evidencia uma ampliação do conceito de alfabetização: já não se considera *alfabetizado* aquele que apenas declara saber ler e escrever, genericamente, mas aquele que sabe usar a leitura e a escrita para exercer uma prática social em que a escrita é necessária.

Essa ampliação do conceito revela-se mais claramente em estudos censitários desenvolvidos nos últimos vinte anos, em que são definidos índices de *alfabetizados funcionais* (e a adoção dessa terminologia já indica um novo conceito que se acrescenta ao de *alfabetizado*, simplesmente), tomando como critério o nível de escolaridade atingido ou a conclusão de um determinado número de anos de estudo ou de uma determinada série (em geral, a quarta do ensino fundamental), o que traz, implícita, a idéia de que o acesso ao mundo da escrita exige habilidades para além do apenas aprender a ler e a escrever. Ou seja: a definição de índices de *alfabetismo funcional* utilizando-se, como critério, anos de escolaridade evidencia o reconhecimento dos limites de uma avaliação censitária baseada apenas no conceito de alfabetização como "saber ler e escrever", ou "saber ler e escrever um bilhete simples", e a emergência de um novo conceito que incorpora habilidades de uso da leitura e da escrita desenvolvidas durante alguns anos de escolarização.

Em um primeiro momento, usou-se a expressão *alfabetização funcional*; posteriormente – em meados dos anos 1980, como já dito – talvez para fugir ao sentido restrito e, de certa forma, ideológico dessa expressão – passou a ser usada, particularmente na área acadêmica, a palavra *letramento* para designar esta outra faceta do processo de inserção no mundo da escrita: uma faceta é a aprendizagem do sistema de escrita (o sistema alfabético e o sistema ortográfico) – a *alfabetização*; outra faceta é o desenvolvimento de competências (habilidades, conhecimentos, atitudes) de uso efetivo desse sistema em práticas sociais que envolvem a língua escrita – o *letramento*. Na verdade, essa faceta, o letramento, veio de certa forma reforçar e ampliar uma das contribuições do construtivismo, a de que a aprendizagem do sistema de escrita deve envolver o convívio da criança com práticas reais de uso da leitura e da escrita.

A contribuição específica que o conceito de letramento trouxe para o ensino e aprendizagem da língua escrita no início da escolarização é que, nessa aprendizagem, a apropriação do sistema alfabético e ortográfico de escrita, a *alfabetização*, e o desenvolvimento de competências e habilidades de uso desse sistema, em práticas sociais reais de leitura e de escrita, o *letramento*, embora devam ser processos contemporâneos e indissociáveis, a fim de que não se desvirtue a concepção de que a criança precisa construir sobre o que é o mundo da escrita, em suas várias facetas, são processos que se distinguem tanto em relação aos *objetos de conhecimento* quanto em relação aos *processos cognitivos e lingüísticos de aprendizagem*, portanto, e conseqüentemente, em relação ao *ensino* desses diferentes objetos. Para essa distinção muito contribuíram as pesquisas e os estudos desenvolvidos na área das ciências lingüísticas.

A contribuição das ciências lingüísticas

O terceiro fator responsável pela mudança de paradigma no ensino e aprendizagem da língua escrita no início da escolarização são as contribuições, para essa área, das ciências lingüísticas que, a partir dos anos 1980, assumiram a alfabetização como seu tema de pesquisas e estudos. Embora já nos anos 1960 as responsabilidades dessas ciências em relação ao conhecimento e o ensino, no Brasil, de línguas – materna, aqui destacada a contribuição para a alfabetização, indígenas, estrangeiras – tenham sido apontadas por Aryon Rodrigues, em um artigo pioneiro e precursor ("Tarefas da Lingüística no Brasil"), publicado na extinta revista *Estudos Lingüísticos* (Revista Brasileira de Lingüística Teórica e Aplicada, n. 1, 1966), é só a partir da década de 1980 que cresce a produção sobre alfabetização desenvolvida no campo lingüístico.

Já no primeiro ano da década, em 1981, a lingüista Myrian Barbosa da Silva publica o livro *Leitura, ortografia e fonologia*, uma análise das relações entre o sistema fonológico e o sistema ortográfico e suas implicações para a alfabetização; também é nos primeiros anos da década de 1980 que tem início a rica produção do lingüista Luiz Carlos Cagliari sobre as relações da fonética e fonologia com a alfabetização. É significativo que ainda no início da década, em 1983, o Instituto Nacional de Estudos e Pesquisas Educacionais (Inep) tenha promovido um *Seminário Multidisciplinar de*

Alfabetização, que, certamente pela primeira vez neste país, reuniu lingüistas, psicólogos e pedagogos para discutir o tema *alfabetização* e buscar "abrir fronteiras e quebrar barreiras", como afirma, na apresentação dos anais desse seminário, a renomada lingüista Mary Kato, que, significativamente, foi quem o coordenou.

Multiplicaram-se, a partir desses anos iniciais da década de 1980, os artigos, livros, relatórios de pesquisa nas áreas da Lingüística, Sociolingüística, Psicolingüística, sobre o sistema de escrita, as relações entre o sistema fonológico e o alfabético, as características fonológicas das variedades lingüísticas e sua interferência na aprendizagem da escrita, os processos de aquisição e processamento da língua escrita; e ainda nas áreas da lingüística textual, sobre as peculiaridades de textos produzidos pela criança em fase de alfabetização, e da análise do discurso, sobre as condições de produção da leitura e da escrita de crianças em início de escolarização.

Outras ciências, não propriamente no campo da lingüística, passaram também a se voltar para a aprendizagem da língua escrita, trazendo grande contribuição para o entendimento do processo de inserção da criança no chamado *mundo do papel*: a história da leitura e da escrita, sobretudo na vertente da história da alfabetização, dos métodos, dos materiais didáticos, possibilitando o entendimento do passado para melhor compreensão do presente; a sociologia da leitura e da escrita, esclarecendo o papel da escrita nas sociedades contemporâneas, as características da interação em eventos de letramento, a natureza e as formas de circulação das práticas sociais de leitura e de escrita; a antropologia da leitura e da escrita, elucidando a diversidade e peculiaridade dos eventos de letramento em diferentes grupos culturais.

Como se tentou demonstrar, os últimos vinte anos transcorreram, na área da aprendizagem inicial da língua escrita, sob o impacto e a influência destes três fatores: a psicogênese da língua escrita, ou *construtivismo*, o conceito de letramento e as contribuições das ciências lingüísticas. Como cada um desses fatores se insere em um campo específico, com objetivos diferenciados e uma visão particular do processo de inserção da criança no mundo da escrita, cada um privilegiando determinadas facetas desse processo, sua atuação ocorre ora em convergência, ora em divergência.

Assim, desde os anos 1980, no campo da reflexão sobre a aprendizagem da língua escrita, temos estado envolvidos em debates e polêmicas acadêmicos – princípios e teorias ora se harmonizam, ora se chocam; enquanto no campo da ação, da prática pedagógica, e como decorrência, temos enfrentado inseguranças, dúvidas e alternativas muitas vezes contraditórias – propostas pedagógicas e metodológicas ora se opõem, ora tentam conciliar-se.

Esses vinte anos vividos, no campo da teoria e da prática, em clima de mudanças de paradigmas nas concepções de aprendizagem e de ensino da língua escrita – mudanças radicais, em relação ao que era vivido nas décadas anteriores, e paradigmas nem sempre propostos como conciliáveis – explicam, em grande parte, as controvérsias e polêmicas pedagógicas e políticas a que estamos assistindo hoje: diante do fracasso na aprendizagem escolar da leitura e da escrita que vem sendo demonstrado pelos resultados de avaliações internas e externas à escola, estas, nacionais e internacionais (Sistema Nacional de Avaliação da Educação Básica – SAEB, Prova Brasil, Programa Internacional de Avaliação de Alunos – PISA, etc.), diante dos insatisfatórios níveis de letramento da população brasileira que pesquisas vêm identificando (INAF – Índice Nacional de Alfabetismo Funcional), questionam-se os novos paradigmas surgidos nesses últimos vinte anos, polemiza-se a *desmetodização* do ensino da língua escrita, sugere-se, surpreendentemente, o retorno a métodos do passado, desprezando toda a contribuição que os novos paradigmas trouxeram...

Vive-se, assim, atualmente, um momento crucial na área da aprendizagem inicial da língua escrita: como conciliar a teoria e a prática da psicogênese da língua escrita com o conceito de letramento e ainda com as contribuições das ciências lingüísticas? •Como desenvolver contemporaneamente e, ao mesmo tempo, diferenciadamente, a alfabetização e o letramento na prática escolar de ensino da língua escrita? Como traduzir em métodos de ensino os novos paradigmas, sem cair em incoerências e contradições? Como formar alfabetizadores e alfabetizadoras no quadro dos novos paradigmas? Ou, resumindo: como solucionar o reiterado fracasso brasileiro no ensino e aprendizagem da língua escrita articulando e harmonizando os conhecimentos produzidos nessas duas últimas décadas sobre essa aprendizagem e esse ensino? Esse é o grande desafio posto diante de nós neste início do século XXI.

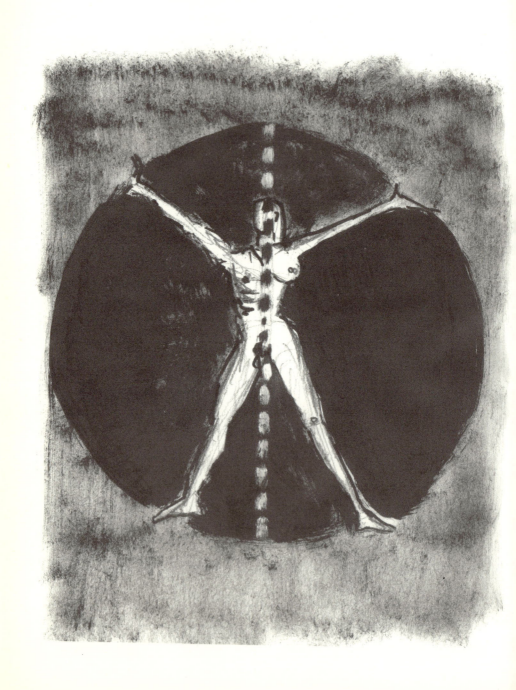

Saúde

José Aristodemo Pinotti

Para comemorar o vigésimo aniversário da Editora Contexto, meu amigo Pinsky publica este *O Brasil no contexto*. Aceitei o desafio de, neste conturbado período em que estamos vivendo, escrever um texto sobre saúde.

Se tivesse dormido durante vinte anos e despertado agora, não poderia mais exercer a Medicina. As verdades, os instrumentos, as possibilidades mudam com tal velocidade que me inviabilizariam, mesmo que, neste período, mantivesse todos os conhecimentos aferidos até então. Quando comecei a clinicar, levava comigo todo o equipamento propedêutico: meus olhos, minhas narinas, meus ouvidos e minhas mãos. Hoje, não exerceria adequadamente minha profissão se não tivesse um ultra-som, um aparelho de raios X e um pequeno laboratório à disposição, além dos conhecimentos atualizados. A Medicina é a ciência das verdades transitórias, e essa transitoriedade é cada vez mais fugaz. Verdades de ontem não valem hoje, verdades de hoje não valerão amanhã. Para o médico, portanto, é fundamental a atualização constante. Mas, voltando à reflexão, vejamos como o panorama da saúde – que muda inevitavelmente pelo conhecimento, ciência e tecnologia – mudou, na prática, no nosso país.

Os sistemas de saúde

Desde a segunda metade do século passado, os pensadores de saúde brasileiros vinham participando de um movimento sadio de unificação e descentralização, que se consolidou com o Sistema Unificado e Descentralizado de Saúde (SUDS) em São Paulo, a 8ª Conferência de Saúde e, a seguir, o Sistema Unificado de Saúde (SUS) na Constituição de 1988. Documentos federais, em 1987, permitiram aos Estados a implantação dos Sistemas Locais de Saúde e o comando único a cada nível de governo. Alguns estados avançaram. Em São Paulo, o Sistema de Saúde unificou-se rapidamente, quando a Secretaria de Estado da Saúde assumiu o INAMPS e promoveu a sua descentralização e desmonte para 65 Escritórios Regionais de Saúde (ERSA). Concomitantemente, implantaram-se Sistemas Locais de Saúde em 98% dos 572 municípios, tendo por base os Planos Municipais de Saúde que, elaborados conjuntamente pelos ERSA e municípios, compatibilizavam peculiaridades locais, com programas específicos. Os municípios passaram a gerenciar os seus sistemas de saúde com apoio técnico dos ERSA, que orientavam programas e metas, dentro de um projeto global traçado pelo Estado. Os resultados e as contas eram revisados pelo Estado trimestralmente e, com o seu cumprimento, novos recursos eram repassados. Os recursos estaduais objetivavam o aprimoramento do aparelho de Saúde e os federais (através do Fundo de Saúde do Estado) cobriam despesas de custeio e pessoal. Com isso, recolocou-se a saúde na tessitura das relações sociais mais simples, diretas e próximas dos municípios, definindo-se níveis visíveis e acessíveis de responsabilidade. Aproximou-se o gestor do local, onde se concretizavam as ações de saúde, permitindo-lhe mais eficiência e o usuário do gestor, dando ao primeiro maior poder reivindicatório. A cobertura dos atendimentos ambulatoriais passou de 54 para 127 milhões/ano, com melhora da qualidade; os programas preventivos quintuplicaram suas coberturas; todos os índices de verdade medidos decresceram; a poliomielite foi erradicada; o índice de mortalidade por sarampo ficou próximo de zero e uma epidemia de dengue foi controlada em 13 semanas. Os recursos humanos foram recuperados com contratações, reciclagem e salários e triplicou o número de médicos que residiam nos municípios onde trabalhavam. Tudo isso ocorreu como conseqüência da municipalização (descentralização e unificação), adequadamente aplicada e bem administrada.

Havia ainda muito por avançar no novo sistema. Era de esperar que experiências como essas, ocorridas em alguns estados, pudessem, a partir de 1990, ser reforçadas e multiplicadas pelo país, com as adaptações necessárias. Surpreendentemente, isso não aconteceu. Ao contrário, a nova proposta do Ministério da Saúde, a partir de 1990, que identifica, junto com Sérgio Arouca, como a "contra-reforma da saúde", transformou o município de gestor em prestador de serviços, pagando-lhe como tal, e afastou o apoio dos ERSA na gestão da saúde municipal. Nesse "novo" contexto, o INAMPS assumiu novamente o papel normatizador do sistema, sem competência legal (constitucional), reforçando a centralização e editando instruções contrárias ao espírito da Constituição. A volta dos pagamentos centralizados aos prestadores contratados dificulta a ação estadual e descentralizada de fiscalização da qualidade das ações de saúde e das cobranças indevidas, inviabilizando o comando único a cada nível de governo. Essas mudanças centralizadoras e arcaicas, iniciadas em 1990 e que permaneceram durante toda a década, possivelmente foram passadas ao Congresso e à imprensa como "modernas e descentralizadas".

Por outro lado, quando se compra descentralizadamente, as quantidades são menores, o controle social é maior e mais eficiente. Câmaras Municipais, população, funcionários, todos observam a necessidade, a aquisição e a utilização, levando os responsáveis a buscar o melhor preço, a adquirir só o necessário e o de utilização imediata. As compras centralizadas perdem todas essas características e dão margem a distorções de todo tipo, inclusive a cartéis, que inexistem nos interesses de menor porte. O pior é que as modificações centralizadoras inconstitucionais danificavam o sistema, inviabilizando a continuidade de um processo de mudança viável e eficiente, que vinha permitindo a recuperação da dignidade do serviço público na área da saúde, onde ele é e será absolutamente essencial para, pelo menos, 60% da população, que, ainda por muitas décadas, não disporá de recursos para pagar privadamente pela assistência médica ou adquirir seguros de saúde que cubram as suas reais necessidades. Se o fizerem, com os parcos recursos de que dispõem, tais pessoas serão excluídas de atendimentos fundamentais em casos de doenças mais graves e prolongadas, como tomografias, ressonâncias, órteses, próteses, cirurgias cardíacas, diálises, transplantes, internações prolongadas, enfim todas as possibilidades para o atendimento das necessidades de assistência médica.

Nessas últimas duas décadas, portanto a partir do começo dos anos 1990, inicia-se o processo de contra-reforma, cujo pilar foi a recentralização e o objetivo a privatização galopante da saúde. A ineficiência do sistema público foi e ainda é a maior propaganda para o sistema privado, que cresceu abundantemente, a ponto de ter hoje, passando por ele, mais de 40 bilhões de reais/ano, ao passo que pelo sistema público passam menos de 35 bilhões para 5 vezes mais brasileiros. Mas não é só isso. Com a expulsão da classe média do sistema público, que foi em busca de melhor qualidade no sistema privado, praticamente termina o controle social (do usuário) a esse sistema. Isso acrescido de um financiamento deficiente (impossível não recordar o calote coletivo da CPMF e o não cumprimento da Emenda 29) e de uma gestão caótica, cria dois sistemas no Brasil que, aliás, foram defendidos pelo documento "World Development Report" do Banco Mundial de 1993: saúde pobre para os pobres e saúde como mercadoria para quem pode pagar alguma coisa, cuja qualidade fica relacionada com o preço pago. Isso faz com que todos os avanços e as novas verdades e tecnologias cheguem para quem paga mais e fiquem distantes para quem não paga.

Um exemplo perverso é a questão do controle de câncer de mama. Sabemos, claramente, que a melhor forma de diminuir sua mortalidade é o diagnóstico precoce. Com isso, poupam-se as vidas e a mama das pacientes. O exame correto é a mamografia, que detecta tumores de milímetros e permite curas próximas de 100% e permanência da mama. A autopalpação detecta tumores de centímetros (e não de milímetros) e os resultados em termos de tratamento são muito menos importantes. Apesar de a mamografia existir há quarenta anos e ser um método barato e simples, mesmo tendo mamógrafos suficientes no país, o governo propaga para o sistema público a autopalpação. Os mamógrafos públicos são colocados em hospitais, aparentemente filantrópicos, que os utilizam prioritariamente para pacientes privados, vendendo mamografias. Esse é apenas um exemplo, e eu poderia citar algumas centenas de outros, culminando com a 2ª Porta dos Hospitais Públicos e o Parasitismo que as operadoras de Planos de Saúde fazem do SUS (ler artigo "Um Calote Criminoso no SUS", *Folha de S. Paulo,* Tendências/Debates, 31 jul. 2006).

Entretanto, o grande avanço desses últimos vinte anos, que oxalá seja usado com inteligência pelos governos e colocado à disposição de toda a população, sem qualquer discriminação, é a questão da prevenção primária.

A prevenção como método

Você já pensou que esse seu corpo, composto por músculos, nervos, vasos, gordura, massa encefálica, órgãos com diferentes funções, recoberto por uma extensa e suave pele, custou centenas de milhões de anos de aprimoramento genético/darwiniano para lhe ser oferecido gratuitamente de morada? Você já pensou que a ciência levou milhares de anos, empiricamente, e centenas cientificamente, para desvendar, um pouco, seu funcionamento, a origem de seus possíveis defeitos, e tem conhecimento hoje de que a grande maioria deles ocorre por falta de uma manutenção adequada? Você já se preocupou com o fato de que ninguém lhe ofereceu um manual de manutenção e, tampouco, de construção para cuidar dessa preciosidade que é o seu corpo?

Pois bem, o encontro da ciência com a antropologia, a filogenética e a saúde começa a se fazer agora nessa direção, apesar de pouco percebido. Conhecemos as causas de quase todas as doenças e sabemos que a maioria delas se deve a hábitos inadequados de vida. Recentemente, a Organização Mundial da Saúde (OMS) publicou um extenso trabalho, no qual demonstra que, se fizermos uma manutenção adequada, somente mudando os nossos hábitos, evitaremos 40% das mortes por doenças neoplásicas (relativas a tumores) e 80% das cardiovasculares. O exemplo do câncer do colo do útero é ilustrativo: trata-se de uma doença sexualmente transmissível, causada pelo vírus do HPV, quando encontra condições facilitadoras – corrimentos, feridas, baixa imunidade (fumo). Se ensinarmos as mulheres a praticarem coito protegido e curarmos seus corrimentos, feridas e eventuais lesões viróticas, elas não terão câncer de colo. Isso já ocorre em vários países, mesmo antes da vacina anti-HPV. Se ocorrer a lesão neoplásica, ela só será invasiva depois de dez anos e poderá ser diagnosticada, nessa fase, por um simples teste de papanicolaou, que seria quase desnecessário se fossem cumpridos os requisitos de prevenção. Para isso, basta uma atenção primária eficiente, de fácil acesso e bom acolhimento. Apesar disso, pasmem, morrem por essa doença, anualmente em nosso país, sistematicamente, cinco mil mulheres. A história da maioria das outras enfermidades e mortes é semelhante.

Diagnóstico precoce já se tornou arcaico, pois significa esperar a doença começar para diagnosticá-la e tratá-la, quando conhecemos suas causas e podemos evitá-la.

Atualmente, a educação para a saúde, garantindo bons hábitos de vida, é o mais relevante avanço que pode ser dado em saúde pública. É uma oportunidade ímpar que os países em desenvolvimento podem usar para, a custo baixíssimo e sem repetir erros, subir vários degraus da escada do aprimoramento da saúde.

Colocar isso na prática, entretanto, não é fácil. Hábitos fazem parte da cultura e esta se transmite surda e lentamente. Se um médico experiente entrevistar sua paciente de modo organizado, discutindo seus hábitos, avaliando seus riscos e reorientando-a para novos hábitos e menores riscos, explicando-lhe todas as razões desses procedimentos, ele levará de quatro a seis horas, o que obviamente torna a universalização impossível.

Por isso, nos últimos 10 anos, em uma realização conjunta de matemáticos, programadores, médicos e epidemiologistas, programamos o computador para dialogar com as mulheres e, analisando as respostas dadas a um questionário com 90 perguntas, oferecer, em poucos segundos, avaliação individualizada de risco para as 12 principais doenças que podem acometê-las, justificando inclusive a razão desses riscos. Esse é o início do processo de educação, que, ao usar como modelo a própria pessoa, desperta sua atenção. A seguir, é oferecida uma completa orientação personalizada sobre mudanças de hábitos. Tudo pode ser impresso em 3 ou 4 folhas, levado para casa, lido e relido e discutido com os demais membros da família.

No Hospital das Clínicas da USP e no Hospital Pérola Byington em São Paulo, durante os últimos 5 anos, aplicamos o método para 13.112 mulheres e os resultados foram animadores, em termos de entendimento, aceitação e mudança de hábitos.

A partir de março de 2006, foi colocado à disposição de todos os telecentros dos CEUs (Centro de Ensino Unificado), com monitoras treinadas para orientar as mulheres sobre como utilizá-lo, e está em implantação em outros telecentros da cidade, com tendência a ser oferecido em todos. É uma forma de se fazer inclusão digital e educação para saúde simultaneamente. Está, também, disponível na internet (www.saudeprev.com.br/paism/). Mais de 300 mulheres já estão usufruindo desse programa diariamente. Estamos conseguindo, depois de 15 anos de trabalho, universalizar, a um custo baixíssimo, um processo de "educação para saúde" personalizado.

Se cultivarmos bons hábitos, poderemos desfrutar do nosso potencial genético e fazê-lo sem desvalorizar o trabalho médico de diagnóstico e tratamento, aliviando-o para prevenir efetivamente as doenças. A modernidade na saúde passa pela educação.

Novas estratégias

Esse retrocesso originário da contra-reforma, e que persiste até hoje, gerou uma grande crise de descontentamento com a saúde e abriu, como toda crise, uma oportunidade de mudança. É preciso saber em qual direção devemos seguir. Em duas palavras, diria: retomar o SUS da Constituição, baseando-o nos principais paradigmas necessários e urgentes da inovação:

1. Unificação do sistema: os órgãos dirigentes do sistema devem ser únicos a cada nível de governo e devem se responsabilizar pela integralidade das ações de saúde, preventivas, curativas e de reabilitação. O gerenciamento único permite a congregação dos recursos e a sua otimização, em termos de maior amplitude de ações e resultados.

2. Descentralização do gerenciamento: todas as instituições internacionais de saúde, há mais de duas décadas, vêm preconizando a criação dos Sistemas Locais de Saúde, como formas de modernizar a organização do setor.

O gerenciamento dos serviços de saúde deve estar o mais próximo possível dos usuários, para que seus problemas administrativos, técnicos e operacionais sejam equacionados, de forma desburocratizada, permitindo-lhes maior eficiência e eficácia.

Com essa característica, fica possível à população exercer controle social, isto é, o poder que lhe cabe de participar e reivindicar um sistema justo que atenda às suas necessidades.

Para que esses dois pontos sejam possíveis, há necessidade de um terceiro:

3. Programação e Orçamento Integrados: através desse princípio, todos os recursos existentes para o oferecimento de ações e serviços de saúde devem estar somados e administrados, sem qualquer limitação ou restrição, no nível de governo, que será o responsável pelo seu gerenciamento.

Isso é básico para permitir que a administração se faça com eficiência e efetividade, que ela seja ágil e adequada em termos de custo, a fim de que os objetivos possam ser atingidos através da compatibilização das necessidades expressas epidemiologicamente com os recursos disponíveis para satisfazê-las.

É também indispensável que o repasse de recursos se faça de forma desburocratizada, para permitir que a sua utilização possibilite a satisfação plena das obrigações e compromissos assumidos.

Qualquer dificuldade burocrática interposta determina problemas que agravam o quadro, principalmente em relação a gastos desnecessários, que reduzem os recursos existentes para atividades-fim e atrasam a efetivação das ações planejadas.

4. Financiamento próprio, através de arrecadação específica em nível descentralizado, evitando situações problemáticas e irreais e garantindo, além de um financiamento estável para a saúde, uma alça curta de recolhimento/uso que permite maior controle social e, conseqüentemente, menor desperdício.

5. Delegação de funções: a única forma de, usando-se recursos limitados, oferecer saúde de boa qualidade, humana, abrangente e para todos, é a tática da delegação de funções do médico para outros trabalhadores de saúde treinados e constantemente supervisionados por ele, criando o conceito e a prática do trabalho em equipe.

6. Integração de ações: os programas verticais de prevenção e diagnóstico precoce devem dar lugar a programas de ações integradas de saúde, tratando-se o usuário como um todo e não como um órgão ou uma doença de cada vez. Integrar ações de atendimento da demanda sentida com intervenções epidemiológicas preventivas e educação para a saúde é também um processo moderno, necessário e possível.

7. Referência e contra-referência organizadas: colocando a atenção primária como a área nuclear do processo. Segundo a atenção primária, são referidos os casos pelos próprios agentes comunitários e médicos de família; a partir daí os pacientes são encaminhados para os hospitais e ambulatórios de referência.

8. Porta de entrada: a atenção primária deve se transformar gradativamente no núcleo fundamental do sistema. Para isso, não é necessário adotar o modelo inglês do *General Practitioner* (GP), o americano do especialista ou mesmo outros alienígenas. Uma boa solução seria o atendimento através de equipes multiprofissionais, com comando e supervisão do médico em três setores diversos: mulher, criança e adulto. A atenção primária deve também ter o poder para acessar, com resolutividade, os ambulatórios e hospitais de referência.

Esses oito princípios, que são técnicos e têm bases conceituais sólidas e modernas, visam a corrigir as crônicas distorções existentes no sistema de saúde do país. Eles só poderão ser aplicados se mudanças filosóficas e políticas ocorrerem para reverter o fluxo de privatização acrítica.

Em síntese, podem-se esquematizar as causas e soluções da crise na saúde brasileira (Figura 1), em que está claro que o enorme fosso existente entre o que se pode fazer e o que se faz é dependente de questões políticas maiores, de falta de privatização em todos os níveis, dos recursos humanos, do financiamento deficiente, além dos procedimentos incompetentes de gestão propriamente ditos.

Figura 1 – Causas e soluções da crise na política de saúde brasileira.

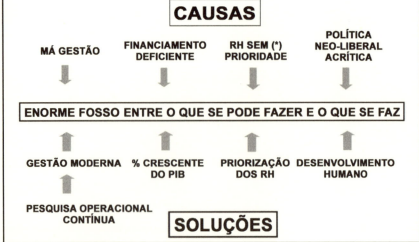

* RH= recursos humanos.

· A solução para o novo modelo passa por uma política econômica que permita oferecer um percentual do PIB em saúde nunca inferior a 5% e a colocação do CPMF integralmente no setor; por uma gestão inteligente e continuamente modificada por pesquisa operacional, incluindo-se a questão mais importante que são os recursos humanos. Médicos e equipe de saúde precisam ter condições de trabalho e salários compatíveis com a relevância de suas tarefas, além de formação e treinamento contínuo. Isso, entretanto, só será possível se adotarmos um conceito do desenvolvimento humano através do qual um país é considerado desenvolvido quando oferece dignidade de vida a todos os seus cidadãos e cidadãs.

Nutrição

Julio Tirapegui

O Brasil é um país do tamanho de um continente, com muitas diferenças regionais quanto a sua culinária e problemas nutricionais que afetam a sua população. Por outro lado, não há dúvida sobre a importância da nutrição na promoção da saúde e na prevenção de doenças. Embora a compreensão científica das funções de vários nutrientes na saúde humana tenha progredido rapidamente nos últimos vinte anos, deficiências nutricionais continuam ameaçando a vida e a saúde de milhões de pessoas, principalmente crianças, no Brasil e no mundo. No outro extremo da questão nutricional, a obesidade epidêmica também coloca em risco a vida e a saúde de milhões de pessoas.

O Brasil apresenta características epidemiológicas extremamente heterogêneas. Como nos demais países em desenvolvimento, são considerados problemas nutricionais de saúde pública: *desnutrição protéico-calórica moderada*, agravada normalmente por processos infecciosos; deficiências de *ferro, iodo* e *vitamina A,* resultantes do consumo de dietas desbalanceadas; e a obesidade associada à incidência de doenças crônico-degenerativas, como diabetes não insulino-dependente, alguns tipos de câncer, hipertensão arterial, doenças cardiovasculares, distúrbios comportamentais e outras (Figura 1).

Figura 1 – Alguns desequilíbrios nutricionais, considerados problemas de saúde pública no Brasil, e suas principais consequências.

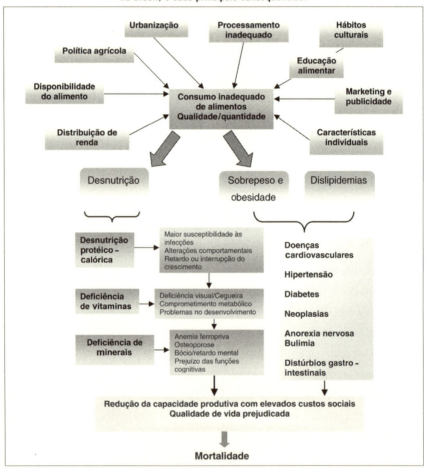

Analisaremos resumidamente as conseqüências de uma alimentação deficiente, que origina desnutrição, e um consumo exagerado de nutrientes responsável pelo sobrepeso e obesidade. Também serão enfocados os principais programas e políticas públicas de combates a esses problemas nutricionais.

Desnutrição no Brasil por deficiência de nutrientes

Em relação ao consumo insuficiente de alimentos, estimou-se que, apenas em 1990, cerca de 184 milhões de crianças em idade pré-escolar apresentavam baixo peso nos países em desenvolvimento e que 700 milhões de pessoas consumiam dietas inadequadas. Apesar de, em algumas partes do mundo, principalmente na América Latina e no Leste Asiático, ter ocorrido um elevado impacto na redução da desnutrição infantil, em termos globais o número absoluto de crianças desnutridas tem crescido.

Apesar dos dados recentes do IBGE, que assinalam que no Brasil há mais obesos que desnutridos, podemos comprovar que a desnutrição pode ainda ser considerada um dos mais graves problemas sociais brasileiros.

A desnutrição protéico-calórica é muito menos comum e menos severa em adultos. Já a sua ocorrência em crianças compromete a velocidade de crescimento e desenvolvimento, muitas vezes com alterações irreversíveis se a deficiência nutricional ocorrer durante a gestação, a lactação ou os primeiros anos de vida.

Na desnutrição protéico-calórica, independentemente da forma clínica encontrada, há deficiência protéica. Mesmo nos casos nos quais há ingestão protéica adequada, a deficiência calórica faz com que as proteínas sejam utilizadas para fins energéticos. O período entre a gestação e os primeiros cinco anos de idade são nutricionalmente os mais vulneráveis segmentos do ciclo da vida do ser humano. O crescimento rápido, a perda da imunidade passiva e o desenvolvimento do sistema imune contra infecções determinam necessidades dietéticas mais específicas e menor flexibilidade quando comparados a períodos mais tardios da vida. Estados patológicos, como infecção e parasitismo, são situações agravantes. O sinergismo entre desnutrição e infecção é bem conhecido: a infecção acarreta desnutrição por vários mecanismos, sendo, talvez, o aumento do catabolismo o efeito mais importante.

Uma das conseqüências mais graves da ingestão protéico-calórica insuficiente é a ativação dos mecanismos fisiológicos adaptativos, como redução da taxa de metabolismo basal, utilização mais eficiente de energia ou redução do nível de atividade física, a custos inaceitáveis em termos socioculturais e imunológicos. Nos países em desenvolvimento, cerca de 55% das mortes infantis estão ligadas à desnutrição, não existindo, na história recente da humanidade, qualquer situação mórbida com essa magnitude, apesar dos avanços na redução da prevalência do problema.

No Brasil, verifica-se que as maiores causas da desnutrição estão associadas à distribuição dos alimentos e a outros fatores como reformas econômicas, acesso aos serviços de saúde, práticas de higiene, distribuição dos alimentos dentro da hierarquia familiar, aleitamento materno e outros.

A desnutrição está exclusivamente associada à pobreza? Não. A fome como conseqüência do não-acesso aos alimentos é apenas um item dentro do contexto geral de saúde e do estado nutricional. Em certas regiões do Brasil, a porcentagem de crianças com baixo peso caiu de 17% em 1973 para menos de 6% em 1996, embora os índices de pobreza tenham quase dobrado no mesmo período.

Verifica-se que, embora a desnutrição ainda atinja de forma relevante principalmente as crianças de famílias de baixa renda, de uma forma geral seu índice está em declínio no Brasil nos últimos vinte anos entre adultos e crianças de todos os segmentos socioeconômicos.

Sabe-se que o aumento de renda familiar influi na redução da pobreza e no aumento do consumo de alimentos. Porém, as evidências sugerem que apenas o aumento de renda não resolveria o problema da desnutrição, pelo menos a curto prazo.

Vários estudos têm demonstrado que a *desnutrição marginal,* que pode estar desvinculada da renda, é altamente prevalente no Brasil e nos países em desenvolvimento, afetando as taxas de crescimento infantil e as funções mentais, com efeitos adversos nas reações emotivas e comportamentais, qualidade de vida e habilidade para conviver em sociedade.

O Brasil começou a identificar desnutrição como um problema de saúde pública a partir da década de 1940, quando as primeiras iniciativas foram tomadas no sentido de orientar a produção agrícola e industrial de alimentos. Desde então, vários serviços foram criados com o objetivo geral de melhorar o estado nutricional dos grupos mais vulneráveis da população.

Foram investidos recursos financeiros da ordem de US$ 8 bilhões nos últimos vinte anos em projetos nutricionais com diferentes objetivos. Estima-se que, com poucas exceções, os programas tenham sido ineficientes na transferência dos benefícios. As exceções ficaram praticamente restritas ao Programa de Controle do Bócio Endêmico (PCBE), dentro do Programa de Combate às Carências Nutricionais Específicas, que regulamentou a adição de iodo ao sal de cozinha buscando a erradicação do bócio endêmico, e o Programa Nacional de Incentivo ao Aleitamento Materno (PNIAM), apoiado pelo Unicef, que buscou incentivar e prolongar o período de aleitamento materno, contribuindo também para fortalecer o vínculo mãe-filho, fundamental ao desenvolvimento da criança.

Alguns segmentos populacionais ainda recebem suplemento alimentar, como os beneficiários dos Programas de Merenda Escolar, com 36 milhões de pessoas, sendo que muitas dessas refeições são consideradas inadequadas do ponto de vista nutricional.

O Programa Nacional de Alimentação Escolar (PNAE) foi criado em 1954 e é responsável pelo atendimento a crianças matriculadas em escolas da rede pública e escolas filantrópicas especiais. Sua abrangência pode ser verificada atualmente na "capacidade nominal" de atendimento a cerca de 36 milhões de escolares de 4 a 14 anos. O PNAE estabeleceu como meta um aporte mínimo *per capita* contendo 9,0 gramas de proteínas e 350 Kcal, que representariam cerca de 15 % das necessidades médias dietéticas da faixa etária atendida, a um custo aproximado de R$ 0,13 (treze centavos) por criança/dia, de acordo com o número de crianças regularmente matriculadas no ano anterior, visando à suplementação das refeições domésticas durante todos os dias letivos com base no calendário do Distrito Federal.

Segmentos populacionais cadastrados no Programa Comunidade Solidária recebem ainda uma suplementação de verba da ordem de R$ 0,20 (vinte centavos) por criança/dia, enquanto entidades filantrópicas e pré-escolas recebem ajuda de custo de R$ 0,06 (seis centavos) por criança/dia. Em termos anuais, o orçamento de 1999 destinou o total de R$ 903 milhões para os 200 dias letivos.

Apesar de esses valores parecerem bastante modestos, a realidade brasileira, agravada por vários fatores econômicos e sociais, contribui para que muitas de nossas comunidades não recebam nem mesmo este mínimo.

Por outro lado, a falta de avaliação de custo-eficiência não permite afirmar que qualquer uma das metas esteja sendo alcançada.

Em 2002, um novo programa visando a acabar com a fome foi desenhado: o Fome Zero.

O que é o Programa do Fome Zero?

O Programa Fome Zero é uma política pública estipulada pelo governo federal em 2002 que expressa a prioridade governamental, compartilhada pela sociedade, de erradicar a fome e a exclusão social como questão política central para a consecução de um projeto de nação. Ao longo de 2004, foram intensificadas, no âmbito do Fome Zero, as ações de transferência de renda para a população que se encontra abaixo da linha da pobreza, por meio do Programa Bolsa Família, que pretende no futuro estender sua cobertura para 12 milhões de famílias em situação de risco alimentar e nutricional, transferindo-lhes um benefício mensal que varia de R\$50,00 a R\$95,00. Além disso, estão sendo desenvolvidas ações na área de segurança alimentar, como a implantação de restaurantes populares, construção de cisternas em parceria com a Febraban, a compra da produção de pequenas propriedades rurais e a distribuição de 775 mil litros de leite diários à população infantil em situação de risco, entre outras. A recente criação do Grupo de Trabalho Fome Zero representa um esforço para fazer convergir as ações de todas as áreas do governo que buscam eliminar a exclusão social, pelo cruzamento de programas e bancos de dados, de forma, por exemplo, a amparar com mecanismos de transferência de renda o porcentual expressivo dos brasileiros que se trata de tuberculose e de hanseníase na rede pública de saúde, mas não conclui o tratamento devido a dificuldades financeiras, ou os cidadãos recentemente alfabetizados pelo programa Brasil Alfabetizado.

Na prática, o Programa Fome Zero tem funcionado?

Segundo alguns autores, o programa não saiu do papel, apesar das boas intenções do governo. Esse programa tem sido alvo de críticas por parte da classe política, imprensa e até da comunidade acadêmica. A transferência de renda para a população que se encontra abaixo da linha da pobreza tem sido realizada de maneira inadequada, muitas vezes beneficiando famílias que não cumprem os requisitos estipulados pelos organismos do governo. A contrapartida das famílias beneficiadas, de manter os filhos na escola, não tem sido fiscalizada adequadamente, por deficiência das prefeituras e do próprio Ministério de Educação, que não tem um cadastro dessa população estudantil. Assim sendo, o que tem sido noticiado na imprensa é o fato de que o Programa Bolsa Família é mais assistencialista, de transferência de dinheiro, sem adequada fiscalização, fato que gera corrupção e desvio do dinheiro para uma parcela da população que realmente não precisa dessa ajuda por parte do governo.

Quais as razões básicas do fracasso da maior parte dos programas nutricionais adotados no Brasil?

Vários fatores podem ser apontados como responsáveis pelo fracasso da maioria das intervenções adotadas até hoje, como: falta de integração das áreas sociais na elaboração da política nutricional; deficiência na identificação dos problemas que afetam a população-alvo; monitoramento insuficiente dos programas, interrupções freqüentes nos serviços prestados; erros de planejamento e orçamento, uso político dos programas; grande número de programas com objetivos diversos, sem coordenação, dificultando a obtenção de informações e controle deste; falta de alcance às áreas rurais onde se encontra a maior parcela da população-alvo e pouca ou nenhuma participação ativa dos beneficiários diretos na adequação dos programas às suas necessidades.

Diante dessa situação, é preciso que a população seja conscientizada da necessidade de se estabelecer políticas nutricionais sérias e bem planejadas, para que se possam exigir dos governantes resultados passíveis de análise e discussão, determinando, assim, no mínimo, o uso mais eficiente dos recursos públicos.

Sobrepeso e obesidade no Brasil por ingestão de excesso de nutrientes

Outro problema nutricional considerado no mundo todo é o sobrepeso e a obesidade como conseqüência da mudança do hábito alimentar da população. Os termos sobrepeso e obesidade são distintos embora relacionados. Considera-se que o sobrepeso é o aumento excessivo do peso corporal total, podendo ocorrer conseqüentemente por modificações em apenas um de seus constituintes, como água, gordura, músculo, osso ou em seu conjunto. Já obesidade refere-se especialmente ao aumento na quantidade generalizada ou localizada de gordura em relação ao peso corporal, associado a elevados riscos para a saúde.

A diferença entre excesso de peso e obesidade pode ser identificada a partir do cálculo de Índice de Massa Corpórea (IMC). Para fazer o cálculo, basta dividir o peso, em quilos, pela altura, em metros, ao quadrado. Se o resultado ficar entre 25 e 30, o indivíduo está com excesso de peso. Acima de 30, é obeso. O cálculo vale para adultos. Em crianças e adolescentes, além do IMC como referência, a idade é fundamental para se chegar a um resultado.

Pesquisadores da Faculdade de Saúde Pública (FSP) da Universidade de São Paulo (USP) avaliaram em vários estudos as mudanças no padrão de alimentação da população urbana brasileira ao longo das três últimas décadas. Constataram que essas mudanças determinaram diminuição relativa no consumo de carboidratos na dieta e aumento no consumo de lipídeos. Também foram avaliados os hábitos alimentares com potencial aterogênico de grupos populacionais em área metropolitana da região Sudeste do Brasil, que permitiram concluir que a dieta apresenta-se como provável fator de risco de doenças cardiovasculares, dislipidemias, obesidade e hipertensão para grande parte da população. No Brasil, um estudo realizado na Grande São Paulo, abordando o aumento de poder aquisitivo proporcionado pela estabilidade da moeda (Plano Real), sugere que houve queda na proporção da renda gasta com alimentos pelas famílias, que, segundo dados do DIEESE, passou de 39% (em 1969/70) para 27% (em 1994/95). Trata-se, sem dúvida, de resultado positivo, embora possa ainda ser considerado elevado quando comparado aos índices de países desenvolvidos, que ficam em torno de 16%.

Houve, portanto, evolução favorável da dieta em termos de adequação calórica e protéica, que, se por um lado, foi importante em relação à diminuição dos índices de desnutrição, por outro, trouxe problemas relacionados a doenças crônico-degenerativas, até então características de países desenvolvidos, e associadas principalmente à substituição de carboidratos por gorduras no total calórico e de proteínas vegetais por proteínas animais. Segundo dados da Pesquisa Nacional de Saúde e Nutrição (PNSN, 1989-90), o IMC dos brasileiros revelou cerca de 24,6% de indivíduos com sobrepeso e 8,3% de obesos.

Nas duas últimas décadas, o Brasil vem apresentando importante alteração do padrão nutricional. As pesquisas realizadas apontaram para o crescimento da prevalência da obesidade em todas as regiões do país, nas diferentes classes sociais e atingindo de forma importante a população mais pobre. O excesso de gordura e de peso corporal tem sido acompanhado por maior suscetibilidade a uma variedade de enfermidades crônico-degenerativas, que elevam de forma significativa os índices de morbidade e mortalidade. Dessa forma, o aumento excessivo da quantidade de gordura e do peso corporal deverá, sem dúvida, repercutir de maneira negativa tanto na qualidade como na expectativa de vida dos indivíduos.

Os países desenvolvidos têm concentrado seus esforços, na área de saúde pública, na prevenção das doenças não transmissíveis. Para tanto, ênfase tem sido dada à redução da obesidade, modificação do padrão alimentar e redução do sedentarismo. Os resultados obtidos em relação à redução da obesidade são, contudo, desencorajadores, dado que a prevalência de sobrepeso e obesidade tem aumentado nos últimos anos.

No Brasil, os trabalhos apresentados mostraram que houve um aumento na prevalência de sobrepeso e obesidade de 53%, comparado aos censos realizados nos anos de 1974 e 1975 com o de 1989. Diante dessa realidade, se não houver intervenção nesse crescimento, a tendência é que os brasileiros tornar-se-ão obesos na primeira metade do terceiro milênio. Observa-se que esse crescimento é predominante nas classes menos favorecidas. À medida que se consegue erradicar a miséria entre as camadas mais pobres da população, a obesidade desponta como um problema mais freqüente e mais grave que a desnutrição.

Segundo dados epidemiológicos de 1997, referentes a um inquérito realizado nas regiões Nordeste e Sudeste do país, a prevalência da obesidade em adultos (IMC maior 30 kg/m^2) seria de 7,0% em homens e de 12,4% em mulheres e, se somar indivíduos com sobrepeso e indivíduos obesos (IMC maior 25 kg/m^2), a prevalência seria de 38,5% para homens e 39,0% para mulheres.

Essas estimativas devem indicar a situação como um todo, uma vez que dois terços dos brasileiros vivem nas regiões Nordeste e Sudeste. Entretanto, através dos dados obtidos por pesquisadores da Universidade de São Paulo em 2004 e comparados aos inquéritos realizados em 1989 na região Sudeste, foi possível verificar redução significativa de 13,2% para 8,2% da prevalência de obesidade feminina no estrato de maior renda familiar, levando em consideração os 25% das famílias de maior renda nas duas pesquisas realizadas. Já no estrato de menor renda – considerando os 25% de menor renda –, houve tendência oposta – aumentou a prevalência de 11,6% para 15,0% (FSP-USP).

Uma das pesquisas mais recentes sobre obesidade infantil, da Universidade Federal de São Paulo (Unifesp/2006), concluiu que 25% dos paulistanos de 10 a 15 anos estão acima do peso. Desses, 10% são obesos e 15 % estão com sobrepeso. O estudo avaliou mais de 8 mil alunos de 44 escolas da capital.

Recentemente, foram realizados trabalhos em alguns estados brasileiros com o objetivo de verificar o perfil antropométrico da população adulta e os resultados demonstraram um percentual significativo de indivíduos que apresentam sobrepeso e obesidade. A obesidade é fator de risco de relevância para as principais causas de mortalidade, morbidade e incapacitação no Brasil, apresentando-se freqüentemente como uma síndrome metabólica. As doenças relacionadas à obesidade são: doenças cardiovasculares, dislipidemias, doenças do aparelho locomotor, hipertensão, diabetes tipo II, osteoartrite, certos tipos de câncer, entre outras.

A maior preocupação que atinge profissionais da saúde e nutrição é como melhor promover o crescimento econômico e prevenir ou retardar os efeitos indesejáveis da transição nutricional à saúde (Veja a figura 2, a seguir).

Países ricos da América do Norte e União Européia despendem significativos recursos financeiros para convencer seus cidadãos a substituírem suas dietas ricas em gorduras por dietas baseadas em grãos, vegetais e frutas. Paradoxalmente, países em desenvolvimento como o Brasil utilizam seu aumento de renda para substituir a atual dieta rica em grãos e fibras por dietas que incluam maior proporção de gorduras e açúcares. A eficiência tecnológica também contribuiu para a redução de preços de gorduras vegetais, tornando-as mais disponíveis às populações de menor poder aquisitivo.

Figura 2 – Principais fatores envolvidos com a transição demográfica, epidemiológica e nutricional no Brasil. Adaptado de Popkin BM (1994).

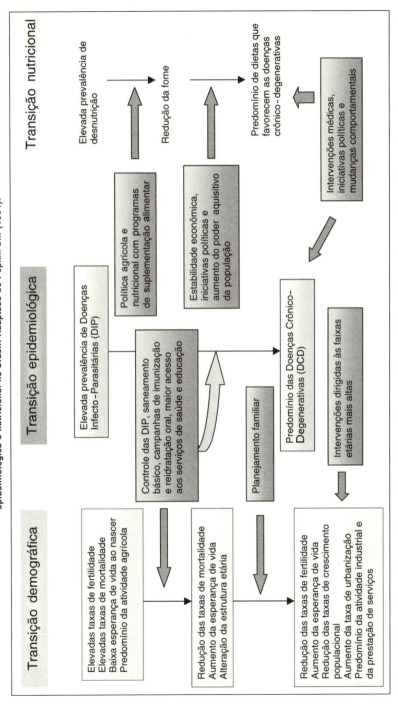

O aumento da renda proporciona o consumo de dietas compostas por uma variedade maior de alimentos, aumentando a proporção da energia diária suprida por gorduras. Entretanto, sabe-se, atualmente, que o processo de urbanização tem influência muito maior que o próprio aumento do Produto Interno Bruto (PIB) *per capita*. No Brasil, o aumento da renda tem sido associado ao maior nível de obesidade. Em muitas regiões há situações nas quais os segmentos populacionais mais pobres sofrem mais de problemas relacionados ao consumo excessivo de alimentos que os segmentos mais ricos.

Em resumo, países desenvolvidos têm procurado reduzir a participação da gordura animal e vegetal na energia total, incentivando o consumo de frutas e vegetais, mediante campanhas públicas de orientação nutricional, com a recomendação da prática regular de atividade física. Por outro lado, a elevação do PIB de países mais pobres traduz-se diretamente no aumento da urbanização e no consumo de uma dieta mais variada, contendo alimentos mais elaborados e com maior teor de gordura e açúcares. Dessa forma, em termos nutricionais, países de economia emergente, como o Brasil, aproximam-se rapidamente dos problemas que os países ricos têm procurado afastar, em conseqüência desfavorecendo aqueles que têm menor agilidade na elaboração de políticas nutricionais eficientes.

Em termos globais de tendências, parece haver um consenso referente às áreas de intervenção nutricional, com projetos que busquem:

- atingir prioritariamente a população identificada como mais vulnerável (gestantes, lactentes e pré-escolares);
- alcançar as populações que residam nas áreas rurais, de difícil acesso, e comunidades isoladas sem infra-estrutura;
- incentivar o aleitamento materno e fortalecer o vínculo mãe-filho, estabelecendo a mulher como alvo dos projetos nutricionais dirigidos às crianças;
- combater as carências nutricionais específicas, procurando identificar problemas relacionados à desnutrição marginal;
- integrar serviços sociais, como saúde, educação, atendimento psicológico, informação e extensão rural à política nutricional;
- melhorar a qualidade dos alimentos servidos nos programas (inclusive quanto às doações), procurando ajustar cada vez mais o cardápio às recomendações preconizadas nos Guias Dietéticos;

- melhorar a qualidade do serviço prestado nos programas e incentivo à participação dos beneficiários;
- estabelecer objetivos comuns entre a política agrícola e a política nutricional, investindo-se no aumento da produtividade e oferta de *alimentos seguros*, principalmente através da transferência de tecnologia, infra-estrutura, sistemas de financiamento compatíveis com a situação de cada grupo, garantia de preço-mínimo ao pequeno produtor rural, ampliação dos serviços de extensão rural e incentivo às pesquisas;
- desenvolver políticas econômicas que reduzam a desigualdade social e facilitem o acesso aos alimentos;
- incentivar a exploração das potencialidades produtivas locais de cada região;
- promover campanhas de reeducação alimentar, como forma de ocasionar a manutenção do peso corpóreo ideal e prevenir as doenças crônico-degenerativas associadas ao consumo inadequado de alimentos;
- reavaliar as informações nutricionais presentes nas embalagens de alimentos industrializados com o objetivo de esclarecer cada vez mais o consumidor, assim como informá-lo da qualidade nutricional dos produtos *in natura* normalmente comercializados;
- incentivar a prática regular de atividade física.

Política nutricional no Brasil

As informações disponíveis a respeito da política nutricional brasileira permitem que se possam apenas comparar, superficialmente, algumas intervenções hoje adotadas com as tendências mundiais. A partir dessa primeira abordagem, podemos afirmar que:
- as intervenções nutricionais no Brasil estão dispersas em vários programas desagregados, com falhas de coordenação, sem monitoramento e sem resultados formais. São constantemente interrompidos e não têm participação ativa da comunidade beneficiária;
- o mais abrangente programa nutricional brasileiro, o PNAE, não atinge os grupos mais vulneráveis. Parece estar havendo um impulso mercadológico significativo na fortificação de alimentos que não são prioritariamente consumidos pelas populações atingidas pela desnutrição

marginal; o programa Fome Zero, segundo alguns autores, ainda não saiu do papel e tem servido de propaganda do governo sem atingir os objetivos para os quais foi criado;

- há pouca integração entre as diversas áreas sociais na elaboração, implantação e avaliação dos projetos e programas;
- a descentralização do PNAE enfrenta várias dificuldades, principalmente com relação à capacitação técnica na operacionalização local dos programas, gerando ainda muito desperdício e muitas interrupções no abastecimento das escolas;
- com os esforços dirigidos aos problemas administrativos, pouco se discute em termos de adequação dos cardápios aos Guias Dietéticos;
- a legislação sobre a rotulagem de produtos alimentícios desenvolveu-se, nos últimos anos, exigindo a inclusão de informações nutricionais;
- informações que poderiam ser utilizadas na reeducação alimentar são muitas vezes divulgadas de forma incorreta e sensacionalista, confundindo ainda mais o consumidor, principalmente em relação aos alimentos com supostas propriedades nutracêuticas;
- não existem campanhas públicas de orientação dietética dirigidas à prevenção de doenças crônico-degenerativas (cardiovasculares, osteoporose, neoplasias etc.), obesidade, distúrbios comportamentais (anorexia e bulimia), cuja prevalência tem aumentado significativamente, assim como seus custos sociais. Tampouco há uma campanha acentuada recomendando a prática regular de atividade física por parte da população.

O que poderia ser feito para reduzir os problemas que dificultam a melhor eficiência das atuais políticas nutricionais adotadas no Brasil?

Programas de fortificação dirigidos ao combate de carências nutricionais específicas, como ferro, flúor, iodo e vitamina A, deveriam ter seu custo-benefício avaliado e o monitoramento poderia evitar que eles sofressem interrupções. A simples doação de alimentos ou dinheiro, como o Programa de Renda Mínima, deveria ficar restrita a situações emergenciais.

Seria interessante que se tentasse realizar uma avaliação com os dados disponíveis dos programas atualmente implementados no país, e que se tentasse elaborar um projeto nutricional, integrando áreas multidisciplinares, dirigidos principalmente a gestantes, lactentes e pré-escolares, tendo a mulher como alvo. Esse projeto deveria ser estruturado para atingir as áreas rurais de menor infra-estrutura, onde o beneficiário pudesse ser avaliado, orientado e acompanhado. Seria salutar incentivar na criança e no adulto a prática regular de atividade física.

Há perspectivas de melhora do quadro atual?

Sim. Uma atitude política positiva parece ser da descentralização do Sistema Único de Saúde (SUS), possibilitando a implementação de programas como o Atenção Básica, que se apóia num conjunto de ações, de caráter individual ou coletivo, situadas no primeiro nível de atenção dos sistemas de saúde, voltadas para a promoção da saúde, prevenção de agravos, tratamento e reabilitação, avançando num sistema de saúde dirigido à melhora da qualidade de vida das pessoas e de seu meio ambiente. O conjunto dessas ações envolve aspectos multidisciplinares (administrativos, médicos, odontológicos, nutricionais, psicológicos, sociais e outros), com objetivos claros e bem equacionados, que devem ter seu impacto avaliado por meio de indicadores pré-definidos, estabelecendo uma troca entre recursos e resultados.

Um avanço nesse sentido também foi a recente aprovação da Política Nacional de Alimentação e Nutrição, integrando o contexto de Segurança Alimentar como parte da Política Nacional de Saúde, com objetivos de:

- garantir a qualidade dos alimentos comercializados no país;
- promover práticas alimentares saudáveis;
- prevenir e controlar distúrbios nutricionais,
- estimular ações intersetoriais que propiciem o acesso universal aos alimentos.

Para cumprir as diretrizes propostas nessa Política Nacional será necessária ampla articulação intra e intersetorial, envolvendo vários órgãos (Ministérios da Agricultura, da Educação, do Trabalho, das Relações Exteriores, da Justiça, do Desenvolvimento, da Ciência e Tecnologia; representantes da sociedade civil; Comunidade Solidária e outros), cada qual com a sua responsabilidade, de forma que pelo menos as metas estabelecidas pelas Nações Unidas (FAO/OMS/Unicef) para o terceiro milênio sejam alcançadas (Figura 3).

Figura 3 – Metas prioritárias fixadas para o ano 2006 no conjunto de compromissos assumidos entre o Brasil e as agências internacionais (Alto Comissariado de Direitos Humanos, FAO, OMS e Unicef).

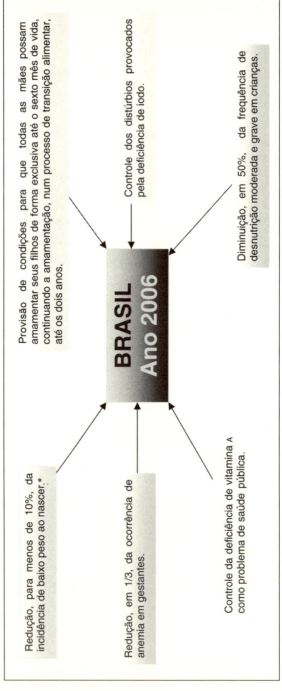

*Crianças nascidas vivas pesando menos de 2.500g.

Ressalta-se, nas diretrizes propostas por essa nova Política Nacional de Alimentação e Nutrição, a atuação do Sistema de Vigilância Alimentar e Nutricional (SISVAN), responsável pelo serviço de mapeamento das endemias carenciais e pela geração, coleta e análise dos dados, incluindo também aspectos macroeconômicos e sociais.

O êxito dessa nova política dependerá exclusivamente de ações governamentais?

Não. Na realidade, é importante ter-se uma visão crítica da situação nutricional brasileira dentro de um panorama global. Porém, muito mais importante é participar, como cidadão, por meio de trabalho voluntário, filantropia e apresentação de novas idéias que possam contribuir para melhorar o nível de qualidade de vida de nosso país. Individualmente, pode-se, através da internet, acessar vários sites de Organizações Não-Governamentais (ONG) ou grupos de trabalho voluntário, como o www.voluntarios.com.br, que auxiliam tanto na identificação de uma organização de acordo com a disponibilidade e preferência individual, como também na formação de novos grupos de trabalho social.

O combate dos problemas nutricionais brasileiros dependerá muito da manutenção da estabilidade da moeda, do crescimento econômico e do direcionamento da política nutricional rumo às tendências mundiais. Entretanto, o êxito de todas as propostas sugeridas para reduzir esses problemas dependerá fundamentalmente da participação de cada cidadão para a melhora da qualidade de vida de sua comunidade.

CULTURA

Marcos Napolitano

Como cidadãos, temos a sensação de que o Brasil não muda, ou muda para pior. E esse é um sentimento que, salvo engano, parece ter crescido nos últimos vinte anos. É voz corrente na opinião pública que, apesar do fim do autoritarismo político, em 1985, as elites brasileiras não cumpriram sua promessa de felicidade democrática, ou seja, a construção de um país mais igualitário, mais ético, mais rico. A democracia brasileira tem convivido com crises econômicas dramáticas, violência social em níveis alarmantes, bolsões de miséria que parecem se multiplicar pelas cidades e pelo campo. Por tudo isto, nos últimos vinte anos há na sociedade civil brasileira certa nostalgia no ar. As mentes mais autoritárias têm nostalgia da ditadura militar, quando a censura fazia reinar uma "paz de cemitério" e, ao seu modo, confortava os crédulos. Os espíritos mais democráticos e progressistas têm nostalgia da modernidade, por mais estranho que pareça. Afinal, a crença na modernidade e as saudades do passado, normalmente, são termos auto-excludentes. Mas o Brasil não é, propriamente, um país muito normal.

Os historiadores são ensinados a duvidar tanto dos valores nostálgicos, que idealizam um passado muitas vezes inexistente de fato, quanto das crenças otimistas na modernidade, a visão superficial de que a corrente da história sempre aprimora o caminhar dos povos. Portanto, vou tentar sintetizar os últimos vinte anos da vida cultural brasileira, sem nostalgia dos tempos passados ou elogios à marcha do progresso.

Em primeiro lugar, a sensação de que algo se perdeu, algo não foi realizado, ou mesmo o sentimento de que o Brasil parece andar para trás em relação aos seus próprios projetos nacionais, não pode ser desconsiderada pelo historiador da cultura do "tempo presente". Na vida cultural, essa sensação é particularmente importante, sobretudo entre aqueles que se reconhecem na modernidade brasileira do século XX, leia-se, aquelas décadas cheias de realizações artísticas e culturais situadas entre a década de 1920 e a década de 1960, período em que o Brasil parecia "irreconhecivelmente inteligente", na irônica expressão do crítico literário Roberto Schwarz. Modernismo, antropofagia, poesia concreta, cinema novo, MPB, tropicália, são apenas alguns dos mais famosos movimentos culturais gerados pela modernidade brasileira e funcionam, até hoje, como marcos da nossa cultura. A lista de artistas e intelectuais que foram protagonistas da modernidade brasileira é enorme e parece concentrar a maior parte dos nossos "gênios" artísticos, muitos deles ainda atuantes neste início de século XXI: Mario de Andrade, Oswald de Andrade, Tarsila do Amaral, Sergio Buarque de Holanda, Carlos Drummond de Andrade, Glauber Rocha, Manuel Bandeira, Gilberto Freyre, Guimarães Rosa, Graciliano Ramos, Chico Buarque de Holanda, Helio Oiticica, Caetano Veloso, Tom Jobim, João Gilberto. Poderíamos citar outros tantos que, naquelas quatro décadas mágicas do século XX, fizeram quase tudo o que poderia ser feito na arte e na cultura. Há muito, portanto, temos a sensação de que não há quase mais nada de criativo que possa ser feito. Exagerada ou não, injustificada ou não, há uma sensação de ruptura com a modernidade e de que a vida cultural brasileira parece estar cada vez mais pobre.

Entretanto, para entender e fazer entender a vida cultural dos últimos vinte anos, é preciso ir além desse primeiro diagnóstico, tentando captar certas tendências da cultura e da arte para além das nostalgias e modismos. Neste texto, não vamos arriscar uma lista, injusta e superficial como todas as listas, de grandes artistas e grandes obras que marcaram a vida cultural brasileira dos últimos vinte anos. Entretanto, algumas tendências podem ser demarcadas.

Na música popular, houve o predomínio das tendências *pop* (*rock* dos anos 1980 ou as variáveis da *black music* no final dos anos 1990) e dos gêneros populares, que dinamizaram o mercado e assombraram os defensores da grande tradição da MPB, no início dos anos 1990 (pagode, axé e sertanejo).

No cinema, o fato mais significativo foi a retomada, a partir de 1995, com boa afluência de público e reconhecimento da crítica, como atestam o sucesso de *Central do Brasil* (Walter Salles, 1998) e *Cidade de Deus* (Fernando Meirelles). O documentarismo brasileiro, cujos maiores expoentes são Eduardo Coutinho e João Moreira Salles, também tem se destacado, conseguindo espaço nos circuitos comerciais e no mercado de *home video*.

A prosa literária abriu-se para narrativas que expressam a crise da linguagem e da subjetividade, mesmo como caminhos válidos para a percepção da realidade social, exemplificado nos livros de Bernardo de Carvalho. O ensaísmo biográfico e a crônica jornalística de temas sociais e históricos também marcaram o mercado editorial brasileiro, transformando escritores como Zuenir Ventura, Ruy Castro, Fernando Morais em *best-sellers*. A poesia perdeu seu grande nome, Carlos Drummond de Andrade, morto em 1987, cujo legado de "maior poeta vivo" passou hoje para Ferreira Gullar. Além disso, nos anos 1990, o meio poético conheceu uma nova geração que tem conseguido bom espaço nas revistas literárias e nas editoras.

O teatro brasileiro foi marcado pela atuação dos grandes diretores que se pautam pela pesquisa de novas linguagens cênicas e corporais (José Celso Martinez Correa, Antunes Filho e Gerald Thomas) e pelo surgimento de novas companhias que atuam ora dentro da tradição clássica – como o Grupo Tapa –, ora voltadas para um teatro mais despojado, crítico e provocativo, questionando valores morais ou ideológicos – como Os Satyros e a Companhia do Latão. Talvez a grande novidade do período na área teatral seja a obra do Teatro da Vertigem, cujo diretor, Antonio Araújo, rompeu com os limites físicos do teatro convencional, encenando peças marcantes, desde os anos 1990, em espaços urbanos degradados – o hospital abandonado de *O Livro de Jó*, a prisão em ruínas de *Apocalipse 1,11* e, nada menos, do que o rio Tietê, em *BR-3*. Num outro pólo, o chamado "teatrão" comercial continua vigoroso, oscilando entre a encenação de textos mais densos e comédias descompromissadas, quase sempre estreladas por atores ligados às telenovelas. E não se pode esquecer do chamado "besteirol", nascido no Rio de Janeiro nos anos 1980, que tenta conciliar a crítica de costumes com um humor *nonsense*, muitas vezes extraído dos próprios jargões dos meios de comunicação.

As artes visuais foram marcadas pelo vigor do conceitualismo, tendência que se debruça sobre a reflexão em torno do fazer artístico, consagrando a tradição construtiva e racionalista da arte brasileira, uma das vertentes mais fortes do nosso modernismo. Nos anos 1980, principalmente, dividiu espaço com o neo-expressionismo, marcado pela projeção de formas e cores intimamente ligadas às angústias e indagações de fundo humanista. O uso de novas tecnologias – o vídeo e o computador – tem marcado algumas experiências artísticas, adensando uma das características centrais da arte pós-moderna, que é a utilização de novas linguagens e meios de expressão, além da tela, da tinta e dos materiais tradicionais da escultura. E, finalmente, não poderíamos esquecer a transformação da rua em espaço de expressão artística, que no Brasil ganhou força nos últimos vinte anos, através do *grafitti*, das instalações (obras colocadas em espaços públicos improváveis) e arte pública (utilização de espaços urbanos como espaços de exposição).

No entanto, o mais importante seria refletir em torno de três conjuntos de problemas que servem para analisar as tendências e dinâmicas da cultura brasileira dos últimos vinte anos. Em primeiro lugar, as políticas culturais, privadas e públicas. Em segundo, o papel da indústria e do mercado de cultura. E, finalmente, a questão da violência social como eixo temático aglutinador das preocupações dos artistas mais atuantes e engajados.

Políticas culturais

A segunda metade da década de 1980, a famosa "década perdida", conforme os economistas, marcou a difícil transição para a democracia, depois de vinte anos de regime militar. Em 1985, o mineiro Tancredo

Neves, presidente civil eleito indiretamente pelo Colégio Eleitoral, qualificou o período que se iniciava como a "Nova República". Havia expectativa de que a política cultural do governo federal ajudasse a realizar a promessa de uma cultura democrática, tão sonhada nos tempos da resistência cultural ao regime, que poderia ser resumida em três pontos: liberdade de opinião e expressão para os artistas e intelectuais; apoio material à produção cultural brasileira, culta ou popular; democratização do acesso aos bens culturais para o conjunto da população. Nesta, como em outras áreas, a Nova República decepcionou. O apoio oficial à produção cultural brasileira perdia-se na falta de critérios, de recursos e de estratégias. O acesso aos bens culturais ainda continuou sendo cada vez mais regulado, basicamente, pelo mercado e pelas grandes corporações da indústria cultural. A crença de que a Nova República garantiria a liberdade total de expressão sofreu um grande golpe com a censura oficial ao filme de Jean Luc Godard, *Je vous salue, Marie*, devido à pressão de setores da Igreja Católica. Apesar da criação do Ministério da Cultura, ocupado por Celso Furtado, o intelectual mais reconhecido e prestigiado que ocupou a pasta no governo Sarney (entre fevereiro de 1986 e julho de 1988), o período é mais lembrado pela política cultural da "broa de milho", apelido jocoso dado pela imprensa à defesa de uma cultura brasileira de tom provinciano, populista e tradicionalista, por ocasião da gestão do ministro José Aparecido, que ocupou o cargo duas vezes: entre março e maio de 1985 e entre setembro de 1988 e março de 1990.

O fim da década de 1980 trouxe eleições diretas para Presidente da República, depois de 29 anos. Com a vitória de Fernando Collor de Mello, o neo-populismo do período Sarney foi substituído pela política de "terra arrasada", em nome da desestatização da vida social. Com a desculpa de combater o compadrio e modernizar o Estado, Collor fechou o Ministério da Cultura e vários órgãos federais da área, como a Embrafilme, empresa estatal surgida em 1969, que produzia e distribuía os filmes brasileiros. O ano de 1990 ficou famoso pela quase inexistência de lançamentos cinematográficos brasileiros.

Depois do impedimento de Collor, em outubro de 1992, iniciou-se um período de transição na política cultural que ficaria mais delineada a partir de 1995, com o início do duplo mandato de Fernando Henrique Cardoso.

Com a hiperinflação controlada e o crescimento econômico retomado, iniciou-se uma nova política cultural, com o Estado funcionando como uma agência de captação de recursos privados, através de renúncia fiscal, direcionando-os para as várias atividades artísticas e culturais. Esse é o espírito da Lei de Mecenato e da Lei do Audiovisual, cujas linhas mestras já tinham sido traçadas pela "Lei Sarney", de 1986, e na gestão de Sergio Paulo Rouanet como Secretário da Cultura, ainda no governo Collor. Muito polêmicas e criticadas pela opinião pública mais à esquerda, o fato é que as leis de incentivo, nas diversas esferas de governo (federal, estadual e municipal), garantiram a produção de várias obras e dinamizaram o mercado em algumas áreas, principalmente o cinema brasileiro, cuja crítica intitulou o ano de 1995 como o "ano da retomada". A "era FHC" também foi marcada pela organização de vários eventos na área da cultura, muitos deles patrocinados por grandes bancos e empresas. Um exemplo dessa tendência foram as megaexposições nacionais e internacionais, como "Brasil dos Viajantes", "Brasil 500" ou as mostras de grandes pintores e escultores, que atraíram multidões aos museus, marcando um fenômeno novo na história da cultura brasileira.

O governo Lula, mesmo mantendo, em linhas gerais, a política de mecenato privado agenciado pelos poderes públicos, procurou valorizar a cultura comunitária e étnica, através da criação dos "Pontos de Cultura", cujo objetivo é estimular o protagonismo e as iniciativas da comunidade, tendo o Estado apenas como parceiro e promotor. Entretanto, questões como a democratização da cultura letrada, a melhoria dos equipamentos culturais e o apoio a áreas importantes da expressão cultural, como o teatro, ainda são focos de críticas e polêmicas.

Outro fenômeno importante no campo das políticas culturais recentes é a articulação entre os departamentos de marketing das grandes empresas à produção e aos circuitos culturais, fenômeno estimulado pelas leis de mecenato anteriormente citadas. Em que pese o novo leque de possibilidades de financiamento para produção de obras, organização de grandes eventos e patrocínio de atividades culturais muitas vezes bem relevantes, a dependência em relação aos grandes conglomerados capitalistas pode ser tão nociva à liberdade de criação quanto o dirigismo estatal. Mesmo que não exista uma estética oficial do marketing cultural, certos temas espinhosos e posturas mais críticas em relação às contradições sociais tendem a ser evitados pelos artistas, sobretudo em áreas ligadas ao consumo de massa, como o cinema e o teatro, pois as empresas tendem a não ligar suas marcas institucionais a abordagens e temas excessivamente controversos ou provocadores.

Indústria e mercado cultural

Se a política cultural caminhou do neopopulismo difuso para a valorização do mecenato privado agenciado pelo Estado, a indústria cultural brasileira ampliou-se e diversificou-se, consolidando a hegemonia de grandes conglomerados empresarias que remonta aos anos 1970, atuantes na produção e na distribuição de bens culturais industrializados. A indústria cultural brasileira tornou-se o espaço social estruturante da vida cultural, estando presente em várias áreas e atingindo, ainda que de maneira desigual, várias classes sociais, processo já em curso desde os anos 1970.

Esse processo de industrialização da cultura não destruiu suas formas comunitárias e artesanais, mas tende a incorporá-las ao grande mercado. Por exemplo, a inserção de uma festa folclórica local num circuito turístico ampliado e de massa é uma das facetas desta tendência. Outra faceta é a transformação do artista em *pop star*, o que significa que a exposição de sua personalidade e imagem adquire valor social maior, em muitos casos, do que sua obra. Um cantor inserido plenamente na indústria fonográfica ou um ator campeão de audiência na televisão não são reconhecidos e consumidos apenas pelo seu talento artístico. Sua imagem irá circular em revistas, em programas de entrevistas e de auditórios, em marcas de calçados, de alimentos ou roupas. Há uma equação muito básica nesse caso: quanto menos valor estético a obra possuir, em si mesma, mais o artista terá necessidade do aparato de marketing em torno da sua imagem. Mas o apelo do marketing como lógica geral do mercado tem sido tão poderoso que mesmo artistas já consagrados pela sua obra não estão isentos de se tornarem *pop stars*. Lembremos da polêmica aparição de Caetano Veloso, um dos ícones da cultura moderna brasileira, na revista *Caras*, também um ícone, mas da indústria cultural de baixa qualidade e de conteúdo irrelevante.

Outra marca da cultura brasileira dos últimos vinte anos é o questionamento dos padrões de gosto e das hierarquias culturais que organizavam o consumo cultural, em várias áreas artísticas, vigentes até o final dos anos 1970. Normalmente, havia certa articulação entre a preferência dos consumidores de renda e escolaridade mais altas, a qualidade da obra e o reconhecimento social do valor do artista. A combinação desses três fatores gerava o que se pode chamar de hierarquia cultural, ou seja, o que uma sociedade considera bom ou ruim, qual obra que deve ser fixada como cânone da cultura e qual deve ser relegada ao esquecimento. Até o final dos anos 1970, a burguesia letrada e a classe média intelectualizada davam o tom da vida cultural brasileira, impondo seus padrões de consumo cultural como medidas de valor, inclusive em alguns circuitos culturais de massa. Um bom exemplo desta hegemonia foi o predomínio da MPB, que se auto-representava como música popular de "boa qualidade", no seio mercado fonográfico.

Desde o final dos anos 1980, essa hierarquia tem sido colocada em xeque com a mudança da estrutura de consumo cultural e dos padrões de gosto. Hoje, para o bem e para o mal, há maior pluralidade de padrões de avaliação cultural e estética. Há mais grupos de consumidores culturais que não se pautam, necessariamente, por uma hierarquia sociocultural e sim por critérios muito diferenciados de avaliação estética e cultural. Enfim, a vida cultural está mais segmentada, ou, como dizem alguns, mais "tribalizada". Sobretudo nas faixas de consumidores mais jovens esse é um fenômeno importante, criando subculturas que praticamente não se comunicam. Na música popular, essa tendência tem sido particularmente importante, à medida que é um dos campos artísticos mais significativos para a construção de identidades juvenis. A identidade proporcionada pela tribo à qual o indivíduo se identifica passa por critérios específicos de avaliação de obras e valorização de circuitos e suportes de consumo cultural que pouco remontam a regras mais gerais de apreciação estética e avaliação cultural. Por tudo isso, a segmentação excessiva do mercado, uma das tendências da indústria cultural, coloca em xeque as hierarquias e tradições culturais mais amplas.

No contexto brasileiro, quais podem ter sido as conseqüências do questionamento das tradições e hierarquias culturais?

Respondendo de maneira perigosamente sucinta, podemos dizer que os últimos vinte anos diluíram o "projeto moderno brasileiro" na área da cultura, consolidando a sensação de seu esgotamento que vinha desde o final dos anos 1970. Em que pesem as suas contradições, variáveis internas e vicissitudes desde sua gestação, desde a década de 1920, esse projeto vinha articulando e dando sentido à atuação de artistas e intelectuais na construção de uma idéia de "brasilidade" que visava a integrar as várias classes sociais num idioma cultural comum, seja pelo viés do nacionalismo conservador de direita, seja pelo viés do nacionalismo revolucionário de esquerda. É curioso que a busca desse idioma cultural comum à nação brasileira passava pela fusão de elementos aparentemente opostos: cultura letrada e cultura oral, cultura cosmopolita e cultura local, tradição e vanguarda, despojamento e sofisticação, entre outras. As manifestações históricas do projeto moderno brasileiro podem ser buscadas em várias áreas das artes e da cultura, e sinalizam a existência de uma tradição, nomeada por Renato Ortiz como a "moderna tradição brasileira".

A fusão daqueles elementos aparentemente opostos não ocorreria de maneira espontânea, mas passava por procedimentos, experiências e triagens, efetivamente realizados por vários artistas e intelectuais que marcaram a vida cultural brasileira entre 1920 e 1960. Nessas quatro décadas, uma das crenças fundamentais era a de que a modernidade venceria o arcaísmo e o provincianismo do Brasil tradicional. Entretanto, esse projeto acabou tragado pelas armadilhas da história brasileira, que sempre soube conciliar atraso social e desenvolvimento econômico. O que se efetivou em nosso país foi um tipo de modernização capitalista dependente e desigual, que acabou por inviabilizar o ponto fundamental dessa utopia moderna: a integração das classes populares num projeto nacional integrador e democrático, a um só tempo. Ao contrário, a modernização imposta depois do golpe militar de 1964 consolidou a exclusão social e a desigualdade econômica e cultural, que o período da nova democracia brasileira só fez aumentar. Se a crença no projeto moderno brasileiro ainda acalentou parte da chamada "resistência cultural" ao regime militar, o período pós-1985 marcou o esgotamento não apenas da sua atuação efetiva como organizador da vida cultural, mas também o questionamento da própria tradição por ele gerada, cada vez mais sem sentido na cacofonia sociocultural brasileira dos últimos vinte anos.

Deve-se reconhecer que nem tudo nessa cacofonia é desgraça e mediocridade. Ao contrário, a diluição do projeto moderno, que inegavelmente trazia em si uma herança autoritária, à medida que fazia tudo convergir para a busca de um idioma cultural integrador e apagador das diferenças, propiciou o reconhecimento público de identidades plurais, comunitárias e étnicas que eram colocadas em segundo plano nos tempos de predomínio do nacional-popular e das vanguardas cosmopolitas – as duas variáveis mais fortes do nosso projeto moderno. O desafio da vida cultural no Brasil contemporâneo é permitir a expressão e a construção das várias identidades socioculturais que podem sustentar uma democracia plural, incorporando criticamente os elementos de uma tradição comum que evitem a completa fragmentação da sociedade em múltiplos e desconexos projetos culturais e identitários. Quando a tendência à tribalização cultural se exacerba, nem sempre o pluralismo e a liberdade de opções triunfa. O velho autoritarismo nacionalista, freqüentemente incorporado pela política cultural oficial, é substituído pelo autoritarismo do mercado, que acaba assumindo a tarefa de integrar o tecido social sob a lógica do consumo, fornecendo identidades prontas e, muitas vezes, superficiais ou restritas ao consumo do exótico.

A violência social como temática

Apesar da pluralidade de valores, estéticas e identidades dos últimos vinte anos, podemos dizer que há uma tendência aglutinadora de várias áreas da cultura brasileira. Tendência que se manifesta não apenas no plano temático (ou de "conteúdo") das obras, mas também como linguagem e dado formal: a questão da violência, corolário da exclusão social. Nos tempos do nacional-popular ou da vanguarda cosmopolita a representação das classes populares nas artes e no debate cultural era marcada pelo otimismo e pela transformação do homem do povo – o operário ou o camponês – no herói da nação autêntica ou da revolução brasileira. A partir da última década do século XX, o fim das utopias no quadro brasileiro deu-se junto com a percepção da violência e da exclusão como sintomas de uma anomia social profunda e da falta de projeto histórico que tomou conta do país. Dos artistas e produtos mais sofisticados e participantes aos mais convencionais e superficiais, o tema da desigualdade, da exclusão e da violência tem surgido como a grande questão cultural no Brasil contemporâneo.

Na literatura, romances, crônicas e ensaios abordaram o tema, tais como *Matador*, de Patrícia Melo, *Carandiru*, de Drauzio Varella, ou *Cidade*

Partida, de Zuenir Ventura. No cinema documental ou de ficção, a questão da violência também marcou filmes impactantes nos últimos anos, como *O invasor*, de Fernando Brant, *Um céu de estrelas*, de Tata Amaral e *Cronicamente inviável* (Sergio Bianchi), *Amarelo manga* (Cláudio Assis), *Contra todos* (Roberto Moreira), *Notícias de uma guerra particular* (João Moreira Salles), *Ônibus 174* (José Padilha), *Prisioneiro da grade de ferro* (Paulo Sacramento). No teatro, *Apocalipse 1,11* e *BR-3* (Antonio Araújo) ou *O cobrador* (Beth Lopes). Na música popular, o vigor e o reconhecimento do *rap* ou do *funk* como expressões socioculturais legítimas, é produto de uma nova forma de olhar a questão, produzida pelos próprios grupos sociais excluídos, em que pese os interesses e influências do mercado fonográfico internacional. Na televisão, a violência é tema de programas jornalísticos, telenovelas, minisséries.

Em suma, a questão da violência social é um dos principais eixos expressivos da vida cultural brasileira. Muitas vezes, a representação da violência e da exclusão em canções, filmes e livros não expressa um diagnóstico crítico das suas causas e do seu lugar na vida social, limitando-se aos aspectos mais sensacionais e visíveis do fenômeno. O desafio em abordar o fenômeno da violência social é provocar um debate que vá além das representações dos efeitos da miséria e da violência social, das suas causas mais genéricas e escape da estigmatização de grupos sociais marginalizados, muitas vezes vistos como os únicos protagonistas e perpetradores de violência. Esse tipo de abordagem já não choca nem conscientiza, correndo o risco de alimentar, pelo viés da arte, o sensacionalismo diário dos telejornais mais popularescos. Em outras palavras, a representação da violência social dos "de baixo" no campo da cultural e da arte nem sempre dá conta das suas articulações com os valores "de cima". A questão da violência brasileira, como dado cultural, ainda está esperando o seu Machado de Assis. Ou seja, aquele artista que consegue diagnosticar a perversão dos valores e o funcionamento da máquina social para além dos seus aspectos mais óbvios e visíveis.

Transformações da língua

Rodolfo Ilari

Venha provar meu *brunch*
saiba que eu tenho *approach*
na hora do *lunch*
eu ando de *ferryboat*
eu tenho *savoir-faire*
meu temperamento é *light*
minha casa é *hi-tec*
toda hora rola um *insight*
já fui fã do JethroTull
hoje me amarro no Slash
minha vida agora é *cool*
meu passado é que foi *trash*
fica ligada no *link*
que eu vou confessar *my love*

depois do décimo *drink*
só um bom e velho *engov*
eu tirei o meu *green card*
e fui pra Miami Beach
posso não ser *pop star*
mas já sou um *noveau riche*
eu tenho *sex-appeal*
saca só meu *background*
veloz como Damon Hill
tenaz como Fittipaldi
não dispenso um *happy end*
quero jogar no *dream team*
de dia um macho *man*
e de noite um *drag queen*

(Zeca Baleiro, "Samba do Approach")

Na literatura e no cinema, são comuns as histórias em que uma personagem adormece, entra em coma ou simplesmente viaja, e só retorna à vida normal na geração seguinte. Nesse tipo de ficção, o retorno permite que a personagem observe a realidade de hoje com os olhos de ontem, e costuma ser, para o artista, um recurso eficaz de ressaltar o que mudou.

Às vezes, o tempo de uma geração traz mudanças dramáticas na política, nos hábitos e nos gostos de uma classe social, mas esta outra instituição a que todos estamos sujeitos, a língua, é bem mais lenta em matéria de mudanças. Assim, um lingüista imaginário que, por hipótese, tivesse sido segregado da convivência com a sociedade brasileira no meio dos anos 1980 e voltasse hoje à consciência e à observação teria bem menos a estranhar do que alguém que retorna a seu antigo país devastado por uma guerra.

Para calibrar as expectativas de nosso lingüista imaginário, duas idéias nos servirão de referência. Em primeiro lugar, muitos fatos que poderiam parecer mudanças dramáticas da língua são de fato mudanças que acontecem em outros sistemas semiológicos que vivem à sua margem. É verdade que esses sistemas semiológicos vivem em estreita associação com a língua, e por isso o usuário tende a pensar que é tudo a mesma coisa, mas convém pelo menos explicar que há diferenças. A segunda idéia é que os vários componentes de uma língua mudam em ritmos muito diferentes entre si; e é por aqui que vamos começar.

Nos últimos mil anos, desde que nossa língua começou a ser escrita, foram inventadas pouquíssimas flexões verbais e pouquíssimas maneiras novas de transformar nomes masculinos em femininos. Em compensação, as palavras criadas nesse período se contam às dezenas de milhares. É o que os estudiosos resumem dizendo que a morfologia flexional (isto é, o conjunto das desinências do verbo e das terminações dos substantivos e adjetivos variáveis) pouco inovou, ao passo que o léxico foi sofrendo inovações ano após ano, talvez dia após dia. Entre os extremos do léxico e da morfologia flexional, em matéria de mobilidade, estão a morfologia derivacional e a sintaxe.

Os últimos vinte anos não fogem a essa regra: assim, se procurarmos as marcas que esse período deixou na língua, encontraremos novidades sobretudo no domínio do léxico e em algumas fórmulas recém-descobertas para formar palavras. Nos campos da sintaxe e da flexão, como seria de esperar, os resultados da busca são mais magros.

Léxico

Os processos lingüísticos de que a língua lançou mão, ultimamente, para criar palavras novas são, afinal, os de sempre, e entre eles prevalece o uso de prefixos e sufixos. Para chegar a *motoqueiro*, hoje bem mais usado que *motociclista*, foi preciso passar de *motocicleta* a *moto* e depois a *motoca*: o segmento final desta última palavra é o velho sufixo formador de diminutivos que encontramos em *beijo/ beijoca, filha/ filhoca, perna/ pernoca*. Sobre *motoca*, aplicou-se por sua vez o velho sufixo –*eiro*, que tem entre outros sentidos o de "alguém que anda montado em ... / alguém que guia ...", como em *cavaleiro, barqueiro* e *carreiro*.

Em certos casos, a derivação criou formas lingüísticas que foram percebidas como excessivamente longas e, por força de uma outra tendência forte nesse período, acabaram sendo abreviadas: assim de *lipo* + *aspiração* formou-se *lipoaspiração*, que imediatamente virou *lipo*. A mesma tendência fez com que se passasse de *fonoaudióloga, fonoaudiologia* a *fono*; de *videotape/ videoclipe/videocassete* a *vídeo*; de *oftalmologista* a *oftalmo* etc.

Como os sufixos, também os prefixos usados para a formação de palavras novas têm uma história prévia na língua (*megassena, megainvestidor, hipermercado, minicurso, minivã, autocolante, antiaderente, ...*), mas ao inventário das formas já conhecidas acrescentaram-se algumas outras totalmente inesperadas. Uma destas últimas é *disk/ disque* (baseado no verbo *discar*), que acabou por compor toda uma lista de nomes de serviços que podem ser requisitados pelo telefone (*disque-pizza, disque-denúncia*, mas depois também, *disque-entulho, disque-caçamba, disque-remédio, disque-sexo, disque-acompanhante* e, nos estados onde o frango se chama galeto, *disque-galeto*). Note-se também o prefixo *uni* que ocorre em *cabeleireiro unissex, roupa unissex,* indicando indistinção de sexos, é ainda uma abreviação de universidade em *Unitaubaté, UniBH, Unisinos* etc.

Também no que diz respeito às palavras formadas por prefixação, pode ser notada uma tendência a abreviar. O caso mais óbvio é o de *microcomputador* que vira *micro*. Já o caso de *(filme de) curta-metragem* que se transforma em *curta* (*"A televisão exibe hoje dois curtas sobre moradores de rua"*) é diferente, porque *curta* não é um prefixo, e sim um adjetivo; o processo de formação é, aqui, o mesmo que já havia dado origem a *curto*, a partir de *curto-circuito* (*Deu um curto no chuveiro!*).

Mas o léxico não evolui apenas quando são criadas palavras que inexistiam; evolui também quando as palavras antigas assumem uma significação inteiramente nova, e esta é uma história à qual assistimos constantemente. Quem já leu a Carta de Pero Vaz de Caminha deve lembrar-se do delicioso uso que a primeira descrição do Brasil reservou ao particípio passado *sarado*, já disponível em 1500. A partir da década de 1990, no contexto de uma prática que se generalizou por conta das academias (de ginástica), a da *malhação*, o adjetivo *sarado* passou a indicar os jovens dotados de bons músculos – um belo exemplo de palavra que a língua reencontrou e readaptou às suas necessidades, mediante uma mudança de sentido na qual a idéia de recuperação da saúde desaparece por completo. Note-se que *malhação* e *academia* também são palavras antigas, que hoje evocam esse contexto da cultura física e assumem nele um sentido novo.

Os brasileiros desfrutam, com razão, da fama de exímios gozadores. Fazendo jus a essa fama, um domínio em que se inventaram muitos sentidos novos para palavras antigas foi, ultimamente, o da política. Sinal dos tempos, algumas boas amostras desse tipo de criatividade apareceram no contexto de grandes escândalos envolvendo o Congresso Nacional: o adjetivo *mensal* remonta ao latim; os especialistas o descrevem como um dos derivados do radical *mens-* ("mês"), o que o torna um parente de *menstruação*. Quando veio à tona o escândalo dos pagamentos feitos aos deputados em troca de apoio às proposituras do governo, esse velho adjetivo deu origem ao substantivo *mensalão*, e levou a chamar de *mensalistas* todos os parlamentares a que se pagou o mensalão. A palavra *sanguessuga* também é antiga. Mas no contexto de outro escândalo político, passou a indicar os parlamentares do "escândalo das ambulâncias", o esquema criminoso em que eles embolsavam recursos das prefeituras em troca da liberação de ambulâncias. É cedo para saber se essas e outras expressões se fixarão ou não na língua e, caso isso aconteça, se assumirão um sentido mais genérico. Se isso acontecer, teremos aí uma história parecida com a da expressão *conto do vigário/vigarista*, que parece ter-se originado no "causo" célebre de um pároco mineiro que se recusava a pagar uma dívida de quinhentos reais, alegando que eram "outros quinhentos". Também é possível que os novos sentidos de *mensalista* e *sanguessuga* tenham vida efêmera: a política e o jornalismo político sempre foram grandes laboratórios lingüísticos, mas quem lembra hoje o que significou *caramuru*, no período da Regência? E quantos de nossos jovens associariam corretamente um estilo de fazer política ao nome do partido de Juscelino, o PSD *mineiro*?

Nosso lingüista que volta à ação depois de vinte anos de repouso forçado teria certamente dificuldade em adivinhar os sentidos precisos que as palavras *mensalista* e *sanguessuga* e outras nascidas em situações análogas assumiram nos últimos anos; mas provavelmente seu choque seria muito maior, e com razão, diante do número de palavras estrangeiras que o português acolheu; de fato, nos últimos tempos, a importação de palavras estrangeiras foi enorme. Esses empréstimos vinham de todas as línguas que já alimentaram nosso vocabulário no passado: do espanhol veio *ola*, como nome dessa coreografia que as torcidas de todo o mundo aprenderam a fazer nas arquibancadas dos campos de futebol; *rotisseria*, *nécessaire* e *grife* [como em *roupa de grife*], são decalques do francês; *decassêgui*, *sushi*, *mangá* são decalques do japonês, *aiatolá*, *mulá*, *xiita* provêm de línguas da região que os europeus chamaram de Oriente Médio. Da Itália, continuam chegando nomes ligados à culinária, carregados de consoantes geminadas e estímulos gustativos (como *carpaccio* ou *penne*).

Mas, sem jogos de palavras, a grande massa de empréstimos se origina, evidentemente, do inglês americano. Quando a classe média brasileira resolveu acoplar à velha e boa geladeira vertical dos anos 1950 um outro eletrodoméstico destinado a resfriar alimentos por tempos mais longos e em temperaturas mais baixas, a palavra utilizada foi *frízer*, decalcada no inglês *freezer*. Por aqui, ninguém pensou em usar o substantivo *congelador,* que seria uma tradução correta de *freezer*, mas que já tinha sido usado para indicar um dos compartimentos da geladeira tradicional. O caso de *frízer*, aliás, mostra bem a facilidade com que o português do Brasil vem aceitando empréstimos: nossos irmãos portugueses, muito menos receptivos do que nós em matéria de estrangeirismos, imediatamente representaram o novo eletrodoméstico como uma variante do velho baú no qual as moças de outrora guardavam seu enxoval, e assim o denominaram *arca frigorífica*; portanto que ninguém se surpreenda se ouvir algum português dizer que tem um atum guardado na arca: em certas épocas do ano, há cardumes de atuns passando pela Ilha da

Madeira e pelas costas de Portugal, e a arca em questão não é a que se guarda no quarto, e sim esse eletrodoméstico que nasceu quando apareceram os primeiros supermercados atacadistas, o nosso *frízer*.

Falar em estrangeirismos e estrangeiros que chegam ao Brasil evoca o contexto da naturalização. Ora, as vicissitudes por que passam essas palavras estrangeiras depois de adotadas no português brasileiro não se resumem, como se costuma dizer, à sua assimilação fonética e ortográfica, elas são às vezes bem mais tortuosas. Por exemplo, não basta dizer que *esqueite* vem do inglês *skate* ou que *personal* vem do inglês *personal*, ou que as pronúncias correntes são es-quêi-tchi ou pér-so-naw. O apetrecho de quatro rodas que nossos adolescentes chamam de *esqueite* seria, em inglês, um *skate board*; o instrutor que acompanha nossas senhoras de classe média em seus exercícios físicos, e que elas apresentam como "meu personal" seria em inglês um *personal trainer*. Ou seja, funcionou nesses casos um processo lingüístico [de transformação do núcleo do sintagma nominal em nada] muito parecido com aquele que, cinqüenta anos atrás, levou de *Volkswagen* a *Volks* [pronunciado folks] e de *Volks* a *fusca/fusquinha*; antes disso, o mesmo processo havia feito com que *tennis shoes* virasse *tênis*, nome de um tipo de calçado que os americanos chamam às vezes de *sneakers*.

Com tudo isso, o número de palavras inglesas recém-entradas na língua é impressionante, e a novidade é que elas não têm muito a ver com tecnologia ou com atividades específicas como o esporte. Se corrermos os olhos nas páginas amarelas da lista telefônica ou nos guias de serviços de uma cidade média, encontraremos no mínimo rubricas como *baby sitter*, *check-up*, (serviços de) *delivery, design, fast food, franchising, kits eletrônicos*, *leasing, personal* (*trainer*), *software, spray*; os resultados são os mesmos se consultarmos nos classificados de um grande jornal, e, bem entendido, a presença de palavras inglesas aumenta se formos aos cadernos dedicados aos leitores adolescentes ou aos cadernos de informática. Mas o computador não é o único responsável pela importação de palavras inglesas: a televisão, com as reportagens esportivas de seus canais pagos, e com sua propaganda de produtos e serviços recentes, está nos impingindo um número de empréstimos provavelmente bem maior.

Nos últimos vinte anos, na importação de empréstimos, as siglas constituíram um capítulo à parte. Às vezes, essas siglas eram abreviações baseadas nas primeiras letras de expressões estrangeiras, como em

CD   *compact disk*
CPU   *central processing unit*
DNA   *desoxyribonucleic acid*
DVD   *digital versatile disk*
HDL   *high density lipid*
HIV   *human immunodeficiency virus*
PC   *personal computer*
PHD   *philosophy doctor*
RPG   *role-playing game*
HPV   *human papiloma virus*

É comum que o usuário brasileiro dessas siglas não conheça a expressão que abreviam, e não seja capaz de dar sua tradução em português; mas a leitura soletrada dessas siglas resultou em palavras perfeitamente adaptadas à fonética do português brasileiro, que foram acentuadas ora como oxítonas (por exemplo: de-ve-dê) ora como paroxítonas (aga-de-éle). Às vezes, a pronúncia das siglas é um pouco mais complicada, porque algumas mantiveram a pronúncia americana, como é o caso de MBA, *Máster of Business Administration* (que ainda é geralmente pronunciada em-bi-êi) e outras ainda não são soletradas (como em "*memória RAM*" – *random access memory* [pronunciado rã], *aids* – *acquired immunological deficiency syndrome*, DAT – *digital audio-tape* [pronunciado dá-tchi]).

Nos últimos anos, várias palavras foram formadas a partir das letras iniciais de expressões totalmente brasileiras (às vezes com base em modelos estrangeiros, mas isso nem sempre): AVC – acidente vascular cerebral, DST – doença sexualmente transmissível, RPG – reeducação postural global (de origem francesa) etc.

Morfologia flexional e sintaxe

Deixemos, porém, o campo sempre receptivo e aberto do léxico, e perguntemo-nos o que aconteceu nas áreas mais refratárias a inovações: a morfologia flexional e a sintaxe. Houve mudanças significativas nessas áreas, nos últimos vinte anos? Para saber quem tem a resposta a essa pergunta, lembraremos aqui uma história que tem hoje quase dois mil anos. Quando, no século XIX, se começou a perguntar por que a palavra *oculus* do latim clássico correspondia, nas línguas neolatinas, respectivamente a *olho, ojo, oeil, occhio* etc., esbarrou-se na explicação óbvia de que o antepassado comum de todas essas palavras só poderia ser *oclus*, sem o primeiro *u*, mas como provar que essa explicação era verdadeira, e não apenas *bene trovata*? Um escrito, encontrado entre os muitos que restaram da latinidade, acabou por fornecer a prova decisiva de que a explicação tinha base histórica. Trata-se de um manual escrito por volta do ano 300 a.C. no qual um gramático conterrâneo de Santo Agostinho lembra a seus alunos que, em nome da pureza da língua, é preciso dizer *oculus* e não *oclus*. O *Apêndice de Probo*, como ficou conhecido esse manual (convenhamos que o nome não é inspirador, mas a razão do nome não tem nada a ver com apendicite), contém mais de duzentas correções desse tipo, e é o mais importante documento que nos resta da variedade de latim que deu origem às línguas românicas. Nele fala um gramático que quer defender a língua tal como era falada pelos antigos, mas que, sem querer, nos dá informações preciosas sobre sua mudança. Moral da história: se quisermos saber o que está mudando na língua, começamos por perguntar o que está atazanando os gramáticos.

Hoje, quando os gramáticos nos lembram enfaticamente que é preciso dizer (e escrever) *faltaram muitos alunos, a empresa em que trabalho, arrasar as resistências dos adversários* (e não *faltou muitos alunos, a empresa que trabalho, arrasar com as resistências dos adversários*), eles estão tocando em fenômenos correntes na fala, claramente identificados e longamente estudados pela lingüística. Trata-se, respectivamente, da não-concordância do verbo com o sujeito plural posposto, do uso não preposicionado do pronome relativo (às vezes conhecido como uso da "relativa cortadora" porque a preposição é cortada) e do uso da preposição *com* antes do objeto direto de certos verbos. Qualquer pessoa culta que preste atenção no que diz perceberá (talvez com uma reação de contrariedade) que ela usa correntemente essas construções quando fala de maneira despreocupada; provavelmente essas construções já seriam norma na escrita, se a escrita não estivesse sujeita a controles e modelos bem mais severos.

Tudo isso aponta para uma situação que, afinal, é óbvia: há uma língua falada, que segue uma gramática parcialmente diferente da que se segue na língua escrita; essa língua (a falada) admite flutuações que a língua escrita rejeita; faz parte do jogo que a língua falada fique batendo por muito tempo às portas da língua escrita, e esta última, depois de uma resistência que pode durar alguns séculos, acabe por assimilar algumas formas da fala que, inicialmente, eram vistas como crimes hediondos. Dito de outra maneira, embora estejamos perguntando por mudanças ocorridas na sintaxe do português brasileiro nos últimos anos, precisamos lembrar, antes de mais nada, que, em muitos casos, a possível mudança começa como uma situação de variação, ou seja, é disparada por diferenças existentes entre as várias modalidades e os vários níveis de linguagem que convivem no português brasileiro. Teríamos então que admitir que as resistências dos gramáticos são contra tendências que já prevaleceram em modalidades de linguagem menos prestigiadas e, hoje, estão batendo às portas das modalidades mais conservadoras ou mais "blindadas".

Uma imagem que pode ajudar, aqui, consiste em representar a língua escrita como uma embarcação que os ventos empurram ao mesmo tempo em várias direções, e é bom saber que a não-concordância do sujeito posposto, o uso não preposicionado do pronome relativo etc. são apenas algumas entre forças em jogo. Além delas, a língua escrita vem lutando contra muitas outras tendências que estiveram fortes nas últimas décadas, e que ainda podem acabar prevalecendo. Citemos algumas, escolhidas entre aquelas que o leitor conhece por experiência própria:

- A expressão *a gente* ganhou uma aceitação absolutamente tranqüila, em todos os níveis de linguagem, como equivalente de *nós*, isto é, como pronome de primeira pessoa do plural; há algumas décadas, ainda era considerada "errada" e às vezes era atribuída à influência daninha das línguas trazidas pelos imigrantes;
- as formas da segunda pessoa do plural do verbo (do tipo *vós sois, vós vades*), que continuam sendo estudadas como parte do paradigma do verbo, só sobrevivem em certos textos de caráter altamente ritualístico, como a escrita da Bíblia nas versões mais conservadoras ou o texto do culto de algumas religiões;
- as formas do futuro simples (eu *farei*, eu *direi*) e as do pretérito mais que perfeito (ele *fizera*, ele *dissera*) caíram praticamente em desuso. Continuam

sendo estudadas, porque foram utilizadas no passado pela literatura, mas dificilmente apareceriam na escrita informal, onde suas funções foram assumidas por formas simples (como *amanhã faço isso, vou lá e digo o que penso...*) ou por formas perifrásticas como ele *tinha feito, ele tinha dito, eu vou fazer, eu vou dizer*);

- várias "criações" à primeira vista disparatadas trabalharam no sentido de regularizar os paradigmas verbais "anômalos": uma delas foi o preenchimento das lacunas de certos verbos defectivos (*esta solução não se adequa aos interesses da população*), outro é o "erro" bastante comum que consiste em formar o futuro do subjuntivo com base no infinitivo pessoal (*se vocês porem um anúncio no jornal vão vender esse carro em dois dias*);

- cada vez mais foi-se deixando para o contexto a incumbência de indicar o objeto direto do verbo, quando ele é de algum modo recuperável; dessa forma, ficou prejudicado o uso dos pronomes átonos, um fato que se torna mais sensível quando se compara o português brasileiro com o português europeu: no Brasil, o mais comum é dizer *Comprei esse livro no aeroporto e li no mesmo dia*; no português europeu, seria esperado o uso do pronome átono: *Comprei um livro e li-o no mesmo dia*);

- recorre-se livremente a perífrases verbais e construções baseadas em verbos-suporte (*fui (e) falei*; *dei uma de otário*, *dei uma varridinha na sala* em vez de *varri a sala*...). Um caso particular de perífrase verbal que ganhou impulso nos últimos anos é aquela que utiliza o gerúndio, em frases como "*amanhã mesmo vamos estar mandando para o senhor o seu novo cartão de crédito com seguro contra perda na enxurrada*";

- formaram-se muitas locuções prepositivas, que acabaram sendo utilizadas no lugar de preposições simples (os casos mais evidentes são *embaixo de* em vez de *sob*; *em cima de* em vez de *sobre*). Algumas dessas locuções foram incorporadas sem problemas (*em função de, por conta de*), outras provocaram discussões acaloradas, que se destinavam a resolver uma flutuação (*a/em nível de*);

- novas locuções conjuntivas apareceram no pedaço, e de novo algumas foram aceitas com maior facilidade (uma dessas é *só que*, que em muitos contextos aparece hoje como um concorrente possível de *mas*: *é como fazer estrogonofe, só que vai iogurte em vez de creme de leite*), ao passo que outras despertaram as suspeitas dos vigilantes da língua (*na medida que / na medida em que*);

Todas as tendências que vêm descritas nas últimas linhas (e muitas outras que não descreveremos para não abusar da paciência do leitor) chamaram de algum modo a atenção dos gramáticos, mas cuidado: todo pardal é um passarinho, mas nem todo passarinho é um pardal, ou seja, nem tudo aquilo que preocupa os gramáticos aponta para tendências de mudança. Por exemplo, muitas das discussões com que nossos gramáticos nos brindaram nos últimos tempos visam a pôr fim a uma flutuação indesejável. Para os gramáticos, as flutuações do uso são sempre incômodas, e os gramáticos procuram superá-las tomando uma das alternativas como a correta e condenando a outra. Nos últimos anos, uma batalha desse tipo foi travada contra a expressão *entrega a domicílio*. Graças a essa batalha, as padarias e pizzarias que atendem as classes A e B passaram a imprimir em suas embalagens, junto com o logotipo, frases como "*Fazemos entrega em domicílio*" em vez de "*entrega a domicílio*". Para quem olha a língua pelo aspecto da correção, houve aqui uma vitória retumbante do bem contra o mal, mas isso é discutível: em vez de *entrega*, as padarias estão começando a escrever *delivery*, e de toda maneira o episódio não é de mudança, mas de normatização: o substantivo "entrega" passou a ter a preposição "em" como única regência e já não é de bom tom usar com ele a preposição "a", que era perfeitamente compreensível, mas foi desde sempre suspeita de galicismo. Observações parecidas caberiam para as recomendações de escrever "*a menina andava meio desligada*" (e não "*meia desligada*") ou "*40% dos cooperados optaram pelo novo plano*" (e não "*optou pelo novo plano*").

As margens turbulentas do sistema lingüístico

Até aqui, procurei falar do português do Brasil – e das mudanças que ele pode ter sofrido nos últimos vinte anos – considerando-o como um código, isto é, olhando para seus componentes internos – o léxico, a morfologia e a sintaxe. Conforme previsto, havia muitas novidades a registrar no léxico, ao passo que, na morfologia e na sintaxe tivemos que nos contentar com os exemplos de algumas tendências que operam sobretudo na fala, mas poderão encontrar por muito tempo, ainda, resistência por parte da língua escrita.

Mas por que deveríamos encarar a língua apenas como uma série de componentes estruturais? Uma língua não é apenas uma estrutura ou um código; é antes de mais nada uma instituição social e, portanto, um lugar em que se cruzam as expectativas, representações e valores dos diferentes grupos sociais que convivem através dela. Seria então de esperar que, além de permitir-nos falar da realidade, o português do Brasil também fosse um objeto sobre o qual os falantes projetam suas diferenças e também um instrumento para a construção de vários tipos de identidade. Muitas dessas representações se interpõem entre o usuário e as diferentes alternativas proporcionadas pelo código, aplicando-lhes algum tipo de valoração; assim, sem afetar propriamente a língua enquanto estrutura, essas representações acabam dando às mensagens um caráter conotado, ora inibindo alguns usos, ora estimulando outros.

Se nosso lingüista retornante, em vez de elucubrar acerca das estruturas, for perguntar aos usuários da língua quais foram as novidades desses últimos tempos, é muito provável que ouça relatos referentes a esses aspectos por assim dizer "externos": é normal que assim seja, porque eles são objeto de apreensão consciente, e chamam mais a atenção do que as características internas da língua, que são inconscientes e óbvias demais para tornar-se assunto de discussão. Como já foi dito, não devemos nos preocupar se, entre esses fatos que chamaram a atenção dos usuários e foram sucesso de mídia, há muitos que se referem a sistemas semiológicos que convivem com a língua, mas não a constituem.

No final da década de 1980, as manchetes que a mídia fez circular alardearam que grandes mudanças estavam por acontecer na língua portuguesa, e toda pessoa culta foi por assim dizer intimada a adaptar-se, sob pena de ficar tão antiquada quanto alguns letreiros do comércio de que se lembram os mais velhos, em que ainda se lia *botica* ou *pharmácia*, em vez de *farmácia*. Passado o primeiro choque, verificou-se que as grandes mudanças anunciadas se reduziam a uma pequena lista de alterações da ortografia, na realidade ajustes que estavam pendentes desde a década de 1940. Em outras palavras, aquilo que a mídia estava apresentando como uma grande novidade não passava de um episódio tardio da grande polêmica que Brasil e Portugal vêm travando em torno da ortografia desde o início do século passado. Quando acontecem mudanças na ortografia, é sempre muito difícil convencer o usuário de que elas têm muito pouco a ver com a língua. Mas a ortografia está para a língua como a notação musical está para a música. E assim como ninguém cometeria o desplante de dizer que a bateria de uma escola de samba precisa de notação musical para ter ritmo, ninguém deveria dizer que uma mudança na ortografia é uma mudança da língua; ainda assim o equívoco é compreensível: vivemos num país em que se lê pouco e se interpreta menos ainda; a forma chama a atenção mais do que o conteúdo, e um erro de forma leva facilmente a desqualificar o interlocutor. Nesse contexto, a ortografia não é a língua, mas pode ser mais importante que a própria língua.

Muito recentemente, o computador popularizou o correio eletrônico (perdão, o e-mail), que favoreceu uma comunicação escrita ágil e informal, caracterizada pelo uso de uma linguagem própria. Nas situações em que outrora se escreviam bilhetes e cartas em português-padrão, muitos jovens escrevem agora em "bloguês", e a linguagem dos blogs aterroriza os não-iniciados, que se vêem obrigados a interpretar as frases do blog como formas arrevesadas de alguma taquigrafia indecifrável. Novamente, em termos lingüísticos, a mudança é menor do que aparenta ser. Em si mesma, a linguagem dos blogueiros é um fenômeno social interessante, e é perfeitamente possível que uma ou outra das formas que eles estão criando venha a ser incorporada pelo português corrente, mas seus textos não são uma nova língua, assim como não era uma nova língua, no tempo do Marechal Rondon, o português das mensagens telegráficas. Para comunicar-se por meio do telégrafo, algumas décadas atrás, as pessoas escreviam frases sem preposições e sem verbos de ligação (do tipo *"Oferta aceita vendedor. Escritura marcada primeiro cartório quinta 13:30. Necessário documento avalista"*), mas ninguém que fosse receber um viajante na plataforma da estação se lembraria de dizer "Bem-vindo capital, chuva passageira. Apartamento reservado Hotel Novo Mundo vosmecê e esposa sua bagagem esta?"; o que mostra que uma distorção da linguagem comum, motivada pelo propósito de tirar o melhor proveito possível das características de uma certa mídia acaba ficando restrita, precisamente, às mensagens que utilizam aquela mídia.

Dois estilos de fala que se tornaram motivo de valoração e debate nos últimos anos são, respectivamente, o "tucanês" e o "lulês". A primeira dessas palavras identifica o modo de expressar-se que se atribuiu (legitimamente ou não, mas esse não é o nosso problema) ao partido do ex-presidente Fernando Henrique Cardoso, o PSDB, que tem como seu símbolo o tucano. Segundo seu maior crítico, o humorista José Simão, o principal traço do tucanês foi o abuso de torneios frasais sonoros e desprovidos de conteúdo; de frases que impressionam, mas que, no fundo, não dizem nada. O lulês é a língua do adversário histórico de Fernando Henrique, o presidente Luiz Inácio Lula da Silva. Nas várias campanhas que disputou até alcançar a presidência, além de criar um visual que foi variamente descrito como o de um "operário", de um "sapo barbudo" etc., Lula pronunciou discursos que deram voz ao português *substandard*, pelo vocabulário (lembrem-se suas denúncias das *maracutais*) e por certas construções sintáticas que são às vezes interpretadas como formas de hipercorreção (como o dequeísmo – *Acredito piamente <u>de</u> que o Brasil tem futuro*). Fortemente marcados, fortemente discriminados nos ambientes cultos, esses traços da linguagem de Lula não deixaram de ser notados e foram usados como argumentos por quem queria acusá-lo de despreparo. O fato é que esses traços populares de fala de Lula foram desaparecendo com o tempo; e se alguém criou a partir deles a expectativa de que a burocracia do Estado e a população começariam finalmente a falar a mesma língua, neste país, a história encarregou-se de mostrar precisamente o contrário.

Por sua vez, a invasão de estrangeirismos provocou uma reação "nacionalista" que se tornou inclusive bandeira política, graças à iniciativa do deputado Aldo Rabelo. Como se sabe, o deputado Rabelo viu no uso de estrangeirismos desnecessários um problema policial e propôs um projeto de lei que cominava punições pecuniárias ou outras a todos os cidadãos que usassem expressões estrangeiras em determinadas condições. Essas propostas chamam a atenção por seu caráter radical, mas também porque, à sua maneira muito canhestra, recuperam um tipo de nacionalismo lingüístico que tomou forma no contexto do romantismo literário, sobretudo pela voz de José de Alencar. Provavelmente, o deputado Rabelo tinha razão em lembrar que muitas expressões estrangeiras são desnecessárias (como *guaraná diet*, que não traz nenhuma vantagem real em relação a *guaraná dietético*, ou *picanha light*, que afinal diz o mesmo que *picanha magra,* ou *picanha com pouco teor de gordura*). Mas ele estava redondamente iludido quanto à possibilidade de mudar a língua por decreto ou de conseguir que a classe média brasileira seja mais espartana castigando em primeiro lugar a sua linguagem.

As brigas contra os estrangeirismos, o modo como falam os partidos e os candidatos, as tentativas de reforma ortográfica, o aparecimento de novos tipos de mensagens, que surgem associados a um certo tipo de mídia ocuparam, por assim dizer, a ribalta nos últimos anos e, por isso, impressionaram muito o usuário comum, mas são talvez fatos passageiros, menos importantes que outros que passaram despercebidos. Apontemos por um momento nossos refletores para alguns desses últimos:

a) Vem-se firmando, nos últimos anos, a tendência para encarar como positiva a escolha de expressões "politicamente corretas". O efeito mais sensível dessa tendência é no sentido de evitar termos que poderiam ser interpretados como discriminatórios em relação às minorias ou a situações que representem como inferiores pessoas que sofrem de alguma incapacidade. Idealmente, a preocupação de ser politicamente correto levaria a colocar sob suspeição todos os discursos que contrapõem grupos como "nós, os normais x os anormais", "nós, os capazes x os incapazes", "nós, a maioria x a minoria" como formas de desqualificar alguém. É claro que, nesta terra de homens cordiais, nem todo mundo é politicamente correto, e disso é prova o sucesso persistente de gêneros como as "piadas de argentino", as "piadas de gaúcho" etc. É claro também que a preocupação em não agredir verbalmente os grupos sociais minoritários sempre existiu, como mostra a tentativa já antiga e bem-sucedida de criar um sinônimo não conotado aos antigos morfético e leproso (*hanseniano* apareceu em 1946). O fato novo e significativo é que o conceito de "politicamente correto / incorreto" se cristalizou, e é hoje uma forma socialmente aceita de avaliar discursos públicos; além disso, explica um bom número de criações verbais motivadas, precisamente, pelo desejo de evitar a forma politicamente incorreta: é assim que *criança com síndrome de Down* é preferido a *criança mongolóide* (ou *criança retardada*), *idoso* é preferido a *velho, pessoa com dificuldades motoras / auditivas / visuais* a *aleijado / surdo / cego*... É assim também que *portador do vírus HIV* evita o uso de *aidético* e *formação continuada de professores* e *formação de professores em serviço* evitam a expressão mais antiga *reciclagem de professores*...

b) Aumentou, possivelmente em todos os níveis, a tolerância com que são recebidas as expressões-tabu. Isso pode ser visto, por exemplo, nas novelas de televisão que vão ao ar no chamado "horário nobre", cujos diálogos trocam cada vez mais os eufemismos (ou os cortes) que seriam de regra algum tempo atrás por expressões que fazem corar as vovós; o mesmo acontece nas entrevistas ao vivo. Isso que acontece na televisão pode ser o reflexo de uma tendência de que toda a sociedade potencialmente participa, como de resto mostra o fato de que alguns termos escatológicos foram parar recentemente nos jornais (há alguns anos seria impensável que um artigo de fundo da segunda página da *Folha de S. Paulo* reproduzisse com todas as letras a afirmação de um ator de esquerda, segundo a qual "não é possível fazer política sem pôr a mão na merda").

c) Houve, tudo somado, nos novos gêneros da música popular, na televisão, e em todas as formas de cultura de massa, uma abertura muito grande para a linguagem *substandard* e para a linguagem regional, o que mostra uma certa superação do preconceito e uma capacidade melhor de lidar com a diversidade lingüística. Já não se pode dizer que a diversidade lingüística tenha recebido o melhor tratamento possível num lugar que, por definição, teria que lidar com ela de maneira competente – a escola: aqui, reina ainda muita confusão sobre os objetivos e as atitudes a serem adotados, e duas posturas equivocadas, infelizmente, ainda são comuns: a que consiste em achar que, em nome da "democratização do ensino", a escola deve abrir mão de ensinar o português culto, e a que consiste em achar que as variedades *substandard* do português são manifestações de um *handicap* cognitivo.

d) Fora da escola, a imagem que as pessoas cultas fazem da linguagem continua pautada pelos parâmetros da gramática. Não só os principais veículos de comunicação (jornais, emissoras de televisão) se dotaram de manuais de redação que são, essencialmente, apresentações assistemáticas das cláusulas pétreas da gramática normativa, mas também muitos desses veículos criaram colunas e sites em que se discute a língua do ponto de vista da correção. Nesses manuais e nessas colunas retornam indefinidamente os mesmos problemas, e o estudo gramatical quase nunca é colocado a serviço da interpretação. Em suma, o que está sendo valorizado é mais uma vez a correção pela correção, e o horizonte é de um futuro em que as pessoas continuarão mais preocupadas em não errar do que em discutir idéias. Isso não é muito animador, mas qualquer mudança exigiria que o país fosse outro, e isso não é um problema de linguagem, muito menos de ortografia.

O leitor terá percebido, a esta altura, que nosso lingüista, voltando de sua ausência, embora se esforçasse para entender o presente, acabou por esbarrar em fatos que têm raízes remotas e por reencontrar velhos impasses que comprometem o futuro. A linguagem é como aquele barco de que fala Otto Neurath, que vamos reformando ao mesmo tempo que navegamos nele. Muitos reparos são feitos no casco, e alguns nas vigas mestras da carpintaria interna; todos esses reparos são igualmente difíceis de recuperar, uns porque sofrem o efeito do sol e da chuva, e os outros porque ficam por assim dizer "lá dentro", no escuro. Mas é importante saber deles, porque trazem a história das intempéries enfrentadas pelo barco e da gente que, para o bem ou para o mal, se entregou a ele. Lançar um pouco de luz sobre algumas dessas marcas obscuras é o que se tentou fazer nestas páginas.

Mulheres

Joana Pedro

Nestes últimos vinte anos, as mulheres têm vivido inúmeros avanços e recuos na busca de igualdade com os homens. Essa igualdade, evidentemente, pensada dentro do respeito à diversidade, tem sido formulada através de lutas, movimentações e até na organização de *lobbies*, que possuem uma história que nos remete aos anos 1970. Fizeram parte daquilo que se convencionou chamar de Segunda Onda feminista.

Falar de mulheres brasileiras é sempre uma temeridade. Afinal, de quais mulheres estamos falando? Das urbanas, rurais, negras, mestiças, brancas, ricas, pobres, intelectuais, analfabetas, jovens, adolescentes? É difícil generalizar no que diz respeito ao que melhorou ou piorou na vida dessas mulheres. Mesmo assim, é possível afirmar que, em termos legislativos, nos últimos vinte anos, muita coisa mudou. Leis mais avançadas foram criadas no sentido de efetivar relações mais igualitárias. Entretanto, no cotidiano, nem sempre essas modificações são sentidas. Como, por exemplo, nas cotas para candidaturas eleitorais que não são preenchidas e na denúncia de violências que nem sempre é feita ou mantida etc. Além disso, o período anterior – década de 1970 e início dos anos 1980 – foi, certamente, o momento mais rico, em demandas, mas não necessariamente na efetivação de conquistas no campo legislativo. Estas foram feitas nos últimos vinte anos.

A construção do espaço da mulher

As mulheres e os homens, no Brasil, há vinte anos, estavam vivendo sob o primeiro governo civil – na chamada Nova República –, depois de vários anos de ditadura. Por sua vez, o movimento de mulheres e feministas já vinha percorrendo um caminho significativo há mais tempo. Demandas relacionadas às transformações da intimidade e às relações familiares vinham ganhando força, circulando em diferentes meios de divulgação, constituindo novas subjetividades. Em centros urbanos, como Rio de Janeiro e São Paulo, desde o início da década de 1970, ocorrera a formação de "grupos de consciência", também chamados de "grupos de reflexão". Essa prática havia sido aprendida no exterior por mulheres que tinham retornado, recentemente, dos Estados Unidos ou de alguns países da Europa, como a França. Essas vivências no exterior tinham sido motivadas, muitas vezes, pelo exílio próprio ou então ao acompanhar os familiares na fuga à repressão desencadeada pela ditadura, que fez inúmeras vítimas no país.

Esses grupos de consciência eram formados unicamente por mulheres. Consistiam em reuniões informais, realizadas em geral nas casas das pessoas, e constituíram a base do movimento de Libertação da Mulher dos finais da década de 1960 e início da de 1970. Eram tributários dos movimentos negros, estudantis e de contracultura. Os grupos eram pequenos (possuíam entre 6 e 24 mulheres), e pretendiam a criação e a expansão da consciência. Cada participante de um desses grupos deveria, também, tornar-se uma formadora de outro "grupo de consciência". As conversas se iniciavam com as experiências vividas pelas mulheres. Nenhum aspecto da existência era deixado sem discussão. O pressuposto era de que o pessoal é político, ou seja, de que a vida pessoal de cada uma era politicamente estruturada com lutas viscerais de poder.

Embora esses grupos tenham se iniciado nos Estados Unidos entre 1966 e 1967, no Brasil começaram somente depois de 1972. Entretanto, nas narrativas do feminismo, o ano mais significativo foi o de 1975. Nesse ano, realizou-se no Rio de Janeiro um evento, patrocinado pela Organização das Nações Unidas (ONU), intitulado "O papel e o comportamento da mulher na realidade brasileira". Ainda nesse mesmo ano, foi fundado o Centro da Mulher Brasileira, no Rio de Janeiro. Esse Centro passou a organizar ações e manifestações que, com outras iniciativas semelhantes em diferentes cidades do país, permitiriam uma significativa transformação cultural e legislativa nos anos que se seguiram.

A ONU definiu o ano de 1975 como o Ano Internacional da Mulher e, também, como o início da Década da Mulher. Era o resultado da movimentação de mulheres que vinha ocorrendo desde o final dos anos 1960 em diversos países. No Brasil, entretanto, tudo isso era novidade. Foi ainda nesse mesmo ano que se publicou no país o periódico *Brasil Mulher* – que circulou entre 1975 e 1980 –, o qual, embora inicialmente não se definisse como feminista, pois priorizava a luta pela anistia, viria a sê-lo em números subseqüentes. No ano seguinte, surgiria o periódico *Nós Mulheres* – que circulou entre 1976 e 1978. Este se definiu como feminista já no primeiro número e trouxe para as suas páginas a divulgação de muitas reivindicações do feminismo internacional. No início dos anos 1980, seria a vez do surgimento do periódico feminista *Mulherio* – que circulou entre 1981 e 1988. Esses e outros periódicos do movimento de mulheres e feministas portavam reivindicações e expressavam a rebeldia.

Assim, desde os anos 1970, muita coisa já vinha se transformando com a criação dos grupos de mulheres, muitos deles autodenominados feministas, e com a instituição de Casas da Mulher e até a criação, em 1985, do Conselho Nacional de Direitos da Mulher. Além disso, muitas campanhas, desde meados da década de 1970, estavam sendo levadas pelos diferentes grupos, fossem eles feministas ou "de mulheres"; exemplo: as lutas contra a violência, a campanha "Quem ama não mata", a luta pelo direito de decidir manter ou não uma gravidez etc.

Será que muitas mulheres aderiram ao feminismo nesse momento? Certamente não. A maioria dizia-se "feminina", fugindo da identificação como feminista. Esta era alvo de intensa desqualificação. Mesmo assim, as mulheres podiam acompanhar, nas expressões artísticas e nos diversos meios de comunicação, fossem eles feministas ou de circulação comum, a divulgação das demandas dos vários feminismos que se organizavam no período. Nas universidades, vários núcleos de pesquisa empenhavam-se em discutir aquilo que era chamado de "problema da mulher". E mais: desde o início dos anos 1960, as mulheres urbanas podiam adquirir nas farmácias, com receitas médicas, contraceptivos que garantiam, eficazmente, a separação entre sexualidade e reprodução. Assim, o medo de engravidar já não assombrava, tanto quanto antes, as mulheres de camadas médias urbanas. Entre as mulheres de camadas populares, os contraceptivos poderiam ser obtidos gratuitamente desde 1965, especialmente nos grandes centros urbanos, nos postos da BEMFAM – Sociedade Civil de Bem-Estar Familiar no Brasil.

Os avanços da lei

Há vinte anos, vários movimentos de mulheres e feministas estavam organizando suas reivindicações com vistas à nova Constituição Brasileira, que seria aprovada em 1988. Essa Constituição trouxe para as mulheres ganhos significativos. Ficaram definidos vários pontos que asseguram, na lei, a igualdade entre homens e mulheres, principalmente no âmbito da família. Convém lembrar que o movimento de mulheres e feminista teve uma participação ativa nesses avanços, resultado de todo um processo de luta que vinha se efetivando há mais tempo, e também das Grandes Conferências Internacionais da Mulher, cujos resultados, transformados em documentos, foram ratificados pelos governos nacionais, entre eles o Brasil.

Para a Assembléia Constituinte – formada pela Câmara dos Deputados no período de 1986-1990 –, foram eleitas 26 mulheres, representando apenas 5,7% do total. Dentre as poucas eleitas, a maioria não era comprometida com a luta feminista. Mesmo assim, graças ao trabalho realizado pelo Conselho Nacional dos Direitos da Mulher, à intensa movimentação dos diversos grupos feministas e de mulheres de todo o país e à surpreendente participação das mulheres da "bancada feminina" na

Câmara, várias mudanças significativas foram incorporadas à Constituição de 1988. Essas propostas foram arroladas na "Carta das Mulheres Brasileiras aos Constituintes", a qual foi amplamente divulgada sob o *slogan* "Constituinte sem mulher fica pela metade".

Entre as contribuições da nova Constituição para a igualdade entre homens e mulheres, pode-se destacar o reconhecimento de que os direitos e deveres da sociedade conjugal, seja esta formalizada pelo casamento ou não, sejam exercidos pelo homem e pela mulher. Ou seja, a "chefia de família" pode ser ocupada pelo homem ou pela mulher. Além disso, a licença maternidade foi estendida para 120 dias, sem prejuízo do emprego e do salário. Foi proibida qualquer diferença salarial baseada no sexo. O planejamento familiar foi considerado uma decisão do casal. Foi criada, também, a licença-paternidade. As trabalhadoras domésticas foram integradas à Previdência Social.

Evidentemente, a Constituição não foi suficiente para mudar de modo significativo a vida das mulheres. O Código Civil, então em vigor, datava de 1916, e privilegiava o homem em detrimento da mulher, aceitava a anulação do casamento quando a mulher não era virgem, possibilitava que a filha de comportamento "desonesto" ficasse sem herança, não reconhecia filhos nascidos fora do casamento. Exigia que a mulher casada tivesse o consentimento do marido para gerir propriedades, receber salários, trabalhar, viajar ao exterior, enfim, tornava a mulher casada uma incapaz – como as crianças. Esse código, entretanto, já vinha sofrendo mudanças, através de emendas diversas, entre elas a lei, aprovada em 1962, do Estatuto da Mulher Casada, que retirou do marido o direito de representar legalmente a mulher, embora o mantivesse como chefe da sociedade conjugal. A partir de 1964, marido e mulher passaram a necessitar de mútuo consentimento para vender imóveis, oferecer bens em hipoteca e dar fiança. Mas foi somente em 2002 que finalmente surgiu o novo Código Civil. Nele, vários avanços na promoção da igualdade entre homens e mulheres, previstos na Constituição de 1988, foram complementados e regulamentados. Um exemplo disso é a possibilidade de os sobrenomes do casal poderem ser assumidos por um ou por outro, indistintamente. Um grande ganho, certamente amparado pelos avanços da pesquisa genética, é a possibilidade de reconhecimento de paternidade através dos testes de DNA. E mais: a negação em realizar o exame é entendida como comprovação de paternidade. A legislação, inclusive, autoriza as mulheres a registrar os filhos indicando o pai – mesmo ainda não comprovado. O que se assegura é que todas as crianças possam ter nos seus registros o nome de um pai.

Mesmo após a aprovação do novo Código Civil, a aplicação dos avanços da Constituição de 1988 encontrava entraves no Código Penal, que datava de 1940. Neste, constava o qualificativo: "mulher honesta", que definia, para as mulheres, o direito de ser, ou não, protegida, em caso de abuso, estupro ou fraude de cunho sexual. As modificações desse código, ocorridas em 2005, acarretaram, entre outras coisas, a retirada desse qualificativo, que, por sua vez, significou mudanças na punição de diversos crimes. É o caso, por exemplo, do fim da extinção da punição do estuprador que se casa com a vítima, ou quando a vítima se casa com terceiro e não requer o prosseguimento do inquérito ou da ação penal. Também acabou com o artigo que apenas considerava crime o rapto de mulher "honesta". Ainda no novo Código, o adultério deixou de ser considerado crime.

A importância da retirada da qualificação de "mulher honesta" do Código Penal pode ser medida se lembrarmos que, ainda nos anos 1970 e 1980, em muitas cidades pequenas e médias do Brasil, era comum – como mostram as pesquisas históricas – o recurso à prova de virgindade, requerida pelas mulheres e/ou suas famílias para atestar a "honestidade" das moças em caso de acusações e maledicências.

A luta para acabar com a violência contra as mulheres, presente nas reivindicações desde os anos 1970, tem encontrado muitos obstáculos. Não têm faltado esforços nessa direção; estes, entretanto, esbarram em permanências culturais difíceis de modificar. Apesar da criação de leis para punir a violência, de Delegacias da Mulher, de Casas-Abrigo e de outras iniciativas, dados mostram que, em 2005, no Brasil, somente na capital de São Paulo, quase um terço das mulheres já foi agredida fisicamente por seus parceiros ou ex-parceiros. No âmbito do país, a cada 15 minutos uma mulher é agredida, sendo várias delas assassinadas. Até recentemente, uma das reclamações dos movimentos envolvidos nessa luta era a de que os casos de violência eram tratados em juizados de pequenas causas, ou seja, eram considerados "problemas menores", e os acusados recebiam como punição, costumeiramente, a atuação em trabalhos voluntários e/ou o pagamento de cestas básicas etc. Mas, em 7 de agosto de 2006, foi sancionada a Lei da Violência Doméstica e Familiar contra a Mulher, também chamada de Lei Maria da Penha, em homenagem a uma mulher que sofreu duas tentativas de assassinato em 1983, dentro de sua casa, uma com arma de fogo e outra com eletrochoque. Seu marido foi preso somente 19 anos depois, e mesmo assim ficou detido por apenas 2 anos.

Pela nova lei, o acusado será preso em flagrante e a pena aumentou de 3 para 5 anos de prisão, não sendo mais permitidas penas pecuniárias. Essa lei abrange, além da violência física, a psicológica, entendida como ameaças, intimidações e assédio. Além disso, todo registro de agressão irá tornar-se um inquérito policial e será remetido ao Ministério Público. Ao invés de ser a mulher que sai de casa, a lei prevê que quem terá que sair é o agressor. O que talvez venha trazer um novo problema: como será possível garantir que o acusado não irá tentar matar ou agredir novamente a mulher? Certamente, com todas estas medidas legais, é necessário muito investimento em mudanças culturais que tornem inaceitáveis as práticas de violência doméstica.

Poderíamos dizer que, pelo menos na legislação, nos últimos vinte anos tem havido um significativo avanço na direção da igualdade de gênero. Porém, nem tudo é assim. O conservadorismo continua espreitando em cada esquina. No novo Código Penal, por exemplo, não foram ampliados os permissivos para a interrupção da gravidez, nem mesmo nos casos de anencefalia do feto, aceito por inúmeros juristas como um sofrimento desnecessário para a mulher e para toda a família, e constante da pauta de reivindicações dos movimentos de mulheres e feministas desde o final dos anos 1960. E, ainda, no festejado novo Código Civil, de 2002, não está previsto a união civil entre pessoas do mesmo sexo, mesmo que inúmeros projetos de lei nessa direção tenham sido feitos. Conservadores continuam a impedir que esse direito se concretize.

Transformações no cotidiano das mulheres

Como vivem hoje as jovens? Toda essa mudança legislativa e movimentação social mudaram o cotidiano delas? Certamente não faltam discursos de "mulheres arrependidas", que reclamam da dupla jornada, da vida competitiva, e chegam a dizer que melhor seria encontrar um marido tipo "príncipe encantado", que "pagasse tudo", dispensando-a de ter que competir no mercado de trabalho. Além disso, muitas moças, quando casam, fazem questão de ter uma cerimônia completa, com véu e grinalda, mesmo que tenham vida sexual ativa com o noivo ou namorado há muito tempo. À primeira vista, pode-se dizer que esse tipo de comportamento é a prova de que vivemos um retrocesso. Ou seja, de que voltamos a ter os sonhos das jovens românticas dos anos 1960 e 1970. Entretanto, a maioria das jovens tem investido seriamente em estudos e carreira profissional. Consideram que ser casada e ter filhos não é incompatível com vida profissional, diferentemente do que se observava há vinte anos. Hoje, as mulheres são maioria no ensino superior. Dados mostram que há, nos dias atuais, 12,8% a mais de mulheres nas universidades do que de homens. Esse número vem crescendo significativamente. O que significa isso? Significa que uma das lutas das mulheres do início do século XX, a de ter o direito à educação, parece estar se realizando, e as mulheres estão considerando que o estudo é um meio de ascensão. Uma forma, talvez, de obter ganhos mais significativos. Coisa que, por sua vez, não se confirma: elas continuam a receber menores salários que os homens, mesmo que essa diferença esteja sendo reduzida através do tempo.

Os homens recebem, em média, salários que são 42% superiores aos das mulheres. Isso ocorre porque ocupam postos mais bem remunerados, enquanto elas são muitas vezes relegadas a desempenhar atividades com menores salários. Há ainda outra questão a considerar. O rendimento de mulheres afro-descendentes é 53% inferior ao das mulheres brancas, mostrando, assim, como a hierarquia de rendimentos é formada por sexo e raça. Convém ainda destacar que, mesmo ganhando menos do que os homens, as mulheres são chefes de quase um terço dos domicílios brasileiros.

Outra questão que explica a defasagem de rendimentos entre homens e mulheres no Brasil é que, embora as mulheres sejam maioria nas universidades, os cursos que freqüentam são aqueles considerados "femininos", que são justamente os que permitem ingressos financeiros muito limitados. Mesmo assim, sabemos que várias áreas de conhecimento, consideradas exclusiva ou predominantemente masculinas, estão sendo, aos poucos, ocupadas pelas mulheres.

Convém, ainda, lembrar que a busca pelo mercado de trabalho formal ou informal por parte das mulheres não representa, necessariamente, apenas a luta por autonomia: indica, também, o empobrecimento das famílias. A sobrevivência delas tem exigido o envolvimento de todos os membros da família no mercado de trabalho. Indica, ainda, como o capitalismo utiliza-se do próprio discurso do movimento de mulheres e feminista para fazer a apologia das "qualidades femininas", ao empregar mulheres em atividades rotineiras e desqualificadas, nos trabalhos terceirizados, no emprego em tempo parcial e domiciliar, pagando pouco. Lembro, ainda, que, das mulheres ocupadas, 71,3% ganham apenas até dois salários mínimos, configurando aquilo que se costuma chamar de "feminização da pobreza".

Mas essas diferenças de rendimento não ocorrem apenas nas faixas salariais mais baixas. A diferença de salários entre homens e mulheres ocorre em todas as classes, e se amplia nas faixas de remuneração mais alta. Dados mostram que, enquanto 15,5% de homens ganham mais de cinco salários mínimos, entre as mulheres essa porcentagem é reduzida para 9,2%. Nas camadas médias e altas, a discriminação em relação às mulheres é gritante também. No Brasil, atualmente, não existem mulheres ocupando direções de empresas estatais, por exemplo. E, nas empresas privadas, dados mostram que somente três mulheres dirigem empresas consideradas no Brasil "as 500 maiores e melhores".

Essa diferença de rendimentos baseada no gênero, na classe e na raça/etnia, que se constata nas áreas urbanas, adquire, nas áreas rurais, uma outra configuração. Em algumas localidades, como no Sul do Brasil, as filhas não herdam a terra. Recebem um dote composto por enxoval, alguns utensílios domésticos e, às vezes, uma vaca. A Constituição de 1988 garante para a trabalhadora do campo a aposentadoria aos 55 anos; porém, só recentemente tornou-se possível comprovar a condição de trabalhadora rural. Essa comprovação, perante a Previdência Social, passou a ser feita quando se incluiu o nome da mulher, junto ao do marido, nas notas de vendas dos produtos. Para as mulheres, essa inclusão do nome teve um valor simbólico muito grande, pois comprova sua condição de trabalhadoras rurais, garantindo o reconhecimento de seu trabalho, costumeiramente invisível; e um ingresso de recursos, em seu nome, por ocasião da aposentadoria.

Uma outra reivindicação e conquista recente das trabalhadoras rurais foi que o registro da propriedade, resultante do programa de Reforma Agrária, fosse feito no nome do casal. O próprio formulário do Incra não previa outra coisa que o nome do "chefe da família", o qual era considerado, costumeiramente, o marido.

Essas transformações na área rural, e aquelas que já apontei na área urbana, tais como a ocupação de postos de destaque nas camadas médias ou na elite e a maior taxa de ocupação das mulheres das camadas populares, não têm significado grandes avanços no sentido de equilíbrio de poder no lar. Neste, as mulheres continuam responsáveis pela administração do domicílio e, portanto, pelas tarefas domésticas. Entretanto, alguns equipamentos têm ajudado: as creches e os restaurantes populares "a quilo" são alguns deles.

A luta por creches esteve nas bandeiras do feminismo de "Segunda Onda" no Brasil, ou seja, aquele reiniciado nos anos 1970. Nos periódicos feministas da época, foi comum a publicação de artigos em que se discutia a necessidade de creches. Nos dias de hoje, a educação infantil faz parte das políticas do poder executivo nos diversos níveis, e, embora ainda sejam insuficientes, não podemos negar que a reivindicação dos anos 1970 tornou-se uma realidade, reconhecida como direito.

Para uma trabalhadora que chega em casa cansada e tem de deixar o almoço pronto para o dia seguinte, os restaurantes populares "a quilo" parecem estar representando, pelo menos para algumas camadas médias urbanas, uma solução. O que se observa ultimamente, inclusive, é a proliferação desses restaurantes mais baratos, a ponto de várias famílias considerarem mais prático almoçar em restaurantes do que preparar os alimentos em casa. Infelizmente, eles ainda não são suficientemente baratos como se deseja, e nem tão numerosos.

Outros equipamentos e tecnologias, que poderiam facilitar, ainda são escassos e caros. A lavagem de roupas, mesmo que se utilizem máquinas de lavar, continua sendo um trabalho doméstico. As lavanderias comunitárias, reivindicadas nos anos 1970 e 1980, não se tornaram uma realidade acessível para os bolsos das camadas médias urbanas. Já os eletrodomésticos facilitadores do trabalho continuam sendo responsáveis pela redução de muitas tarefas. Entretanto, o que talvez tenha realmente significado uma grande mudança foi a maneira como as casas foram se despojando de exigências que faziam o tormento das donas-de-casa dos anos 1970. Exemplos desses tormentos eram assoalhos encerados, os inúmeros enfeites e, principalmente, o tamanho das casas. Hoje, os apartamentos são minúsculos, e os assoalhos recebem tratamentos que não exigem grande esforço.

Apesar de algumas facilidades, o trabalho doméstico continua sendo considerado uma responsabilidade das mulheres. Mesmo contando com empregadas domésticas, continuam responsáveis pela organização e abastecimento da casa. Nesse sentido, os homens têm contribuído muito pouco. Em geral, dizem que "ajudam", e mesmo assim os mais conscientes. A maior "ajuda" costuma ser no cuidado dos filhos. Os jovens pais costumam lavar, dar comida, brincar e passear com as crianças. Mas as mulheres, em sua maioria, continuam cuidando da água do banho, das roupas, fazendo a comida e recolhendo os brinquedos. Enfim, elas acusam os pais que "ajudam" de ficar com a "parte boa" dos cuidados, deixando todo o trabalho que isso exige para as mães. Convém destacar que a maioria das bandeiras do feminismo tem focalizado a transformação das mulheres, e os homens têm sido alvos de poucos investimentos.

Pesquisas apontam que, em algumas famílias urbanas, as mulheres têm conseguido que os companheiros e maridos participem um pouco mais das tarefas domésticas. Mas, na média, o crescimento dessa participação é pequeno. As francesas, que se orgulham de ter conseguido maior participação masculina, afirmam que, em dez anos, os homens assumiram apenas 15 minutos a mais das tarefas.

Sem pretender dar conta de todos os "progressos" e permanências da luta das mulheres por mais igualdade, convém, ainda, destacar uma questão na qual o Brasil não tem avançado. Trata-se da participação das mulheres no setor público. Pois, embora elas sejam maioria na população, têm exercido muito mais o direito de eleger do que o de serem eleitas, ou mesmo de se candidatarem a cargos eletivos. Esse contexto coloca o Brasil como um dos últimos na participação de mulheres em cargos eletivos.

Em termos de legislação, tem havido investimento no sentido de criar aquilo que se costuma chamar de cotas. Em 1995, a lei passou a prever uma cota mínima de 20% para candidaturas de mulheres nos partidos ou coligações. Esse percentual subiu para 30% no mínimo, e 70% no máximo, para cada sexo, em 1997. Entretanto, os partidos têm tido sérias dificuldades para preencher esses percentuais com candidatas. Os resultados não são animadores. Entre 1995 e 1998, as mulheres ocupavam apenas 6% das vagas na Câmara Federal. Esse percentual subiu apenas para 8,19%, em 2002. No Senado estes números são ainda menores, 2,46% e 6,17%. O Legislativo Estadual oscilou, nesses períodos, entre 8% e 10%. O número mais expressivo parece ser o do Legislativo Municipal, que atingiu, em 2001, um percentual de 11,61%. Nos cargos executivos, essa participação é ainda menor.

Certamente esse é um dos pontos fracos da luta das mulheres. Anos de preconceito não são rompidos com facilidade. Além de serem desprestigiadas, muitas não se interessam por política. Mesmo as mulheres identificadas com o feminismo. A dificuldade em encarar a exposição da imagem, o ambiente competitivo das campanhas, a falta de financiamentos e de apoios de prestígio têm afastado as mulheres desses embates.

É importante, ainda, acrescentar que, embora as mulheres sejam maioria nos empregos públicos, não o são nos cargos de algum destaque e responsabilidade. Isso ocorre em todos os poderes da República. Elas estão na base da pirâmide dos poderes. Assim, são 30,91% juízas de primeira instância, mas nos tribunais superiores são raridades. Até 1995, nenhum tribunal superior possuía juízas. No Supremo Tribunal Federal, foi somente em 2001 que foi empossada a primeira. Em 2004, o Supremo Tribunal de Justiça passou a ter 4 ministras, de um total de 28 membros. Nos demais, nenhuma mulher ocupa esse posto.

Nestes últimos vinte anos, muitas conquistas foram realizadas e reivindicações, concretizadas. Evidentemente, a igualdade ainda não foi alcançada. Muito da movimentação das mulheres e do feminismo não se expressa mais como na década de 1980, através de grupos de consciência ou de reflexão, manifestações de rua, organização de periódicos. Hoje, está mais concentrada nas universidades, em ONGs, em atividades pontuais e específicas, em *lobbies* junto ao setor público. Antigos grupos informais de conscientização hoje são oficinas, preparadas por especialistas no assunto. Muito do voluntarismo dos anos 1970 e 1980 desapareceu. Não terminou, entretanto, a indignação diante das hierarquias e das injustiças. As contribuições de toda movimentação fazem parte da história que precisa ser lembrada, até porque costumamos esquecer que já tivemos desejos, e muitos deles ainda não foram realizados. Por outro lado, muitas das bandeiras do movimento das mulheres e feminista dos anos 1970 e 1980 vêm sendo questionadas. As mulheres já não se consideram apenas vítimas. A ênfase, agora, é na transformação das mulheres e, também, dos homens, focalizando a relação de poder.

Comportamento

Marília Scalzo

Cynara, 40 anos, Alita, 30 anos, e Luisa, 20 anos, são três mulheres que viveram os últimos 20 anos de maneiras bem diferentes. As grandes mudanças comportamentais dessas duas décadas apresentaram-se a elas em momentos distintos da vida – uma adulta e profissional, outra adolescente e a última criança. Mas a internet, os celulares e o uso extensivo da comunicação virtual impactaram a vida das três, assim como o advento da aids e algumas modas que elas prefeririam esquecer. Uma das marcas mais fortes desse período, a questão da imagem pessoal, faz com que as pessoas muitas vezes sintam-se inseguras e perdidas. Cynara, Alita e Luisa estão aprendendo a viver nesses tempos em que tudo virou produto, inclusive os seres humanos.

A comunicação

Cynara Menezes nasceu em 1967. Comprou seu primeiro celular faz dois anos. Jornalista, antes usava um celular da empresa apenas para plantões de fim de semana e viagens de trabalho. Comprou mais por causa do filho adolescente, de 15 anos. Ele também tem o seu. "Tenho porque saio à noite, e ele porque é uma maneira de a gente monitorar os meninos."

Fez curso de datilografia. Começou sua vida profissional usando máquinas de escrever em jornais na Bahia e em Brasília. Foram sete anos de profissão até começar a trabalhar em computador. Quando viveu na Espanha, em 1995, usava máquina elétrica e fax para escrever suas reportagens e mandá-las para o Brasil. Hoje, usa o computador o tempo todo.

"Uso muito a internet para trabalhar. Adoro e-mail, mas não gosto de MSN (MSN Messenger – serviço de internet que permite comunicação instantânea). Não gosto de conversar com as pessoas simultaneamente, me perturba. Talvez eu tenha a vivência antiga de pessoa do interior." Gosta dos relacionamentos por e-mail porque resgatam a escrita. "Fico feliz quando recebo e-mail."

Alita Mariah Amorim de Souza nasceu em 1977. Resistiu para ter celular. Não gosta de falar ao telefone. Trabalha com produção em eventos culturais e por isso é obrigada a usar às vezes até dois celulares e um rádio. "Falo porque sou obrigada, tanto que nem ligo muito, prefiro encontrar as pessoas, porque fico trabalhando tanto no computador e no telefone, que me dá canseira de ficar atendendo. Celular tem que cuidar, não pode deixar ele morrer, não pode pôr o iPod no ouvido porque o telefone vai tocar... Então fico tensa para ver se me ligaram, se tem chamada perdida, se tenho que retornar." Por esses motivos resistiu o quanto pôde.

Usa o computador muito mais do que gostaria. Considera-se viciada. Lembra-se de ter computador desde sempre em casa porque o pai era fanático por novas tecnologias. Passaram por todos os equipamentos. "Antes da internet, a gente já tinha aquele com tela preta e letras verdes." O computador serve muito para encontrar pessoas e conversar. "Mas tenho uma reclamação: acho que o Orkut impede as pessoas de fazerem uma ligação para o amigo no aniversário." Queixa-se de ter recebido recados, muitos, de pessoas muito próximas que não fizeram o esforço de ligar para dar os parabéns. "Era o mínimo."

Acha que se perde o contato e a espontaneidade nas relações. "A gente se relaciona tanto por e-mail com tanta gente, até com namorado, que pensa cinqüenta vezes antes de escrever, passa o revisor, pede a opinião da amiga e acaba não ligando e falando uma coisa que antes falaria." Em compensação, conhece muitos casos de gente que se conhece pela internet e dá certo na vida real. Mais do que imaginaria.

Luisa Tibério Álvares nasceu em 1987. Acha que teve celular tarde, aos 13 anos, quando estava na 7ª série do ensino fundamental. "Fui uma das últimas." As amigas já começavam a ganhar celular na 5ª série. Só trocou o celular uma vez. "Uso até o osso. Estou com o mesmo há três anos."

Não se lembra dela mesma sem computador, mas lembra-se de ter trocado muitas vezes de equipamento. "Fiz meu ICQ (serviço de internet que permite comunicação instantânea) na 5ª série." Começou a usar o MSN em 2003. Acha ótimo porque não precisa ligar, nem gastar dinheiro. "Telefone é coisa do passado." Tem internet rápida, fala com todo mundo ao mesmo tempo, já diz o que quer e se precisa de alguma coisa. Gosta de tudo rápido. Fala rápido. A internet é garantia de encontro com as pessoas.

Foi tudo muito rápido mesmo. Do tempo em que não havia nada para cá, um pulinho. Hoje, o mundo parece acelerar a tecnologia e a tecnologia, o mundo. Comunicação rápida, relacionamentos rápidos, imagens que passam. Nada parece ter mudado tanto o comportamento das pessoas e o relacionamento entre elas como as novas formas de comunicação. Na década de 1980, os computadores domésticos e os *videogames* engatinhavam. A maioria das pessoas escutava música em discos de vinil e assistia a filmes em videocassetes. Os telefones celulares, que hoje fazem as vezes de relógio, agenda e despertador, só chegaram ao Brasil na década de 1990. Nada era digital ou virtual, nem a tecnologia nem os relacionamentos.

Além de dar ao homem a sensação de ganhar tempo e espaço, a tecnologia aposta em transformar o supérfluo em artigo de primeira necessidade. A cada dia que passa, crianças ganham seu primeiro celular mais cedo e logo já querem trocá-lo por um "melhor". Como tudo é muito novo, ninguém sabe – tanto em termos de saúde, como psicológicos – onde isso vai parar. A necessidade de consumir e a rapidez como as coisas são substituídas, além de transformarem o mundo num gigante depósito de lixo tecnológico, criam insatisfação permanente.

Em 1987, havia cerca de dez mil usuários de internet no mundo, principalmente em universidades. A rede chegou a algumas universidades brasileiras em 1989. Só em 1992 surge a World Wide Web (www) e, em 1997, explode com cinqüenta milhões de usuários no mundo – um milhão no Brasil. É de 1997 também a criação do Google.

A comunidade virtual Orkut, ligada ao Google, foi criada em 2004. Essa rede de amizades e ponto de encontro virtual virou febre no Brasil – país com maior número de membros – e mexeu com os relacionamentos. Casais se conheceram, casais romperam, amizades nasceram, amigos se reencontraram, famílias se reaproximaram.

A proposta da comunidade é proporcionar "um ponto de encontro on-line com um ambiente de confraternização, onde é possível fazer novos amigos e conhecer pessoas que têm os mesmos interesses" para ampliar o círculo pessoal. Nascida num momento de grande insegurança e violência nas grandes cidades, a rede de amigos é quase a garantia de continuar se relacionando para quem pode sair pouco. Mas, além de estreitar laços, o Orkut hoje também é usado por pais aflitos que não conseguem se comunicar com os filhos e tentam, virtualmente, controlar por ali suas vidas.

As salas de bate-papo, os blogs, o MSN e o próprio e-mail dão aos homens e às mulheres boas condições de iniciarem, manterem ou retomarem relacionamentos. Em 1998, quando foi lançada no cinema a comédia romântica Mensagem para você (*You've got a mail*), de Nora Eprhon, a internet começava a se consolidar como meio de comunicação e essa conversa estava no bê-á-bá. A questão das identidades reais – quem está falando com você atrás daquele texto? – que o filme traz ainda daria muita discussão. O que o anonimato revela e o que esconde? Se pode aproximar, como defendem alguns, porque diminuiria barreiras e deixaria as relações mais livres, o anonimato também pode encobrir crimes e mentiras. O fato é que mudou o relacionamento entre as pessoas, mudou a forma de se encontrar, de se informar e de se comunicar. E foi ontem.

O corpo

Cynara não gosta de vida sedentária. Gosta de estar com o corpo legal para se sentir bem consigo mesma. Usa uns creminhos, mas não tem vontade de fazer plástica. Lembra que nos anos 1980 havia uma onda de *fitness* – "tem que correr, tem que suar, tem que malhar" –, mas não existia essa mania de querer esticar tudo. "Não tinha a loucura de botox, de espichar tudo, menina de 25 anos pondo botox... Naquela época ninguém pensava nessas coisas." Foi a um dermatologista outro dia para tirar umas verruguinhas e ele queria dar injeções e acabar com suas rugas da testa. "Não quero, eu olho no espelho e acho que está ótimo."

Adolescente, queria fazer cirurgia plástica de redução de mama. "Todo mundo tirava peito. Eu queria tanto fazer a cirurgia, tinha tanto complexo, ninguém tinha peito grande. Mas não tive dinheiro." Era um trabalho enorme para achar um biquíni que servisse. "Quem não tinha peito pequeno e não podia usar o biquíni de cortininha estava ferrada." Hoje, imagina que as pessoas que tiraram os peitos devem querer pôr de novo.

Alita fez a cirurgia plástica de redução de mama quando tinha 18 anos. Sua postura estava prejudicada pelo tamanho dos seios e a coluna começou a dar problemas. Acha que não faria outra plástica. "É uma agressão e dói muito." Não acredita que possa ficar tão preocupada com a aparência a ponto de fazer lipoaspiração. Gosta muito de andar, mas quando está com muito trabalho só consegue caminhar nos fins de semana.

No mais, suas preocupações com corpo estão ligadas à saúde. Tem hipoglicemia e por isso controla-se para não comer muitos carboidratos e açúcar. "Como isso é quase impossível, de tempos em tempos tenho que cortar todos os alimentos que possam se transformar em açúcar por uns 15 dias para sair do que o médico chama de 'ciclo ruim'. É um pouco chato, mas aprendi a escolher o que comer e prestar atenção em minha alimentação."

Vai ao cabeleireiro para cortar o cabelo e também gasta uma quantia mensal com manicure, depilação, cremes e xampus. "Às vezes me cansa ter que ficar monitorando o corpo. Dá vontade de largar mão e deixar tudo do jeito que for, mas sou bem vaidosa, então continuo me cuidando. Sou uma falsa desencanada."

Luisa gosta de ir ao cabeleireiro. Cuida do cabelo, hidrata, para ficar bonito. Passa creme, faz as unhas, se cuida. "Sou largadona médio." Hoje está sem tempo para exercícios porque estuda para prestar o vestibular, mas pretende retomar logo. A mãe corre maratona, o pai vai à academia de ginástica todos os dias.

Gosta de ir com os amigos comer em lanchonetes. Da comida do McDonald's era mais fã quando criança, mas ainda vai de vez em quando. "Passou a febre, já sei o que é, que faz mal, que engorda, não custa nada não comer todo dia."

O que começou como uma onda de *fitness* e culto ao corpo virou um tsunami de obsessão com a aparência e a imagem. No mundo todo e no Brasil, especialmente. Se os relacionamentos nos últimos vinte anos foram marcados pela rapidez e pela tecnologia, foram também pelo mito do corpo perfeito. Como afirmou a socióloga norte-americana Naomi Wolf nos anos 1990, "a mulher comum jamais foi tão exposta a imagens e tipos ideais de beleza quanto na era da invenção da tecnologia da produção de massa".

Foi no final dos anos 1980 que a ginástica aeróbica ganhou força como uma ótima maneira de praticar exercícios físicos e entrar em forma. A atriz Jane Fonda transformou-se em musa do movimento quando lançou vídeos com exercícios que foram enorme sucesso. A boneca Barbie mais vendida nessa época foi a Barbie Fitness, com roupinha de lycra, polainas coloridas e rabo de cavalo. Começaram a surgir revistas especializadas em boa forma e cuidados com o corpo.

Vendo o que veio depois, tudo isso parece tímido. Por exemplo, a revista feminina *Claudia*, de julho de 1987, não traz nenhuma reportagem sobre cuidados com o corpo, tratamentos para rejuvenescer, plástica ou dieta. Parece incrível (hoje as revistas femininas têm pelo menos duas reportagens sobre esses temas a cada edição)! Nessa época, Gisele Bündchen, que nasceu em 1980 e depois se transformaria em símbolo máximo da forma perfeita, não tinha começado sua carreira de modelo; era *cover* de Paquita e sonhava em ser jogadora de vôlei.

É nos anos 1990 que as modelos ganham *status* de mulheres-que-todas-as-mulheres-querem-ser-no-mundo. Gisele começa sua carreira em 1995, ano em que acontece também o primeiro desfile do que viria a chamar São Paulo Fashion Week. A valorização das supermodelos fez com que a cultura da juventude, da beleza e da magreza ganhasse força como nunca antes. As meninas querem ser modelos. Todas as mulheres querem ser jovens, magras e lindas.

Essa busca pela perfeição construída aparece nos números: o Brasil é recordista mundial em cirurgias plásticas – em 2003 foram realizadas quatrocentas mil operações. A brasileira é a maior consumidora do mundo de tintura loira para cabelos. A clínica de uma dermatologista paulista é a segunda do mundo em volume de aplicações de toxina botulínica (botox). Médicos e clínicas oferecem cirurgias de correção estética com pagamento parcelado em até cinqüenta vezes. As mulheres adultas dominam esse mercado, mas os homens já representam 30% e os adolescentes (meninos e meninas menores de 18 anos), cerca de 10%.

O paradigma do corpo jovem e esbelto alimenta as indústrias de beleza, farmacêutica, alimentícia e editorial. A cada dia surge uma nova dieta, que vende livros, produtos e ilusões. Cresce o número de produtos *diet* e *light*. Mulheres passam o dia contando calorias. Entretanto, é nessa mesma época que os restaurantes *fast food* ganham o mundo, pregando rapidez e homogeneidade. As praças de alimentação são iguais, tem cheiros iguais e gostos iguais em todo o mundo. Junto com os obcecados pela magreza nasce uma geração de obesos. Tanto uns quanto outros, infelizes.

A insatisfação com a auto-imagem deforma o espelho e a incidência de distúrbios psicológicos e alimentares é cada vez maior. A anorexia e a bulimia nervosa atingem principalmente mulheres jovens, em países desenvolvidos. Uma pesquisa realizada com mulheres paulistas, entre 20 e 45 anos, no fim da década de 1990, revela que, entre cada 10 entrevistadas, 9 estavam insatisfeitas com o próprio corpo.

Essas mulheres passaram a investir cada vez mais tempo, dinheiro e energia para conquistar a juventude e o corpo perfeito, que se tornaram um dos valores mais importantes dos últimos anos. A imprensa voltada para a mulher estimula e incentiva essa busca. A aplicação de botox no rosto para apagar rugas e disfarçar o que hoje se chama de imperfeições ou incorreções está nas páginas de revistas como uma excelente solução, mas não há, até pelo pouco tempo de experiência, nenhum estudo que mostre as conseqüências de usá-lo. O produto começou a ser utilizado para fins estéticos em 2002 e já é campeão de aplicações nas clínicas de dermatologia brasileiras, disputando com a lipoaspiração e a cirurgia de colocação de prótese de silicone nos seios, a preferência nacional.

Todos esses procedimentos foram também parar na TV. Não só nos rostos e corpos de atores e atrizes, que depois inspiram telespectadores, mas em séries e *reality shows* que às vezes mais parecem filmes de horror. Lipos, *liftings*, próteses, fios de ouro, técnicas russas, botox, *peelings* entraram na vida e no vocabulário das mulheres. E tantas possibilidades só geraram insegurança e insatisfação. Olhando-se nesse espelho "cruel", as mulheres encontram suas imperfeições e acabam acreditando na solução fácil de comprar um novo corpo. Tornam-se eternas insatisfeitas.

O relacionamento

Cynara foi educada de uma maneira antiquada. Os pais controlavam demais. Ela só podia namorar na porta, não podia ir ao cinema, não podia sair à noite. "Na época em que fazia faculdade, morei com uma tia, irmã de meu pai, e ela ficava muito nervosa porque eu ia a shows às 18h. Chegava em casa às 20h e ela falava 'você está chegando supertarde, não vou segurar a onda, seu pai vai me cobrar'. Por isso fui morar num pensionato que tinha horário fixo para chegar, às 22h."

Não teve nenhuma informação sobre sexo em casa. "Minha mãe casou virgem aos 20 anos, meu modelo era esse. Sou a filha mais velha. Casei com 19 anos. Minha irmã mais nova, que era mais liberal, casou com 21. O modelo de casar com o primeiro namorado estava presente na nossa cabeça. Transou, casou. O que minha mãe fez em 1964, eu fiz 23 anos depois."

Casou-se três vezes. O primeiro casamento durou três anos; o segundo, com o pai de seu filho, sete anos; e o terceiro, com um alemão que conheceu na Espanha, quatro. Depois disso ainda teve um namoro de três anos com um homem mais novo. Agora está sozinha. Acha que sua geração é a primeira de mulheres realmente independentes, que não acreditavam em casamentos eternos. O relacionamento que tem com o filho é totalmente diferente do que teve com os pais.

Para ela, o surgimento da aids foi muito marcante. "Quando comecei a namorar meu primeiro marido, as pessoas estavam muito livres, os meninos pintavam os olhos. A gente saía à noite em Salvador, ia a um bar que estava na moda e ali todo mundo se beijava, meninos com meninos, meninas com meninas. De repente veio a aids e acabou tudo. Acabaram as festas em que as pessoas se beijavam na boca, acabaram os meninos de olhos pintados. A história do 'liberou geral' acabou bruscamente, e as pessoas passaram a ter muito medo."

Alita recebia as informações sobre sexo da mãe. "Minha mãe tinha uma amiga sexóloga, tipo Marta Suplicy, e elas faziam coisas péssimas como pegar o filho de uma e a filha da outra e mostrar 'isso é um menino, isso é uma menina'. Acho que elas estavam experimentando. Hoje dou risada, mas na época foi assustador." A mãe e a amiga deram para ela um livrinho que se chamava *Quem somos nós*. "O livro era ótimo e conversávamos sempre."

Agora não está namorando, mas já namorou e teve "casos gigantes". "Um deles foi de cinco anos, indo e voltando. Tenho histórico de não me firmar, de não namorar." Pensa em ter filhos mas acha que deve ser difícil. "Se tiver, penso em dar um tempo no trabalho, como atriz da Globo, espero poder fazer isso. Acho meio inviável manter uma jornada como eu mantenho, sem horário, com trabalho em casa e no fim de semana, e ter filhos." Não se vê tendo filho sozinha. "Não sou capaz de tudo, nem fisicamente, nem emocionalmente. Preciso que alguém converse comigo."

O aparecimento da aids a marcou fortemente por causa de um tio homossexual cujo parceiro morreu da doença. "Fiquei triste e bem preocupada. Tanto que minha primeira experiência sexual foi bem tarde. Com 20 anos. Acho tarde."

Luisa sai com os amigos de escola nos fins de semana. Vai à noite para baladas ou para programas mais tranqüilos, como churrasco ou filme na casa de alguém. Costuma sair por volta de 23h ou 24h. "Tem balada que começa a bombar às 3 da manhã." Costuma voltar para casa às 4h ou 5h da manhã.

Começou a ter aulas sobre sexualidade na escola na 5ª série do ensino fundamental. Mas já ouvia falar de sexo desde criança. "Já sabia o que era mais ou menos." Também informou-se sobre sexo em revistas. A *Capricho*, que leu dos 12 aos 15 anos, ensina. "Eles abordam sexo como uma coisa normal." Conversava com amigas. Tem uma amiga que estava mais adiantada e contava as experiências. "Para mim foi ótimo." Com a mãe não conversava muito. Só recebeu orientação para ir ao ginecologista, mas nunca falou sobre o que acontecia na sua vida.

Não tem namorado, nunca teve. Já ficou. Tem amiga que já teve nove namorados, mas várias outras nunca namoraram. Acredita que é insegurança, que idealizam o homem perfeito e têm medo de infidelidade. Acha que tem que cuidar da própria vida. "Sou normal e feliz. Meu objetivo não é casar, é ter uma posição financeira boa, ser independente. Quero ter dinheiro, me sustentar, ser boa no que faço, ser independente. Se tiver um cara legal do meu lado, melhor ainda." As amigas também pensam assim e a maioria delas não se preocupa em arrumar namorado. A irmã, dois anos mais velha, namora há dois anos e seu namorado às vezes dorme na casa da família, mas não com a irmã. "Não é nada muito liberal." Tem amigas que dormem com o namorado na casa da família dele, mas ela não gosta.

Ainda não transou pela primeira vez. Aids é uma coisa distante, mas acha que sua geração foi tão sufocada com informações sobre a doença que quem deixa acontecer é burro. Acha que as amigas usam camisinha quando transam e que têm consciência porque já foram bombardeadas o suficiente pela imprensa.

Entre as pessoas que tinham vinte anos no fim dos anos 1980, raríssimas são aquelas que receberam informações sobre sexo em casa. Essa geração viu e viveu uma enorme transformação. Pegou o fim do "liberou geral" – que começara na década de 1960 com o feminismo e o amor livre – e, ao mesmo tempo, o surgimento da aids. Tudo isso na hora em que começava sua vida sexual.

Os primeiros casos de aids notificados no Brasil são de 1982, mas as mortes de personalidades que serviram para difundir notícias sobre a doença e sobre sua prevenção são do meio para o final da década (Rock Hudson em 1985, Henfil em 1988, Lauro Corona em 1989 e Cazuza em 1990). Nesse momento, as velhas idéias ensaiam uma volta – no ataque aos homossexuais (na época, as maiores vítimas da aids) e na pregação de uma vida sexual mais regrada.

Justamente quando tabus, como a virgindade ou o homossexualismo, começavam a ser discutidos com mais liberdade e tratados com naturalidade, há uma pequena volta atrás. Os jovens dessa época viviam as contradições: enquanto quase ninguém defendia a virgindade e todos pareciam ser a favor do sexo antes do casamento, seus pais ainda não aceitavam que os filhos – e principalmente as filhas – dormissem com seus namorados.

É uma geração sanduíche, que aproveitou apenas parte das mudanças. Costuma-se dizer que é a geração que obedeceu aos pais e aos filhos. Hoje, os adolescentes têm um relacionamento muito mais aberto com os pais de maneira geral e garantem espaços que antes não existiam – como o de dormir na casa dos pais da namorada ou do namorado ou o de sair e voltar muito tarde. Meninas e meninos são tratados de forma mais parecida e a independência das mulheres é uma realidade bem mais palpável.

Na revista *Claudia* de julho de 1987, o depoimento "Minha mulher resolveu trabalhar fora" mostra que a independência da mulher ainda estava em discussão. Na apresentação do texto, a revista diz que "chega um dia em que a mulher percebe que quer algo a mais para sua rotina diária" e que, por entender isso, o marido dava "uma lição de compreensão". Tendo como objeto de análise sempre a mulher da classe média urbana e olhando hoje para um seriado de TV como o *Sex and the City* (a primeira temporada é de 1998), parece que o depoimento daquele homem é de outra era. *Sex and the City* está depois da independência da mulher. Pode discutir suas conseqüências – principalmente aquelas ligadas às questões afetivas –, mas nunca vai discutir a questão em si.

As mulheres hoje ainda pensam em casar e ter filhos, mas não como única possibilidade. Assim como a tecnologia e a preocupação com o corpo, a questão da sexualidade e a exposição exagerada do sexo na mídia também mexeram com os relacionamentos. Parece mais difícil, para essas mulheres que vivem em grandes cidades, trabalham e correm demais, manter relacionamentos estáveis e duradouros. As relações também ficaram mais rápidas. Mesmo acreditando toda vez que é para sempre, as pessoas casam-se mais vezes e divorciam-se mais. Mesmo o conto de fadas de nosso tempo mostra isso: Diana casa-se com o príncipe em 1981, separa-se em 1992, divorcia-se em 1996 e morre um ano depois. Um conto de fadas, com adultério e escândalos na imprensa, que não acaba bem.

A moda

Cynara sempre gostou de moda, de se vestir com o que gosta. "Nos meus 20 anos, a marca da moda era Company, que tinha coisas muito originais. Tudo o que eu usava na época está na moda hoje: crochê, *tie dye*, macacão, alpargatas... E tinha a mochila da Company, que todo mundo queria ter." Detestava as calças *baggy* porque desfavoreciam seu corpo. "Elas vinham quase no peito!". Gostava de gel e glitter.

Nunca gostou do cabelo com *mullets*. "Quando eu tinha 20 anos, entrei uma vez no cabeleireiro e falei 'eu não quero meu cabelo arrepiado em cima'. Saí chorando com o cabelo arrepiado em cima. A moda é uma ditadura, você não consegue se livrar." Nunca gostou de roupas com marcas grandes escritas.

Alita achou outro dia uma foto "horrível". Ela está com as duas irmãs e uma amiga, no fim dos anos 1980, tinha uns 12 anos. Usava cabelo com franja e *mullets*, um tênis enorme de marca, calça *semibaggy* e camiseta. "Lembro também de um agasalho que eu tinha, da Pakalolo, escrito bem grande Paka em cima e Lolo embaixo, atravessava a roupa toda com a marca." Sentia na época que não podia estar fora da moda. "Era um comportamento geral, se você estivesse fora... Não sei como é hoje em colégio." Teve também uma fase *grunge*, de camisa xadrez, calça rasgada e larga. "Foi quando comecei a me ligar em música porque até então escutava a música dos meus pais."

Luisa adora comprar roupas, mas não liga muito para marcas. Gosta de roupas largas, de tênis, não usa nada apertado. Vai para o cursinho de Havaianas.

"Acho que a gente está regredindo nesse aspecto, todo mundo vai de roupa rasgada." Quando sai à noite, capricha um pouco mais. "Boto um salto, compro uma roupa mais arrumadinha, mas não uso nada que eu tenha que fingir que sou uma pessoa que não sou". Gosta de branco, preto, calça jeans. "Sou muito básica."

A moda dos anos 1980 foi marcante. Quem usou jura que não usa nunca mais. Quem agora olha fotos da época fica se perguntando por que toda aquela gente se vestia daquela maneira. Até os mais elegantes parecem deselegantes flagrados naquele tempo. Tudo era exagerado. As cores, o tamanho dos acessórios, o volume e a estrutura das roupas, o volume e os cachos nos cabelos.

Calças *baggy* – de cintura bem alta e perna bem larga – e saias balonê eram combinadas com camisetões e com camisas e jaquetas que tinham ombreiras. Tudo estruturado demais, ombros quadrados, acessórios geométricos, verdadeiras armaduras. As cores berrantes dos tecidos sintéticos espalharam-se pelos acessórios e pela maquiagem. Batom pink era o mais normal. A estrela do cabeleireiro não era a chapinha, mas a permanente. A calça *legging* de lycra não freqüentava apenas as academias, mas saía às ruas, acompanhada de polainas coloridas e de camisetas com manga morcego. O Xou da Xuxa alcançava seu maior sucesso.

Depois desse momento escandaloso, a moda precisou de tempo para se recuperar. Com a desestruturação das roupas, vieram os tons neutros e sóbrios que dominaram coleções por vários anos. Agora, tem-se a impressão de que a moda deixa todos mais livres para fazer suas escolhas. As tendências são variadas, parece que a ditadura amansou. Mas, cuidado, nas últimas coleções voltaram a aparecer saias balonê, silhuetas largas, tons cítricos e acessórios chamativos. É bom não esquecer: *mullets* e ombreiras nunca mais!

Se a moda hoje parece mais livre, o consumismo escraviza. "Eu tenho que ter" é uma frase que passou a fazer parte da vida das pessoas nos últimos tempos e liga falsamente as necessidades humanas com o ato de comprar. É como se pudéssemos preencher nossos vazios com celulares, roupas, computadores, sapatos, aplicações de botox... Como se tudo fosse produto e pudesse ser comprado. Como se progresso tecnológico fosse sinônimo de desenvolvimento humano. Não é bem assim. Como Cynara, Alita e Luisa, aprendemos a viver nesses tempos difíceis.

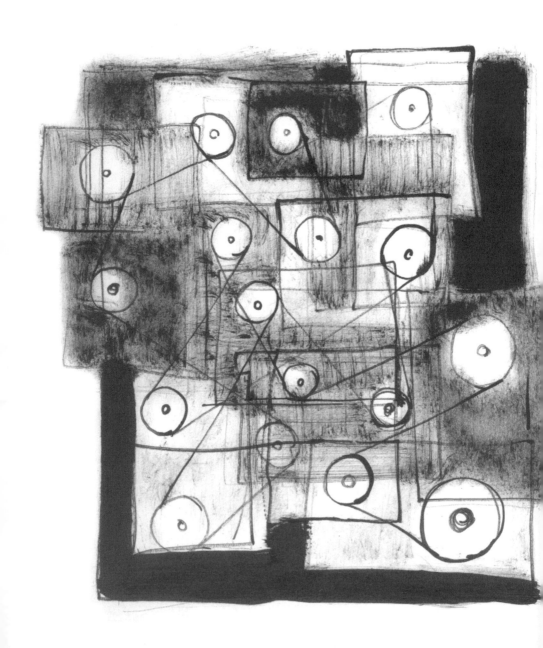

Jornalismo

João Batista Natali

O jornalismo é certamente uma das áreas em que mais coisas mudaram nesses últimos vinte anos. Em razão – e é de se prever – do computador e, em seguida, da internet, que tiveram uma utilidade inequívoca também pelas condições políticas favoráveis dessas duas décadas ininterruptas de democracia.

De início, os profissionais da área se deliciaram com a possibilidade de possuir uma ferramenta inteligente para o processamento de textos e, anos depois, de acessar web sites de centros de documentação e planilhas de dados capazes de suprir suas necessidades básicas e fornecer um inesgotável banco de fontes.

Mas, em seguida, eles próprios, os jornalistas, perceberam que a internet caminhava para a quebra do monopólio da informação que exerciam de maneira quase arrogante. Não haveria mais apenas a mídia "escrita, irradiada ou televisionada".

Surgiu um novo tipo de mídia eletrônica, que passou – o que não deixa de ser um mérito – a ameaçar a própria existência das formas jornalísticas tradicionais de compilação e redação de informações.

Os profissionais da mídia não se sentem hoje propriamente ameaçados pelos web sites on-line produzidos por eles próprios ou pelas empresas em que trabalham, e que transmitem *à la carte* reportagens por meio de textos, imagens ou de sons, como se fossem curtas-metragens oferecidos num cardápio ao internauta.

Há, no entanto, além dessas formas sob maior controle, os blogs e as listas de discussões, que também apuram, também noticiam, também trazem informações qualificadas. Em verdade, os blogueiros e os listeiros entraram no mercado jornalístico sem necessariamente ser portadores de carteirinha de registro profissional e da conseqüente autorização institucional para "informar". Passaram a dividir espaço com curiosos ou especialistas, cuja credibilidade o currículo dessas senhoras e senhores ou a peneira das freqüências (*pages views*) se encarregam de estabelecer.

A chegada do computador nas redações

Mas entremos no túnel do tempo e vejamos como as coisas eram há duas décadas. O computador já se tornava um partícipe do processo da informação. Os primeiros foram instalados no Brasil em 1983, na *Folha de S. Paulo*. Mas segundo uma lógica bem diferente da que possamos hoje imaginar. Tratava-se, na época, de ganhar agilidade, de queimar etapas, de diminuir os custos e o espaço de tempo entre a redação de um texto e sua entrega ao leitor.

O computador era apenas uma máquina que processava textos. Uma informação nele arquivada era capaz de aproximar o processo de produção do processo de consumo. Bastava transferir o texto produzido para o arquivo daquilo que seria publicado para se obter algo graficamente composto e prontinho para entrar numa página.

Naquela época, o tempo que separava a produção da notícia e a entrega dessa mesma notícia como produto, sob a forma de jornal impresso, andava em diminuição acelerada. Vamos nos deter um pouco nesse aspecto. No Brasil, até 1966, o prazo que separava a redação do último texto de uma edição e a venda do exemplar de um jornal era de mais de duas horas. Não que o leitor precisasse ler o jornal no início da madrugada. Mas havia toda uma logística de distribuição – linhas de caminhões interestaduais, aviões cargueiros que decolam logo depois da meia-noite etc. – e ganhar tempo significava chegar com maior antecedência e um jornal impresso no Rio chegar antes do café-da-manhã na casa de um assinante em Fortaleza ou Belém do Pará.

Quando o prazo de confecção ainda era longo, era preciso que as laudas datilografadas pelo repórter ou pelo redator fossem entregues a um linotipista (linotipo era uma máquina de fundição que produzia separadamente, em chumbo, cada linha de uma reportagem). Em seguida, o texto em linhas de chumbo se somava aos demais textos da mesma página e tudo era amarrado com um barbante bem grosso para que se obtivesse uma matriz intermediária, a partir da qual seria fundida em metal uma "telha" que se encaixaria no cilindro da rotativa.

As coisas mudaram com o *offset* e seus desdobramentos, com o fim, poucos anos depois, dos linotipos. O jornalista continuava a redigir seus textos em laudas de papel. Esses textos eram entregues a um funcionário que redigitava letrinha por letrinha numa fotocomponedora (ela "fotografava" cada letra de um texto, de modo a fornecer a fotografia do conjunto de cada reportagem). Essa fotografia era grudada a uma página para que a mesma página fosse novamente fotografada. Só então se chegava ao fotolito, que iria para a rotativa *offset* e seria impresso.

A novidade do computador foi avassaladora. Não era mais preciso passar pela etapa do papel datilografado, copiado por um funcionário num teclado acoplado à fotocomponedora. A memória do computador se encarregava de fazer o serviço de armazenamento. Códigos de formatação incluíam informações como o tamanho das letras, a largura das colunas, o título do texto.

Era esse o quadro existente em meados dos anos 1980. Uma extrema ousadia até levava repórteres a viajarem com computadores "portáteis", que pesavam mais de cinco quilos, mas que eram capazes de, por telefone, transmitir o texto "em apenas alguns minutos" (hoje a transmissão se dá em frações de segundo).

A vez da internet

Eis que chega às redações a internet. O computador deixa de ser uma simples máquina de escrever com recursos sofisticados. Passa a ser também uma espécie de "telefone" acoplado a bases de dados espalhadas pelo mundo inteiro. Além de – e que imensa descoberta – ser capaz de enviar instantaneamente mensagens por meio de correios eletrônicos.

Lembro-me de que em 1992 o jornal para o qual ainda trabalho, a *Folha*, tinha cinco senhas de e-mail. Uma delas era minha. Tratava-se de algo experimental. Se desse certo, todos os jornalistas teriam uma identidade eletrônica. Que não seria solicitada a um provedor particular, algo então inexistente. A internet era ainda propriedade pública, das universidades e do governo federal.

Lembro-me também de que me encarregaram de pesquisar a rentabilidade técnica das empresas paulistas de distribuição de energia elétrica. Pela primeira vez acessei o web site (o navegador se chamava na época Goopher) de um grupo internacional que tratava desse mesmo tema.

Eis que, ao saber quem era o especialista na área, eu também pela primeira vez passei um e-mail a um cidadão sobre quem até havia alguns instantes eu jamais tinha ouvido falar. Ele era canadense. Formulei perguntas e recebi minutos depois as respostas. Foi minha primeira entrevista por e-mail, com uma fonte altamente qualificada à qual tive acesso pela internet.

Duas vantagens correlatas dessa primeira experiência que, desde então, repete-se muitas vezes por semana: seu custo indiscutivelmente baixo (não exigiu uma ligação internacional, com o agendamento da entrevista por meio de assistentes ou secretárias) e a ausência de intermediários locais: um ex-orientando, um ex-subordinado, a quem eu precisaria deixar recado, que me responderia em prazos que nem sempre eram compatíveis com as urgências do jornal.

Tenho hoje perto de uma centena de instituições como *bookmarks* em política internacional, minha especialidade. Tenho o Google, que rastreia artigos publicados on-line por instituições que me sejam ainda desconhecidas e que me dão as chaves para informações recentes e de autoria de pesquisadores que, com o tempo, tornaram-se para mim familiares. Consigo "conversar" com especialistas em Viena sobre o programa nuclear iraniano, com especialistas em Haiti em Porto Príncipe ou em centros de pesquisas franceses e assim por diante.

Sou um jornalista da imprensa escrita, o mais lento dentro da fauna que atua dentro da esfera eletrônica. Se eu fosse um jornalista de rádio, teria a possibilidade de fazer mais ou menos as mesmas coisas, mas com a transferência de arquivos sonoros. E se eu fosse um repórter de televisão, pediria que o entrevistado colocasse uma gravata e se expusesse diante de uma *web can* para surgir, "limpinho", diante do arquivo que eu levaria ao ar.

Tudo isso parece esgotar o que foi a revolução da internet no jornalismo diário. Mas, como já disse, surgiram também os blogs.

Não mistifiquemos em excesso. Eles são em sua esmagadora maioria produzidos por adolescentes, meio bobinhos ou abertamente idiotas. Contam, por meio de chavões dolorosos, experiências e fatos pessoais, a festa do último fim de semana, o "ficar" com uma mocinha bonita, o estudar para a próxima prova, o que há no cardápio de uma rede de lanchonete, a troca de fotografias de uma festa de aniversário.

Mas por baixo dessas comunidades interativas de inegável importância para seus participantes, há algo bem mais sério e de erupção mais lenta no mercado da informação. A revista *The New Yorker* publicou em julho de 2006 um texto com título provocativo: "Jornalismo sem jornalistas". Referia-se aos blogs – cujos autores totalizam 37% dos usuários da internet nos Estados Unidos, dos quais um quarto tem algum valor jornalístico. Ou seja, tem a intenção de informar.

Em termos de blogs políticos, a peneirada capaz de julgar quem possui verdadeiras informações é uma operação de certa facilidade. O que se vê, hoje em dia, são conjuntos de blogs redigidos sobretudo por pessoas que não têm apenas acesso a informações privilegiadas. Elas "são" a própria informação. Suponho que na hierarquia do Banco Central existam funcionários do primeiro escalão que participam de blogs. O mesmo ocorre com técnicos do Ministério da Saúde, Ministério da Previdência, procuradores da República, Itamaraty, na Secretaria das Finanças paulistana.

Em outras palavras, as informações postadas por esses cidadãos dispensam a intermediação de jornalistas. Eles se dirigem diretamente ao público. Esse blogueiros são, em grande parte, as fontes que os jornalistas normalmente consultam. E se hoje dispensam a intermediação dos jornalistas é porque o blog se tornou uma mídia (dependendo da assinatura) confiável, e também porque o blogueiro, ao se comunicar de modo direto com os interessados em determinados assuntos, não corre o risco de ver suas informações ou opiniões distorcidas.

Surgiram também as listas de discussões. São comunidades virtuais das quais participam pesquisadores em universidades, funcionários de governos e até mesmo jornalistas especializados em determinada área.

Digamos que um repórter inscrito numa dessas listas tenha uma pauta para a qual não sabe sequer quais os ângulos de apuração de abordagem poderiam fornecer uma informação de qualidade. Com certeza, basta postar sua dúvida e outros listeiros, em alguns minutos ou em poucas horas, fornecerão a URL (endereços eletrônicos) de documentos, indicações de outras fontes ou mesmo autorizarão o repórter a publicar uma opinião postada.

Claro que há nisso tudo o risco de quebra do princípio do apartidarismo e de um risco de ideologização excessiva da informação. Mas um jornalista relativamente isento não se contentará com blogs ou listas de um único partido político ou de uma única corrente de pesquisa. Claro que há a alternativa mais cômoda e mais militante, a que permite reforçar nossos preconceitos ou nossas empobrecidas convicções. Para tanto, basta freqüentar apenas o espaço eletrônico que reúne tucanos ou petistas, pefelistas, porta-vozes do MST, da Fiesp ou do setor financeiro.

Há pouco mais de duas décadas alguém disse que seria impossível esconder a corrupção depois da invenção do xerox. As desonestidades seriam xerocadas e se espalhariam por uma espécie de curso natural do processo de informação. A internet possui um efeito de expansão bem mais letal aos indivíduos com consciência duvidosa. E por isso mesmo ela é mais perigosa: cometem-se diariamente muitos crimes contra a honra de instituições ou pessoas que apenas horas depois saberão que estão com suas razões sociais ou seus nomes em circulação na ciranda eletrônica.

Em resumo: o jornal passou a dividir o "poder de informar" em companhia desses listeiros e blogueiros – uma comunidade em grande parte desinteressada em termos políticos e partidários.

As novas fontes de informação

Um parêntese. Ao lado da internet – e, em parte, em razão dela – a sociedade se reorganizou e construiu uma quantidade inédita de novas fontes informativas. Tínhamos antigamente a população eleitoralmente capacitada a tomar decisões e, por cima dela, instituições com projetos bem mais amplos e que eram os partidos políticos. Governavam (ou seja, exerciam o poder de decisão) os partidos ou dirigentes que saíssem majoritários nas urnas.

Hoje em dia não é apenas assim. Os cidadãos se unem em torno dos chamados interesses restritos, os das associações e ONGs (organizações não-governamentais). E elas são competentes blogueiras e listeiras. Transmitem seus dossiês, seus alertas, suas informações. São fontes que atuam com muitíssima rapidez e competência no mercado da informação. Dispensam a intermediação do jornalista. Podem dialogar diretamente com o cidadão que tenha afinidade ou curiosidade por suas causas.

É claro que esse cenário traz um reverso um tanto quanto controvertido. Em tese, um grupo empresarial pode blogar para prejudicar concorrentes internos ou externos. Nada impediria, tampouco, a criação de blogs para o auxílio implícito de organizações do crime organizado.

Diante desses riscos, o jornalista – com os calos criados nos cotovelos, de tantos anos de janela ao ver os fatos passar – não se tornou um profissional inútil. Com a internet, ele deixou de ser apenas aquele que apura e produz a notícia. Ele é também – e sobretudo – alguém cuja malícia navega entre web sites, listas e blogs e se apodera apenas das informações que merecem chegar ao leitor, ao ouvinte, ao telespectador ou ao freqüentador de um site noticioso.

Obviamente, o jornalista pode se enganar – e se engana com maior freqüência do que se pensa. Mas ele é um profissional pago para hierarquizar a importância e a credibilidade dos milhões de textos sobre um mesmo assunto que podem ser baixados na tela de seu computador. Nos anos 30 do século passado, o então líder revolucionário chinês Mao Tsé-tung dizia que "papel aceita tudo". A versão tecnologicamente atualizada dessa advertência é mais que óbvia: a internet aceita tudo. Cuidado com ela. Mesmo assim, impossível hoje sobreviver jornalisticamente sem ela.

É bem verdade que o repórter, o editor ou o redator não tomam a internet como fonte exclusiva de seu trabalho. Os jornalistas continuam a telefonar para seus informantes, presenciam fatos sobre os quais escrevem, fazem entrevistas pessoais com suas fontes. A taxa de juros, a política habitacional, a pesquisa de intenção de voto, a greve numa grande fábrica ou a previsão do tempo são informações que exigem que o jornalista converse com seus informantes e obtenha informações ainda indisponíveis em arquivos eletrônicos.

Estamos, mesmo assim, bem distantes do imenso período (início do século XVII ao início do século XX) em que a imprensa escrita manteve o monopólio da informação. Chegou então o rádio. Três décadas depois, foi a vez da televisão. Em nenhum momento, no entanto, o jornal ou as revistas sentiram-se ameaçados. Com a internet, essa ameaça passa a ser seriamente discutida, embora com um grau de especulação que lembra um pouco a ficção científica. Não tanto quanto à sobrevivência empresarial de algum título prestigioso – *O Globo, Veja, O Estado de S. Paulo, Folha de S.Paulo*. Mas a sua sobrevida na fórmula papel e tinta.

O jornalismo escrito não é mais apenas jornalismo impresso. Ele também passou a ser jornalismo on-line. Os grandes jornais mundiais (*Guardian, New York Times*) são mais lidos por computador, a milhares de quilômetros de distância de suas redações ou do local em que são impressos. Isso vem provocando uma lenta inversão no processo de edição das notícias. Muitas vezes, o editor é quem coordena uma equipe que produz textos para o web site. A versão impressa é apenas um produto quase secundário desse trabalho coletivo.

Em outras palavras, as coisas avançam a tal velocidade que a internet deixou de ser uma simples ferramenta para a agilização e para o barateamento na coleta de informações. Ela tende a ser o próprio suporte material do jornalismo.

O fim do jornalismo impresso?

Um dos cenários esboçados nos últimos anos – o mais otimista, que não prevê o colapso do jornalismo impresso – acredita que os web sites, as listas e os blogs ficarão com uma fatia do mercado da informação reservada aos textos mais sumários e com notícias em cima da hora, que misturem sem maiores cerimônias a informação e a opinião (embora essas duas coisas sejam complicadas em termos de singularidade), além da abertura para a interatividade: o leitor pode comentar e reagir, enriquecer a notícia pelo acréscimo de sua experiência pessoal (a última guerra no Líbano foi nesse sentido uma experiência bastante rica, com testemunhos da população civil presa ao fogo dos combates).

O jornalismo impresso, dentro dessa espécie de divisão do trabalho, teria uma outra função. Os jornais e as revistas se encarregariam do aprofundamento e dariam um enfoque mais interpretativo, explorariam uma quantidade maior de ângulos e tenderiam a uma contextualização maior.

O problema, no entanto, está no fato de os web sites terem um potencial de intervenção para o cumprimento dessas mesmas tarefas. Eles também são inteligentes, recrutam profissionais com competência, não se contentam com as superficialidades. Assim, não é tão fácil prever o que irá acontecer.

A revista *The Economist* citou há alguns meses a previsão de Philip Meyer, autor de *Os jornais podem desaparecer?*, (no prelo, Contexto), para quem o ano de 2043 – daqui a pouco mais de três décadas – marcará o fim do jornalismo impresso nos Estados Unidos. A circulação paga dos jornais naquele país vem caindo, e os web sites das empresas jornalísticas tendem a ganhar a exclusividade dos negócios. Mas esse quadro apocalíptico não é generalizado. O mercado asiático de jornais e revistas vai muito bem, obrigado. E se expande apesar da internet ou em razão da internet, capaz de dar eletronicamente à marca de uma publicação a credibilidade necessária para que ela circule como produto impresso tradicional.

Em outras palavras, não estamos diante do atestado de óbito dos jornais. O presidente da Associação Mundial de Jornais, Timothy Balding, afirmou em palestra em São Paulo que pesquisa feita em 216 países e territórios demonstrou crescimento em 0,56% na circulação de jornais em 2005, e que o crescimento foi de 6% nos cinco anos anteriores. No Brasil, durante esse mesmo período, a circulação caiu 14,4%.

Ainda no campo do jornalismo impresso, vejamos mais detalhadamente o caso das revistas. A Associação Nacional de Editores de Revistas (Aner) encomendou em 2005 um estudo curioso sobre os efeitos da internet sobre seus associados. Há uma incrível complementação entre o papel impresso e o suporte eletrônico. A internet barateou a venda de assinaturas, enquanto as publicações, ao terem em seus sites áreas exclusivas para assinantes do produto impresso, criaram uma forma inédita de fidelidade na relação com seu leitor.

Os últimos dados da Aner, relativos a 2003, demonstram a existência de 2.296 títulos de publicações. Eles eram 1.889 em 1995. A circulação dessa montanha de revistas era também em 2003 de 388 milhões de exemplares anuais. Um pouco abaixo dos 415 mil em 2000. Curioso: se há esse ligeiro declínio na circulação paga, o número de assinaturas se mantém estável. Ou seja, o leitor de revista tende a ser mais um assinante e menos um comprador eventual em bancas de jornais.

O mercado brasileiro de revistas – e não só o brasileiro – é marcado por uma incrível segmentarização. A revista não é apenas um produto comercial jornalístico. Ela é uma espécie de guarda-chuva debaixo do qual se reúne alguma comunidade geograficamente dispersa e que, por isso mesmo, passa a ter na publicação uma marca de sua identidade coletiva. Nos últimos vinte anos surgiram com certeza um número maior de "guarda-chuvas". Continuaram a existir os que se interessam por celebridades da TV Globo ou da seleção brasileira de futebol. Mas ampliou-se sensivelmente o número de títulos da comunidade de gays, lésbicas e simpatizantes. Há hoje revistas para motoboys, para vestibulandos, para militantes desiludidos com a esquerda ou que tenham ainda ilusões por ela, para homens e mulheres divorciados sexualmente inativos ou de extrema atividade amorosa.

Os jornais, o rádio e a televisão também cumprem com a tarefa de, ao direcionarem para determinados segmentos da sociedade editorias ou programas a serem transmitidos, chancelarem comportamentos, torná-los dignos e darem a ele a merecida dignidade. Mas creio que nesse sentido o papel das revistas é incomparavelmente maior.

Duas últimas palavras sobre as transformações do conteúdo na chamada grande imprensa, praticada por jornais de primeira linha, revistas de circulação nacional e jornalismo de qualidade em emissoras de rádio e televisão.

Esses últimos vinte anos foram de um imenso aprendizado. Em 1987, estávamos ainda no segundo ano em que não havia mais as limitações do regime militar. Em 1987, a atual Constituição já estava sendo redigida. Os jornalistas então precisaram aprender muitas coisas. A primeira delas foi não colocar no topo da hierarquia as informações oficiais, fornecidas pelas esferas de governo. Sabíamos que os governantes eram maliciosos e nem sempre confiáveis nas informações que nos forneciam. Mas no período militar (e em menor escala durante o mandato do último governante, general João Baptista Figueiredo), a mídia por vezes apurava sua própria versão apenas para conhecimento interno. Não poderia transmiti-la aos leitores. Foi o caso dos "anos de chumbo" (início da década de 1970), durante o governo do general Médici.

Em outras palavras, a partir da segunda metade da década de 1980 os jornalistas precisaram aprender de que maneira "fiscalizar" o governo, tirando proveito de suas próprias informações e daquelas obtidas no Congresso ou no Ministério Público. Com o retorno da plena liberdade acadêmica, foi também possível relatar paradoxos (causas da estagnação econômica, fracassos dos planos de estabilização da inflação) apurados dentro dos institutos de pesquisa e das universidades e até das ONGs.

Os jornalistas tiveram um papel importante nas apurações que levaram ao *impeachment* de Fernando Collor de Mello. Embarcaram com confiança maior nas apurações de corrupção da chamada máfia dos anões do orçamento. Superaram idiossincrasias pessoais ou corporativas (simpatias tucanas ou petistas) para apurar a compra de votos à emenda da reeleição, ao final do primeiro mandato de Fernando Henrique Cardoso, ou para apurar o chamado mensalão e a máfia das ambulâncias, já no governo de Luiz Inácio Lula da Silva.

Há alguns malogros importantes. A exemplo de toda a população, os jornalistas têm uma auto-estima nacional bastante frágil. Acreditam terem nascido "num dos piores países do mundo", diagnóstico desmentido por indicadores apurados por qualquer agência das Nações Unidas. Foi talvez em razão disso que aceitaram como consensual o plano do governo Lula de acabar com a desnutrição, o Fome Zero, quando ela já era inexistente ou estava localizada em pequenos bolsões isolados.

Não creio que desta vez os jornalistas tenham apenas acreditado no governo. Eles aceitaram uma idéia hoje anacrônica, como se absolutamente nada tivesse mudado em termos de fome e miséria desde os justificados alertas de Josué de Castro, nos anos 1960. A sociedade se empenhou em políticas agressivas nas áreas da saúde, da educação e da renda. Mas a mídia pouco se empenhou em apurar a veracidade de seus próprios preconceitos.

Mesmo assim, acredito que, nesse aprendizado da democracia, os jornalistas tenham por essas duas décadas mais acertado do que errado. Surgiram o *ombudsman* e entidades como O Observatório da Imprensa. O jornalismo e o jornalista mantiveram uma forte credibilidade. Não nos esqueçamos, no entanto, de que ainda estamos aprendendo.

Esportes

Heródoto Barbeiro

Em vinte anos, o Brasil viu seu esporte trazer dezenas de alegrias, outro tanto de tristezas. Algumas modalidades que pouco destaque ganham nas páginas esportivas conseguiram conquistar títulos importantes (iatismo e hipismo, por exemplo). Novos heróis nacionais surgiram no esporte, outros pereceram. O país continua suando para conquistar parcas medalhas nas Olimpíadas e vibra quando fica entre os vinte primeiros países no quadro de classificação, como aconteceu em Sidney-2004 e antes disso somente vinte anos antes, em Los Angeles-1984. As tradições culturais brasileiras dão ênfase muito mais ao herói singular do que ao coletivo, e exemplos marcantes são a atuação de Gustavo Kuerten ou Ayrton Senna na Fórmula 1. A mídia dá um forte impulso na construção desses heróis, uma vez que eles aumentam sua audiência.

Esportes chamados amadores conheceram diferentes graus de profissionalismo (um bom exemplo é a diferença entre a estrutura que há no vôlei atualmente e no basquete) e o esporte que tem a preferência nacional vive o fenômeno de migração de massa: o futebol. E é sobre esse assunto que gostaria de me estender um pouco aqui, pois a aceleração da globalização que o mundo viveu nesse período refletiu-se, de forma dramática, no nosso futebol.

Celeiro de craques

O esporte que por décadas foi praticado no país sem nenhuma profissionalização atinge agora seu ápice. Os ufanistas de plantão sempre nomearam o Brasil como celeiro de alguma coisa importante para o mundo. Celeiro da soja, do café, algodão, do cacau, do minério de ferro, se é que minério se guarda em celeiro, enfim, tudo o que faltasse no mundo era só olhar para o Brasil. Até a fome do mundo seríamos capazes de matar com celeiros tão grandes e estocados. Os mais fanáticos dessa teoria acreditam que, depois da auto-suficiência, um dia nos tornaremos até o celeiro de petróleo do mundo.

Talvez em outras searas isso possa parecer exagero. Mas há que se reconhecer que nenhum título retratou tão bem esse repositório de riquezas quanto o plantel de craques de futebol que foi nos últimos vinte anos exportado para todo o mundo, em especial para a Europa. Nas duas últimas décadas, o futebol e, conseqüentemente, os craques e seus empresários, clubes e seus cartolas, federações com seus supercartolas e a confederação e seus capitães donatários foram atropelados pela avalanche das transformações do mundo contemporâneo, em que se destaca o novo capitalismo informacional com tão discutida globalização. Essa situação apenas é um reflexo geral da situação do país ora governado por uma oligarquia, ora por uma plutocracia, ora pelos dois. Assim, os donatários também estão no tênis, no judô, no vôlei e em outras atividades. Não é privilégio do futebol, ainda que tenha maior visibilidade por causa de sua popularidade no Brasil.

França: algoz em 1986, 1998 e 2006

Vamos ilustrar tal fato com nossa seleção brasileira. Em 1986, o time comandado por Telê Santana, que tinha entre outros craques Falcão, Zico e Sócrates, contava com apenas 2 jogadores que atuavam no exterior (Edinho e Júnior). Naquele ano, perdemos para a França nas quartas-de-final, nos pênaltis. Vinte anos depois, nosso algoz foi a mesma seleção francesa, nas mesmas quartas-de-final, mas no tempo regulamentar (1 a 0). Dessa vez, porém, contávamos com craques globalizados, a situação praticamente se inverteu: dos 22 jogadores, apenas 3 atuavam no Brasil: Ricardinho, Rogério Ceni e Mineiro, todos reservas. O meio termo dessa situação aconteceu em

1998. Naquele ano, em que também perdemos da França (daquela vez, porém, na final, por 3 a 0), estávamos na fase intermediária, pouco mais da metade (13) dos atletas jogava no exterior. Ou seja, se há 20 anos os jogadores que mais se destacavam estavam em equipes espalhadas em São Paulo, Rio de Janeiro, Rio Grande do Sul e Minas Gerais, principalmente, agora é na Itália e na Espanha, também França, Alemanha, Inglaterra e Portugal que nossos craques se concentram. Se antes os torcedores brasileiros tinham um time do coração, agora convém escolher um segundo, lá na Europa.

Na prática isso significa que os jogadores que brilham na seleção (ou que não brilham tanto assim, mas que lá estão) passam pouco tempo nos times brasileiros. Apenas o suficiente para chamar a atenção de alguma equipe que pague em moeda estrangeira, muitas vezes em euro. O povão foi levado pelo tsunami que carregou os craques que tanto admiravam para outras paragens sem entender bem o que ocorreu. Restou para o público a possibilidade de vê-los, em transmissões globais, com as camisas de times que aos poucos se tornam familiares, e identificá-los com o antigo time brasileiro. Ainda assim, na hora da transferência certa para um bilionário clube estrangeiro é difícil impedir o grito de "mercenário". O anúncio da seleção brasileira é o maior exemplo dessa transformação, e ninguém se surpreende quando em um grupo de 22 atletas apenas 5 ou 6 têm o nome relacionado a equipe brasileira. Os clubes estrangeiros estão cada vez mais similares e é até motivo de orgulho para o torcedor quando o seu time consegue vender um craque por uma alta soma. Afinal, é um flamenguista, corintiano, atleticano, gremista que está lá encantando os gringos e muitas vezes sofrendo com o racismo das platéias européias contaminadas por remanescentes fascistas.

Repentinamente, parece que todos descobrimos que essa é a época da economia de mercado em que apenas a mercadoria tem valor. Os homens que jogam futebol de forma genial têm, então, um valor imenso nesse mercado mundial, tendo sido atraídos para as equipes que pagam altíssimos salários. E para isso o Brasil, mais uma vez, é um celeiro de craques. Essa realidade se consolidou a partir de 1986, em pleno governo de José Sarney, quando se iniciou a adoção da política monetarista que fixa a expansão da massa monetária ao mesmo tempo em que permite a liberdade dos mercados e exige o ajustamento das políticas governamental e privada às autoridades monetárias. Em outras palavras, o Banco Central passou a ser mais importante que a marca do pênalti na grande área. Nesses vinte anos, os seus diretores foram mais rígidos que juízes europeus em Copa do Mundo. Em 1994, na Copa do Mundo dos Estados Unidos, 8 dos 11 titulares da seleção jogavam na Europa.

A abertura da economia brasileira, iniciada no governo do judoca Collor de Melo (1990), permitiu não só que os produtos internacionais promovessem uma competição com os produtos nacionais – e com isso acabaram-se as carroças da indústria automobilística –, mas permitiu também que os craques saíssem e fossem jogar no exterior.

Lucro individual x equipes fracas

Ao invés de exportar os times completos em excursões valiosas, com marca, camisa e o conjunto do futebol brasileiro, voltou a exportar *commodity* cotada, como sempre, pelo comprador e não pelo exportador. Sim, os jogadores de elite muitas vezes ganham altos salários. Mas acabou-se a era do Santos, Botafogo, Flamengo, Cruzeiro e outras equipes que viajavam pelo mundo, eram admiradas pela quantidade de craques e genialidade das jogadas e eram remunerados dignamente. O mundo estava aberto para o Brasil e até equipes menores excursionavam pela Ásia, África e Oceania, ou seja, trocamos o produto com valor agregado pela matéria-prima, mais ou menos como na época do açúcar, que era exportado bruto do Brasil, refinado na Holanda e vendido caríssimo pelo mundo. Sempre tivemos o dom de ajudar países estrangeiros a acumularem cada vez mais capital, e o futebol deu uma forcinha. Na década de 1990, já exportávamos oitocentos jogadores por ano e, segundo a Confederação Brasileira de Futebol, em 2006 havia cerca de quatro mil jogadores brasileiros espalhados pelo mundo. O furacão global abduziu os craques, pagou-os regiamente, lançou-os na condição de estrelas e celebridades e os caçadores de talentos nunca mais deixaram de vigiar o que vai pelos campos de futebol brasileiros.

A data do fechamento do mercado na Europa passou a ser mais importante que o início do campeonato brasileiro, balizando a escalação e constituição dos times, uma vez que eles ficam com as sobras dos que não são aproveitados no primeiro mundo. Na segunda onda de vendas internacionais, seguiram os treinadores, alguns até dirigindo seleções estrangeiras. Como se pode perceber nesses últimos anos, o futebol saiu da fase pré-capitalista para o capitalismo global, pulando etapas como já previa o velho Lenin. Nesses vinte anos desapareceu o amor à camisa, ao clube, à comunidade, à bandeira, ao distintivo e tudo passou a se guiar pelas leis de mercado e o torcedor ficou confuso ao ver o mesmo jogador com camisas diferentes no mesmo ano, ora jogando em um time, ora em outro. O ídolo do Palmeiras nesta temporada poderá estar no arqui-rival Corinthians na próxima. Se antes a exceção era jogar no exterior ou trocar um time por seu adversário, agora o que chama a atenção é permanecer em um mesmo time durante a maior parte de sua carreira. Por isso o jogador que assim atua (como Rogério Ceni no São Paulo) é considerado um verdadeiro herói.

No mundo global, os investimentos permearam todas as atividades humanas e o esporte – principalmente o futebol – não podia ficar de fora. As marcas de produtos esportivos se internacionalizaram e passaram a bancar times e transmissões de televisão. Nesses últimos vinte anos, a circunspeta Fifa, a entidade que detém os *royalties* desse tipo de competição, deixou de ser uma modesta associação internacional para ser uma bem-sucedida multinacional, com um orçamento anual de mais de bilhão de dólares, metamorfoseou-se em uma franqueadora poderosa capaz de fazer inveja a um *maquedonalde*. A Fifa conseguiu reunir mais afiliados do que a ONU, e isso fez com que o secretário-geral, Kofi Anan, invejasse Joseph Blatter. Coisas do globalismo, uma entidade privada tem mais apoio do que a entidade pública criada para garantir a paz no mundo. Nem mesmo Friedreich, grande craque dos anos 1930, poderia imaginar que o *football* iria chegar a tanto. Tanto dinheiro, dólares, euros, políticos do *bas fond*, cartolas, mafiosos e outras castas sociais se embolaram na corrupção, chantagem, propina, compra de jogos, influências nos resultados das milionárias loterias e jogos de azar associados ao futebol. Enfim, nesses vinte anos, o futebol assumiu a face na nova sociedade global, brasileira e internacional.

A globalização ameaçou as fronteiras nacionais e apesar de não as ignorarem, como anteviram alguns, o patriotismo foi seriamente abalado com imediatas conseqüências no futebol. Quando um time adversário está em uma competição internacional, o torcedor prefere torcer pelo estrangeiro do que pela equipe nacional. Em um jogo do River contra o Flamengo, os vascaínos torciam para o River, e, na disputa do São Paulo com o Boca, corintianos e palmeirenses torciam para os portenhos como se o time fosse o vingador de outras derrotas.

Tudo muito rápido, confuso para a cabeça do torcedor apaixonado, um turbilhão de mudanças próprias da época de processo histórico acelerado como a que vivemos. Uma ampla classe de investidores, empresários de esportes, dirigentes-gestores dominaram o mercado nesse período e especializaram-se em apresentar e comercializar o craque na ida, como na volta. Ou seja, depois de dar o melhor nos espetáculos europeus, eram revendidos no final de carreira para o futebol tupiniquim. Isso tudo no cenário de quebradeira geral dos clubes brasileiros, vítimas da má gestão e dos cartolas que se apropriaram de um bem público: a torcida brasileira. Assim, o jogador tem vínculo com um empresário e não com o clube, como se fosse um saltimbanco de circo em circo para alegrar multidões. Tem de girar cada vez mais à procura de novos picadeiros, e quanto mais vezes for negociado, mais remunera o acionista, na linguagem corporativa. O êxodo foi acentuado pela legislação da década de 1990, que facilitou essas transferências. O Brasil passou, então, a ser o maior fornecedor de craques para a Europa e para o mundo. Os craques saltaram das páginas esportivas para as revistas de celebridades, tornaram-se modelos, usufruíram do último grito da moda, do *piercing*, da tatuagem, das ferraris, dos *resorts* e... das belíssimas modelos sempre apaixonadas por eles. Quem não ficaria com inveja? O centro dinâmico do capitalismo brasileiro, São Paulo, tornou-se o epicentro do futebol movido a patrocínios e contratos suportáveis apenas pelas grandes empresas. A grande competição passou a ser a Taça *Alguma Coisa* Libertadores da América, porque essa é a grande vitrine para o mundo dos jogadores que podem ser negociados. Transformou-se na última fronteira da vitrine do futebol brasileiro. Os milhões de dólares passaram a fazer parte dos contratos da Confederação Brasileira de Futebol (CBF), que em 1996 assinou um contrato com a Nike no valor de 326 milhões de dólares, por 10 anos. Durante muito tempo os detalhes do contrato ficaram escondidos da opinião pública, que em última análise é a única proprietária da marca "seleção brasileira" de algum esporte. A marca foi apropriada pelas federações esportivas e negociada ao bel prazer dos seus dirigentes, e o que se vê é a privatização de um bem público, a serviço dos oligarcas do esporte e suas *entourages* políticas.

Outra mudança notável é o esvaziamento dos estádios. Seja por medo da violência, economia, comodidade de assistir à televisão com seus muitos recursos tecnológicos, seja, evidentemente, pela fuga dos grandes ídolos para times europeus. Nesse sentido, a televisão ocupou um espaço nunca antes imaginado, ao se tornar a verdadeira mentora do esporte. Não importa que só as moscas assistam ao jogo, o importante é que ele seja amplamente televisionado, o que já vem acontecendo. Os raros jogos do final de semana foram substituídos pelas partidas diárias, em vários canais, abertos ou não, pagos ou não; e as TVs passaram a brigar para transmitir os campeonatos espanhol, italiano, japonês, alemão, inglês. As transmissões geraram milhões e milhões de dólares de publicidade, direito de imagem, canais fechados, enfim, deu ao espetáculo da arena um ar de estúdio, que começa com imagens no camarim, quando os saltimbancos ainda se preparam para a exibição, até a utilização da mais sofisticada tecnologia informática para expor anúncios virtuais e propor os famosos "tira-teimas".

Para não dizer que não falei das flores, não poderia deixar de citar que nesses vinte anos ganhamos duas Copas do Mundo. Em 1994, nos Estados Unidos, depois de um jejum de 24 anos, levamos o ouro em cima da Itália na disputa dos pênaltis. Talvez uma vingança tardia por aquela derrota inesquecível em 1982, quando os italianos eliminaram o Brasil por 3 a 2. A nossa última conquista foi em 2002 (Japão e Coréia do Sul), quando fizemos uma bela campanha e desbancamos a Alemanha por 2 a 0.

Esportes amadores

E enquanto isso, o que se passou com os chamados esportes amadores? O basquete feminino conseguiu algumas vitórias espantosas. O espanto não se dá pela qualidade técnica das jogadoras, mas pelo pouco investimento na infra-estrutura do esporte, nas categorias de base, em planejamento a longo prazo. Apesar de grandes jogadoras, o grau de renovação tem sido baixo e, portanto, a tendência é a equipe perder espaço quando suas jogadoras mais talentosas se aposentam. Seu tempo de glória foi a década de 1990. Primeiro foi o Pan-

Americano de 1991, na qual Hortência, Paula e Janeth levaram o ouro em terra de Fidel Castro. Pela primeira vez a seleção conseguiu vaga para as Olimpíadas (1992). Mas foi em 1994, no mundial da Austrália, que a equipe surpreendeu até os brasileiros ao bater os Estados Unidos na semifinal e conquistar o ouro em cima da China. Depois disso, a seleção ainda teve duas importantes medalhas olímpicas (prata em 1996 e bronze em 2000). No entanto, quando Paula e Hortência, nossas principais estrelas, se aposentaram, o Brasil deixou de repetir o bom empenho. No último mundial (2006), nossa seleção jogou em casa, mas mesmo com a torcida a favor só conseguiu o quarto lugar.

Já o vôlei, com um trabalho muito mais forte em planejamento, vem alcançando bons resultados, tanto no feminino quanto no masculino. A geração prata (1984), de Renan, Bernard, Montanaro, Willian e cia., pavimentou o caminho para a geração ouro, de Marcelo Negrão, Tande e Maurício. Em 1992, a equipe conquistou a medalha mais cobiçada nas Olimpíadas em uma campanha irreparável. Depois disso, o Brasil sempre aparece entre os primeiros da categoria, com uma renovação constante e um estilo de jogo moderno. Também o vôlei feminino está entre a elite mundial. Além disso, o vôlei de praia já nos trouxe seis medalhas olímpicas (sendo duas de ouro) desde que passou a participar da competição.

E por falar em Olimpíadas, como escrevi no início, continuamos suando – e muito – para ter resultados muito, muito distantes do grupo de vencedores (Estados Unidos, China, Rússia, Alemanha). Ainda assim, na última competição batemos o recorde de medalhas de ouro (5) e ficamos em 16º lugar. Além do vôlei de praia, que se tornou um dos principais responsáveis por nossas medalhas, temos também o judô (Aurélio Miguel, Rogério Sampaio), o hipismo, vela e a natação (Ricardo Prado e, principalmente, Gustavo Borges). Também tivemos alguns bons resultados no atletismo. Na última competição, Vanderlei Cordeiro liderava a maratona quando foi atacado por um espectador. Ainda assim, conseguiu ficar com o bronze. Joaquim da Cruz foi ouro e prata nos 800 metros (1984/1988). No entanto, se formos colocar o número de medalhas e a colocação geral do país, não é possível dizer que nossa tendência seja sempre crescente. Em 2000 (Sidney), por exemplo, não levamos sequer uma medalha de ouro. Com isso, ficamos com um mero 52º lugar, ainda que tenhamos conseguido 12 medalhas no total. Fora esse tropeço – e o bom resultado da última competição –, nossa tendência tem sido ficar entre os 25.

Organização, planejamento e disciplina contam, e muito, para que bons resultados apareçam. Mas talento e uma pitada de sorte sem dúvida têm seu lugar. E quando um atleta ou uma equipe reúnem todas essas qualidades, os apreciadores da modalidade agradecem. Foi o que o atleta Marílson Gomes dos Santos nos proporcionou ao vencer a Maratona de Nova York de 2006. Ele bateu os favoritos quenianos e tornou-se o primeiro sul-americano a ganhar a prova mais famosa da categoria, fora das Olimpíadas.

O que acontecerá no futuro do esporte brasileiro? A ginástica olímpica finalmente ganhará uma medalha... olímpica? O tênis terá outro atleta do porte de Guga? O automobilismo voltará a ter um nome brasileiro disputando a liderança? O futebol conquistará outra Copa e continuará muito à frente das outras seleções, ainda que com jogadores globalizados? Certamente acompanharemos de perto.

Esporte e cidadania

Não se pode negar que o esporte tomou um sentido de cidadania e forçou os legisladores a se preocupar com o atleta e com o torcedor. Em 2003, no governo Lula, foi criado o Estatuto do Torcedor, ou seja, passa-se a tratar o torcedor como um consumidor do espetáculo esportivo, profissionalizado, monetarizado. A lei vai além de garantir condições mínimas de comodidade para o aficionado em determinado esporte, obrigar os clubes a publicar balanços e tratar o consumidor com o mínimo de respeito. É verdade que isso já acontece em alguns esportes, como vôlei, tênis, basquete, automobilismo, mas ainda é muito precário nos estádios de futebol, onde as pessoas são organizadas como se estivessem em grandes currais. O salto qualitativo dos outros esportes ainda não chegou ao futebol. O esporte no Brasil mudou muito mais nos últimos vinte anos do que ao longo de toda a sua história. Nunca se atualizou tanto, mas ainda está distante de se estabelecer como uma atividade de interesse público, transparente, cidadão e condutor de política pública. A construção da democracia no país provoca mudanças em todas as estruturas sociais e o esporte – quer queiram, quer não queiram os cartolas – passará por mudanças. A maior ou menor aceleração vai depender da pressão social, outra característica do sistema democrático.

Turismo

Luiz Trigo

Na década de 1980 o Brasil tentava se recuperar das diversas crises econômicas que a partir de meados dos anos 1970 abalaram as certezas desenvolvimentistas do regime militar. A própria ditadura soltara, em 1985, seus últimos suspiros. Foram pífios, quase inaudíveis em uma sociedade sedenta de liberdade e tomada por um povo pleno de projetos e esperanças. A abertura política se completava e logo geraria uma nova Constituição. O primeiro *Rock in Rio* fez um sucesso inédito com a moçada que vivenciava a alvorada política sob acordes estimulantes. O futuro surgia com uma trilha sonora mesclada com sons internacionais, que pela primeira vez desembarcavam no país, e com o parco som brasileiro que sobreviveu às vaias implacáveis dos metaleiros. Janeiro de 1985 ficou na história por trazer Queen, Iron Maiden, AC/DC, Yes e outros gringos pela primeira vez ao maior país tropical do planeta. Dos nativos, saíram consagrados Barão Vermelho, Blitz, Rita Lee e Os Paralamas do Sucesso. Muita gente foi vaiada (Ivan Lins, Lulu Santos, Gilberto Gil, Erasmo Carlos, Ney Matogrosso...) e alguns retrucaram insultando a platéia. A democracia ressurgia em pleno festival de rock e logo lamentaria a morte de Tancredo Neves.

Se a música passava por uma revigorada espetacular, o mesmo não acontecia em outras áreas, inclusive no turismo. Lembro que na época me matriculei em filosofia, depois de cursar turismo, disposto a mudar de ramo. Aparentemente, a modorra que dominava a área desde 1976, quando o governo instituiu um depósito compulsório para quem saísse do país e proibiu a remessa de dólares para o exterior, persistiria apesar das bolhas de consumo entre 1979 e 1981, motivadas por uma tímida recuperação econômica. Os anos difíceis estenderam-se até meados da década de 1990, mas eu nunca deixei, nem por um mês, de trabalhar no ramo.

Entre 1986 e 1987, a situação do turismo no Brasil não era exuberante, assim como a política em geral. A Varig era a principal empresa do país e ainda monopolizava as rotas internacionais, herança da ditadura militar que acabou com a Panair do Brasil em 1965 para beneficiar a empresa que se tornou "bandeira" do país. Seu presidente era Hélio Smidt, distante do carisma de Rubem Berta, mas competente o suficiente para ficar uma década no cargo (1980-1990). A TAM, criada em 1960, iniciava sua lenta ascensão nas competentes mãos do comandante Rolim Amaro. Em meados da década de 1960, ela inovaria na aviação comercial com os excelentes serviços de recepção e de bordo, apesar da frota de Fokkers F-100 que nunca tiveram a simpatia do público. Sua concorrente direta era a Rio-Sul, subsidiária da Varig, mas com gestão eficiente de Fernando Pinto e equipe. A Transbrasil (criada em 1955) já passava por dificuldades financeiras em 1987, o que causaria uma intervenção na empresa pelo Ministério da Aeronáutica em 1989, levando à demissão de setecentos funcionários. A Vasp, também com problemas, passaria uma tentativa frustrada de fusão com a Transbrasil em 1989, proposta indeferida pelo seu presidente Omar Fontana. Em 2007, todas essas empresas desapareceram, menos a TAM e a Gol, criada em 2001. Ambas dominam o mercado aéreo brasileiro e observam a difícil recuperação da Varig, lentamente procurando recuperar um prestígio perdido no tempo.

Esses vinte anos testemunharam o desaparecimento de muitas empresas aéreas, especialmente nos Estados Unidos (PanAm, Eastern, Laker, People Express, Braniff), e a reformulação completa em empresas na Europa e na Ásia. Os problemas antecederam o famoso 11 de Setembro de 2001, que, evidentemente, causou os maiores distúrbios da história da aviação comercial mundial. Desde o início da década de 1990, as conjunturas internacional e nacional eram desfavoráveis às companhias aéreas. O desaparecimento da Vasp e da Transbrasil, no início do século XXI, e da antiga Varig, em 2006, eram favas contadas nas planilhas dos especialistas. A falta de políticas públicas mais eficientes e menos burocráticas, por parte do Ministério da Defesa, e a má administração dessas empresas inviabilizou-as. As novas configurações empresariais como a TAM e a Gol dominaram o mercado nacional e atingiram a hegemonia operacional, tanto nas rotas domésticas como nas internacionais.

> Destaque da história:
> *Pode-se atribuir parte dessa instabilidade ao sistema de poder vigente na Varig. É uma coisa maluca. Os funcionários elegem o conselho de curadores, que indica os membros do conselho de administração, que têm a atribuição de nomear a diretoria executiva, que, por sua vez, tenta mandar nos funcionários. O resultado é um corporativismo arraigado que dificulta a adoção de medidas essenciais para garantir o equilíbrio econômico da empresa. Em 1999, por exemplo, logo depois da desvalorização do real perante o dólar em janeiro, Fernando Pinto (então presidente da Varig) não conseguiu demitir cerca de três mil funcionários já aposentados pelo* INSS *que continuaram a prestar serviço na empresa.*
> (Depoimento de um analista de transporte aéreo à revista *Exame*, 31 de maio de 2000, p. 22).

Às vezes a gente não percebe que algumas coisas tão comuns são muito recentes em nossas vidas. Há vinte anos não tínhamos celular, internet, iPod, DVD, CD, serviço ruim em companhias aéreas, aeroportos lotados e desconfortáveis, navios de cruzeiros para três mil passageiros, pousadas de luxo a US$ 400,00 a diária no Nordeste brasileiro, o segmento GLS como um diferencial importante no turismo, gastronomia sofisticada pelo país e uma única operadora dominando o mercado nacional. Isso tudo ficou, não exatamente "normal", mas banal, vinte anos depois.

A recuperação do setor

Quando lembramos que apenas em 1986 a Volkswagen tirou o "fusca" de linha; que, em 1987, a vw fundiu-se à Ford e isso não foi bom para ambas; que os lançamentos de carros da virada da década de 1980/1990 eram o Apolo, Versailles, Kadett, Verona, Tempra, o Gurgel BR-800 ... Carroças, como bem disse o presidente deposto. O turismo rodoviário era básico. Carros e ônibus eram simples. Os postos de beira de estrada já eram um pouco mais bem arrumados e alguns até tinham bons restaurantes.

O país era fechado, imerso em suas convicções envergonhadas de nação subdesenvolvida latino-americana. Viajar ao exterior ainda era uma aventura digna de levar amigos e parentes ao aeroporto para fazer as despedidas chorosas e assistir ao regresso glorioso, com sentimentos dúbios que misturavam a superioridade de se ter ido ao "exterior" com as piadas sobre as gafes e os micos, coroados pela volta à terra natal. "Viver no exterior é muito legal, mas é uma b..., viver no Brasil é uma b... mas é muito legal", como dizem alguns expatriados ou regressados assumindo a condição tupiniquim com um certo estoicismo.

Mas até isso mudou. Muitos migraram e vivem na legalidade, perfeitamente assimilados às culturas de seus novos países. Outros, ilegais, foram expulsos da Europa e dos Estados Unidos nessa nova onda de xenofobia e segurança paranóica que assola a fortaleza européia e o Nafta. Uma massa que permanece na classe média passou a encarar os desafios nacionais como seus e, nas férias e feriados, desfrutam as novas possibilidades locais de lazer, turismo, cultura e entretenimento, que realmente cresceram em quantidade e qualidade nas últimas duas décadas.

A expansão do lazer e do turismo no Brasil

Alguns fatores, mais gerais, foram determinantes nessas mudanças. Houve a efetiva redemocratização do país com uma estabilidade política e institucional. A abertura econômica da década de 1990, aprofundada nos governos FHC e Lula, trouxe novos investimentos em infra-estrutura e serviços em geral, o que foi ótimo para o turismo. As privatizações realizadas, entre 1996 e 2000, tiveram ótimos resultados para as empresas e seu desempenho econômico, além de liberar recursos para outros investimentos. Ambos foram reeleitos na onda das reformas e avanços humildes, mas considerados "razoáveis". O país cresce a míseros 2,5% em meados da primeira década do século XXI, mas a população parece confortável com as dificuldades e limitações.

Pode-se afirmar que a segunda onda de desenvolvimento do turismo no Brasil começou em meados da década de 1990. A primeira onda foi no início da década de 1970, em pleno governo militar, mas não foi duradoura. Na época não houve preocupação com o meio ambiente natural e cultural, com a qualidade na prestação de serviços e com a formação profissional específica em todos os níveis. Essas carências, aliadas à falta de visão estratégica da área, a investimentos pontuais em hotelaria (sem política de formação profissional e manutenção preventiva dos equipamentos) e às crises econômicas sucessivas comprometeram o turismo e vários outros setores da economia. Foram vinte anos de dificuldades (1975 a 1995) até que, finalmente, a atual fase de expansão parece ter vindo muito mais sólida, planejada e com excelentes possibilidades de se manter e expandir.

Os fatores específicos para a expansão do lazer e turismo no Brasil podem ser resumidos por alguns setores fundamentais: investimentos públicos em modernização e ampliação dos aeroportos; novas redes hoteleiras em todos os segmentos, dos mais econômicos aos mais caros; *shopping centers* com serviços especializados em entretenimento; rodovias privatizadas e com excelente qualidade, especialmente no estado de São Paulo; expansão das escolas técnicas e superiores de turismo, que, depois de um inchaço (entre 1997 e 2002), começam a diminuir em quantidade e elevar seus padrões de qualidade na formação profissional; abertura do mercado nacional para navios de cruzeiros marítimos estrangeiros (hoje o país é um destino privilegiado no verão para dezenas de embarcações, sendo que cerca de uma dezena faz longas estadias na costa brasileira); o Nordeste em geral compreendeu a sua vocação para o turismo e investiu em infra-estrutura, sinalização, hospedagem, serviços receptivos e vôos diretos para a Europa; a gastronomia explodiu e dezenas de ótimos restaurantes surgiram pelo país, em todas as regiões (o *Guia 4 Rodas*, uma das publicações especializadas na área, nunca teve tantos estabelecimentos estrelados); o mercado editorial publicou, nos últimos 20 anos, cerca de 350 títulos específicos sobre turismo, sendo que muitas editoras desenvolveram coleções temáticas para divulgar a produção científica nesse segmento (como curiosidade, entre 1986 e 1987, foram publicados apenas 3 títulos no Brasil, em 2002 foram 82 títulos e, em 2004, 44 títulos. A Contexto, de 2000 até hoje, publicou mais de 25 títulos na área).

Esse período de transição entre a mediocridade e a expansão quantitativa e qualitativa não foi fácil. Foram vários planos econômicos e mudanças de moeda até atingirmos uma estabilidade econômico-financeira ao lado da estabilidade política. O marco do início da economia estável foi o Plano Real, em meados da década de 1990. Mas a conjuntura internacional não estava favorável. Sucederam-se as crises do México, Ásia, Rússia, o estouro da bolha das ações de internet na Bolsa de Valores e os escândalos contábeis de várias empresas multinacionais. Tudo isso aconteceu até o ano 2000, sendo que, em janeiro de 1999, a especulação cambial chegou ao Brasil. O governo FHC deixou o câmbio flutuar e a Argentina manteve a política inflexível até quebrar entre 2002/2003. Depois veio o 11 de Setembro de 2001 impactando diretamente o turismo. Nas operadoras, os efeitos não demoraram a se fazer presentes. As antigas operadoras internacionais como a Abreutur e Paneuropa (Portugal), Polvani (Itália), Meliá (Espanha) diminuíram suas operações no país ou simplesmente fecharam as filiais e se retiraram. O mercado de turismo brasileiro foi dominado pelos nativos, mas após profundas mudanças.

A operadora Soletur, depois de 38 anos de operação e com um quadro de 450 funcionários, faliu em 24 de outubro de 2001. Uma carta colocada na internet pelos seus antigos donos acusou a Varig Travel de dar um golpe de mercado que acabou com a Soletur. Mas, independentemente disso, a empresa tinha 70% do seu faturamento provenientes de vendas de viagens para o exterior. Desde janeiro de 1999, com a subida do dólar ante o real, as vendas decaíam constantemente. Os atentados terroristas em Nova York acabaram com seu projeto de vender férias de inverno nos Estados Unidos a preços baixos e a empresa fechou suas atividades, surpreendendo o mercado. Depois foi a vez da Stella Barros, que faliu em 2003. Fundada em 1965, a empresa foi um sucesso ao se especializar nos produtos "Disney" nos Estados Unidos e passou a ser controlada pela Travel Ya, ligada ao Citibank. Desde a Copa do Mundo de 1998, passou a ter problemas com os clientes, pois forneceu só 2.750 ingressos dos 3.600 já pagos e supostamente garantidos aos torcedores. Com as crises cambiais e os atentados terroristas que diminuíram brutalmente as viagens ao exterior, não restou mais que a falência.

O caso da Varig Travel nunca ficou bem explicado à população. Foi criada em 2001 e expandiu-se utilizando aviões da BRA, arrendados da própria Varig. Segundo os antigos proprietários da Soletur, a súbita cobrança de dívidas dos fretamentos realizados pela Varig foi para sufocar a antiga operadora e garantir mais mercado para a Varig Travel. Em meio às crises cambiais, ao terrorismo e ao aprofundamento da crise da própria Varig, a empresa foi dissolvida em uma assembléia geral extraordinária, no dia 31 de outubro de 2003, por 92% dos acionistas. Nunca se apurou profundamente os fatos, e com a venda da Varig à Varig Log, em agosto de 2006, todos os esqueletos dos armários ficaram sepultados com as denúncias de má administração da Fundação Rubem Berta, de irregularidades em contratos etc.

Algumas antigas operadoras mantiveram suas posições, mas a CVC tornou-se, no século XXI, uma operadora hegemônica, com cerca de 65% do mercado nacional das viagens e turismo. Cerca de 80% de seu faturamento provém de viagens nacionais, investe pesadamente em novas tecnologias, mantém seu quadro de funcionários motivado e em constante treinamento, faz planejamento e ajuda a especializar agentes de viagens em seus produtos e serviços.

As conseqüências do crescimento

Por todos esses motivos, as transformações ocorridas no turismo brasileiro foram árduas e custosas. Muitas empresas menores deixaram de operar, engolidas pelas turbulências da economia e pela concorrência cada vez mais acirrada e profissionalizada. Porém, a área saiu mais fortalecida, apesar de concentrada em alguns grupos empresariais hegemônicos.

No caso dos hotéis, nacionais e estrangeiros, houve um crescimento descontrolado em algumas cidades como São Paulo, Porto Alegre, Curitiba, Brasília e Belo Horizonte. A convergência das operadoras hoteleiras com construtoras, incorporadoras e investimentos de investidores particulares em imóveis provocou a construção de novos hotéis e flats em demasia, inflacionando a oferta e fazendo as tarifas despencarem. Uma exceção foi o Rio de Janeiro, que soube manter a oferta coerente com a demanda e mantém suas tarifas a níveis muito satisfatórios.

O turismo mudou profundamente nas últimas décadas. Ficou mais competitivo, mais profissionalizado. Vários cursos superiores foram fechados entre 2004 e 2006, saneando o setor educacional atingido pela especulação de empresários incompetentes travestidos de educadores. Os cursos que sobreviveram mantiveram seus padrões de qualidade e partiram para uma elevação das exigências acadêmicas. Surgiram escolas de hotelaria, gastronomia e lazer. A área articula-se cada vez mais com a hospitalidade, enologia, gastronomia, entretenimento, esportes, cultura, saúde e estética. Forma-se um imenso setor de serviços dedicados ao prazer e ao bem-estar, à qualidade de vida e ao conforto. Os luxos contemporâneos – espaço, tempo, sossego, segurança, atenção e meio ambiente – envolvem os serviços exclusivos e altamente especializados do setor de viagens e turismo.

Envolvidos pela convergência das novas tecnologias, de métodos de gestão e conceitos de qualidade de vida, o turismo e o lazer transformam a vida das pessoas que buscam algo mais no final do dia, no final de semana, nas férias ou feriados e na aposentadoria.

Claro que as ameaças são severas: terrorismo islâmico internacional que vê o turismo como algo pecaminoso e comprometedor; a possibilidade de novas pandemias; eventuais crises econômicas ou energéticas. Esses fatores podem desestabilizar a economia de serviços, mas certamente causarão profundos estragos em um espectro muito maior da economia de diversas regiões.

Envolvido nas contradições e paradoxos do mundo denominado "hipermoderno", ou "pós-moderno", para usar a terminologia das décadas de 1980, o turismo cresce a índices razoáveis de 5% ao ano, para tornar-se cada vez mais um estilo de vida altamente segmentado e individualizado, mesmo no contexto de massa ao qual é submetido para garantir menores preços e qualidade compatível. Das classes econômicas desconfortáveis dos jatos, submetidos a atrasos por motivos de segurança ou superlotação dos aeroportos, à exclusividade dos vôos privados ou fretados; dos imensos navios de cruzeiros para três mil passageiros até a intimidade dos iates particulares; da imensidão dos hotéis e *resorts* com quatro mil apartamentos até a privacidade das vilas nas montanhas ou em ilhas e praias isoladas, estendem-se milhares de opções para todas as faixas de renda, gostos e suscetibilidades pessoais.

O futuro do turismo e a aposta no Brasil

O turismo espacial será realidade até o final da década, protagonizado pelos vôos "econômicos" de duzentos mil dólares por pessoa da Virgin Galactic do empresário Richard Branson. Hotéis submarinos foram recentemente inaugurados. Áreas virgens da Antártica, da Sibéria e dos desertos de Gobi ou do Saara foram invadidas por hordas semi-organizadas.

O Brasil prepara-se para o futuro. O "Relatório da CIA sobre o mundo em 2020" coloca o país, ao lado da Rússia, África do Sul e Indonésia, como provável potência regional. Em primeiro lugar estão a China e a Índia. Certamente o Brasil será um destino no hemisfério sul onde as pessoas poderão ter prazer a um preço justo e com uma segurança garantida por encraves privados ou públicos. Natureza, gastronomia e informalidade atrairão os turistas de vários lugares do mundo e os próprios brasileiros interessados em desfrutar de sua terra tropical. Se as dificuldades conjunturais como problemas fiscais, jurídicos, crime organizado, corrupção e impunidade forem controlados, o país poderá decolar a um ritmo superior ao seu fraco desempenho de 2,4% de crescimento anual (dados de 2006).

Os próximos vinte anos serão emocionantes, especialmente porque poderemos experimentar sua trajetória. A sociedade da experiência e do sonho terá grandes possibilidades na América Latina, especialmente na imensa terra austral/tropical. Quem aposta na beleza, no prazer e na emoção pode colocar suas fichas coloridas neste território. Bom jogo.

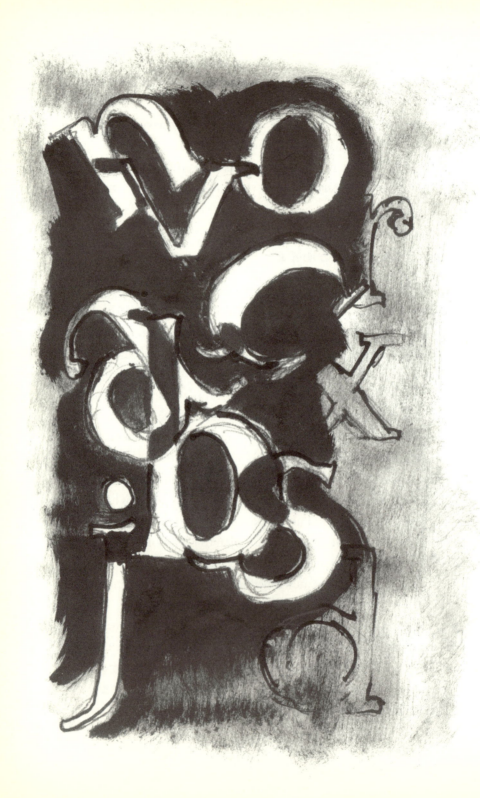

Estudos lingüísticos

Ataliba de Castilho

Nos últimos vinte anos, ou mais propriamente, nos últimos trinta anos, os lingüistas brasileiros se empenharam fortemente na consolidação da Lingüística no Brasil, repercutindo conscienciosamente os esforços dos pioneiros Joaquim Mattoso Câmara Jr., no Rio de Janeiro, Theodoro Henrique Maurer Júnior, em São Paulo, e Raul Farani Mansur Guérios, em Curitiba.

A geração que os sucedeu identificou claramente sua tarefa, a da consolidação da Lingüística no país, tomando iniciativas que se concentraram em pelo menos cinco pontos: (i) estruturação da Lingüística via fundação de sociedades científicas e criação de revistas especializadas, (ii) identificação dos temas de pesquisa relevantes para o conhecimento da realidade lingüística brasileira, a investigar por meio de projetos coletivos, (iii) produção de obras de referência, (iv) delineamento de uma política lingüística, (v) difusão dos resultados obtidos por meio do ensino formal da língua portuguesa. Passo a elaborar brevemente esses tópicos.

Estruturação da Lingüística no Brasil

Em 1963, o Conselho Federal de Educação reformulou o currículo mínimo de Letras, instituindo a Lingüística como disciplina obrigatória. A Universidade Nacional de Brasília preparou um curso intensivo de emergência para que os então 63 cursos de Letras pudessem contar com pessoal minimamente preparado. Agências de fomento concederam bolsas de doutoramento no exterior. De volta ao país, os especialistas assim formados lideraram a criação de Programas de Pós-Graduação em suas universidades. Sociedades científicas foram planejadas e, em 1969, fundava-se em São Paulo a Associação Brasileira de Lingüística, juntamente com o Grupo de Estudos Lingüísticos do Estado de São Paulo (GEL), de que fui o primeiro presidente.

Essas iniciativas logo repercutiram, criando-se novas sociedades científicas regionais: Grupo de Estudos Lingüísticos do Norte (GELNO), Centro de Estudos Lingüísticos e Literários do Paraná (CELLIP), Grupo de Estudos Linguísticos do Nordeste (GELNE), Centro de Estudos Linguísticos do Sul (CELSUL), Associação de Estudos Lingüísticos do Rio de Janeiro (ASSEL-RIO), entre outros. Em 1983, por pressão dos Programas de Pós-Graduação, foi fundada a Associação Nacional de Pesquisa e Pós-Graduação em Letras e Lingüística (ANPOLL), voltada para o aprimoramento dessas iniciativas.

Dezenas de revistas especializadas passaram a ser editadas, seminários e congressos começaram a ser realizados com sistematicidade, e as maiores universidades estabeleceram uma política de aquisição e difusão de bibliografia especializada.

Resultaram desse quadro investigações sobre temática de relevância para o conhecimento da realidade lingüística brasileira.

Temas relevantes investigados por meio de projetos coletivos

A consolidação da Lingüística e a profissionalização dos lingüistas brasileiros tiveram por efeito uma busca mais cuidadosa de temáticas de interesse para o desenvolvimento da cultura nacional. Os lingüistas sentiram o peso de suas responsabilidades sociais e políticas. Sem descurar de sua formação teórica, eles passaram a buscar assunto para suas pesquisas nas centenas de línguas indígenas brasileiras, na variabilidade do português brasileiro e nas diversas situações de contacto lingüístico. Daí para a organização de projetos coletivos de investigação foi um passo, logo dado graças às seguintes iniciativas:

- Projeto de Estudo da Norma Lingüística Urbana Culta (UFBA, Unesp/USP/ Unicamp, UFPE, UFRJ, UFRS, a partir de 1970).
- Projeto Censo Lingüístico do Rio de Janeiro, hoje Programa de Estudos de Usos Lingüísticos (UFRJ, desde 1972).
- Projeto de Aquisição da Linguagem (Unicamp, a partir de 1975).

Já nos anos 1990 surgiram, entre tantos outros, os seguintes projetos:

- Projeto Variação Lingüística do Sul do Brasil (UFPR, UFSC e UFRS, desde 1992), inspirado no Programa de Estudos dos Usos Lingüísticos (Peul).
- Programa de História do Português (UFBA, desde 1991).
- Projeto do Atlas Lingüístico Brasileiro (UFBA, UFJF, UEL, UFRJ, UFRS, desde 1997).
- Projeto para a História do Português Brasileiro (UFPE, UFBA, UFPB, UFMG, UFRJ, UFSC, UEL, USP/Unicamp/Unesp Araraquara, a partir de 1997).

Produção de obras de referência

Esses projetos têm-se cristalizado em obras de referência de inegável importância para nossa cultura lingüística. Lembro o *Dicionário gramatical de verbos* e o *Dicionário de usos do português do Brasil,* ambos de Francisco da Silva Borba, a *Moderna gramática portuguesa*, de Evanildo Bechara, a *Gramática de usos do português*, de Maria Helena Moura Neves, entre outros títulos.

Menção especial deve ser feita à *Gramática do português culto falado no Brasil,* cujo primeiro volume saiu em 2006.

As pesquisas para a elaboração da *Gramática do português falado* tiveram início em 1987. Naquele ano, a convite da professora Maria Helena de Moura Neves, coordenadora do Grupo de Trabalho de Descrição do Português da ANPOLL, apresentei ao respectivo Encontro Nacional, realizado na Universidade Federal do Rio de Janeiro, o Projeto de Gramática do Português Falado (PGPF), voltado para a preparação coletiva de uma gramática do português falado, com base nos materiais do Projeto Norma Urbana Culta (Nurc/Brasil).

Tendo havido boa receptividade à idéia, foi convocado em 1988 o I Seminário desse projeto, realizado em Águas de São Pedro, São Paulo, no qual se debateu o plano inicial, que era o de "preparar uma gramática referencial do português culto falado no Brasil, descrevendo seus níveis fonológico, morfológico, sintático e textual".

Reconheceu-se nesse primeiro encontro que seria impossível selecionar uma única articulação teórica que desse conta da totalidade dos temas que se espera ver debatidos numa gramática descritiva, numa gramática de referência como a que se planejava escrever. As primeiras discussões cristalizaram esse reconhecimento, tendo-se decidido dar livre curso à convivência dos contrários no interior do projeto. Como forma de organização, distribuíram-se os pesquisadores por Grupos de Trabalho (GTs), sob a coordenação de um deles. Cada GT traçaria o perfil teórico que pautaria suas pesquisas e organizaria sua agenda de pesquisas. Os textos que fossem sendo discutidos e preparados no interior de cada GT seriam posteriormente submetidos à discussão pela totalidade dos pesquisadores, reunidos em seminários plenos.

O *corpus* utilizado é uma seleção de entrevistas do Projeto Nurc/ Brasil, organizada segundo as características desse projeto.

Entre 1988 e 1998 foram realizados dez seminários plenos, ao término dos quais os textos apresentados e debatidos eram reformulados e publicados em uma série própria, editada pela Unicamp. Os volumes I, III e IV foram organizados por mim, sendo o terceiro em co-organização com Margarida Basílio, o volume II por Rodolfo Ilari, o volume V por Mary Kato, o VI por Ingedore Villaça Koch, o VII por Maria Helena Moura Neves e o VIII por Maria Bernadete Marques Abaurre e Ângela de Souza Cecília Rodrigues.

A Fundação de Amparo à Pesquisa do Estado de São Paulo (Fapesp) financiou as atividades, também apoiadas pelo Conselho Nacional de Pesquisas Científicas e Tecnológicas.

Atuaram nesse projeto cerca de 32 pesquisadores, ligados a 12 universidades brasileiras, distribuídos pelos seguintes GTs: (1) Fonética e Fonologia, coordenado inicialmente por João Antônio de Moraes e posteriormente por Maria Bernadete Marques Abaurre; (2) Morfologia Derivacional e Flexional, coordenado por Margarida Basílio e Ângela Cecília de Souza Rodrigues, respectivamente; (3) Sintaxe das Classes de Palavras, coordenado inicialmente por Rodolfo Ilari e posteriormente por Maria Helena de Moura Neves; (4) Sintaxe das Relações Gramaticais, coordenado inicialmente por Fernando Tarallo e posteriormente por Mary Aizawa Kato; (5) Organização Textual-Interativa, coordenado por Ingedore Villaça Koch.

A partir de 1990, solicitou-se ao professor Mílton do Nascimento que colaborasse nos debates dos problemas teóricos suscitados pelos trabalhos apresentados, na qualidade de Assessor Acadêmico do Projeto de Gramática, do Português Falado (PGPF). Isso ocorreu sistematicamente a partir do IV Seminário, resultando daí alguns textos, um dos quais apresentado ao Centro de Lingüística da Universidade de Lisboa, em 1993, em reunião convocada pelos drs. Maria Fernanda Bacelar do Nascimento e João Malaca Casteleiro.

Encerrada a agenda do PGPF, deu-se início em 2002 à consolidação dos ensaios e teses publicados. A *Gramática do português culto falado no Brasil* terá cinco volumes. O volume I, subtitulado *Construção do texto falado,* organizado por Clélia Cândida Spinardi Jubran e Ingedore Villaça Koch, saiu em 2006. Seguir-se-ão o volume II, *Classes de palavra e processos de construção*, em organização por Maria Helena de Moura Neves e Rodolfo Ilari, o volume III, *Construção da sentença* (Mary Aizawa Kato), o volume IV, *Construção morfológica da palavra* (Ângela Cecília de Souza Rodrigues e Ieda Maria Alves) e o volume V, *Construção fonológica da palavra* (Maria Bernadete Marques Abaurre).

A maior expectativa que as pessoas alimentam ao consultar uma gramática de referência é encontrar ali, devidamente hierarquizados, um conjunto de produtos lingüísticos, o chamado enunciado, disposto em planos classificatórios mais ou menos convincentes.

A referida gramática deixou de lado essa estratégia, tendo buscado identificar nas descrições feitas os processos acionados para a produção do enunciado. Assim, além de ser a primeira gramática românica voltada exclusivamente para a língua falada, ela inova também por realçar os processos que se escondem por trás dos produtos habitualmente catalogados em nossas gramáticas descritivas. A obra é voltada para o público universitário, mas interessará também aos professores de Português do curso médio, alunos e professores dos cursos de graduação e pós-graduação em Letras, e pesquisadores pós-graduados, além dos que se empenham em conhecer os desenvolvimentos do português brasileiro na segunda metade do século passado.

Delineamento de uma política lingüística

Política lingüística é uma espécie de "Sociolingüística intervencionista", ou como diz Elvira Arnoux, em *Políticas lingüísticas para América Latina,* "o estudo das Políticas lingüísticas constitui um campo complexo em que a descrição e a avaliação de situações sociolingüísticas são estimuladas por necessidades sociais e, em grande medida, tende a propor linhas de intervenção". Por isso mesmo, aquele que se interessa pela política lingüística "deve aderir a certos princípios políticos, éticos, ideológicos que vão orientar sua pesquisa e suas propostas."

A agenda da política lingüística alargou-se consideravelmente no Brasil, desde que os pioneiros Antônio Houaiss e Celso Cunha chamaram a atenção para essa temática, debatendo o problema do padrão brasileiro da língua portuguesa. Vieram depois uma coletânea de textos organizada por Eni Orlandi em 1988 e, em 1999, um debate promovido pela Associação Brasileira de Lingüística.

Desde então, os temas de política lingüística têm freqüentado com assiduidade nossas universidades, congressos, seminários e publicações especializadas. Os debates então desencadeados têm considerado pelo menos cinco tópicos: a língua oficial do Estado e sua gestão, a gestão das comunidades bilíngües ou plurilíngües, a gestão das minorias lingüísticas, o Estado e a questão das línguas estrangeiras, e finalmente as políticas lingüísticas supraestatais e os projetos de integração regional. Para dar voz aos debates nessa área, foi fundado em 1999 o Instituto de Desenvolvimento em Política Lingüística (IPOL), sociedade civil sem fins lucrativos com sede em Florianópolis, responsável pelo sítio www.ipol.org.br.

Limitando-me a dois tópicos derivados dessa agenda, focalizarei o português como língua oficial do Estado e o ensino da língua portuguesa como língua materna.

Uma política para o português como língua oficial do Estado implica a escolha da língua oficial e a identificação do respectivo padrão e a emissão das "leis de defesa do idioma", uma prática que surgiu na cultura ocidental quando se constituíram os Estados nacionais, e que reaparece hoje em nossos parlamentos, um tanto anacronicamente.

O Brasil incluiu a questão da língua oficial no art. 13 da Constituição de 1988. Evitando cuidadosamente a expressão "idioma nacional", que tinha aparecido nos documentos legais anteriores, diz esse artigo que "a língua portuguesa é o idioma oficial da República Federativa do Brasil". No art. 210, parágrafo 2, se estabelece que "O ensino fundamental regular será ministrado em língua portuguesa, assegurada às comunidades indígenas também a utilização de suas línguas maternas e processos próprios de aprendizagem".

Cinco países africanos escolheram o português como sua língua oficial, depois das guerras de independência: Angola, Moçambique, Guiné-Bissau, Cabo Verde, São Tomé e Príncipe. Mais recentemente, Timor Leste somou-se a esse grupo, como a mais nova nação democrática do mundo. Nova e heróica, pois resistiu à Indonésia e à Austrália ao adotar o português como sua língua oficial. Organismos internacionais têm debatido algumas políticas comuns que poderiam ser estabelecidas para os países de língua oficial portuguesa, respeitadas as diferenças regionais.

Relativamente à identificação do padrão lingüístico, simplificando bastante as coisas, pode-se reconhecer que passamos no Brasil por duas fases.

Até a primeira metade do século passado, moções aprovadas em congressos apontaram o falar carioca como o padrão do português brasileiro. Essa variedade passou a ser utilizada na preparação de livros didáticos por professores do Rio de Janeiro, impressos por editoras localizadas em sua maioria na mesma cidade. Não deu certo, pois a idéia não contava com fundamento empírico. Nunca se comprovou que as classes cultas brasileiras falavam e escreviam como seus homólogos cariocas. Aprendeu-se que em matéria de política lingüística uma legislação mesmo que informal não molda a realidade.

Indo em direção oposta, projetos coletivos de descrição da variedade culta do português brasileiro confirmaram a hipótese de Nelson Rossi sobre o policentrismo do corpo social, nucleado no Norte, Nordeste, Centro-Oeste, Sudeste e Sul. Surgiram aí comprovadamente padrões marcados por escolhas fonéticas e léxicas que se não complicam a intercomunicação, pelo menos não escondem os diferentes modos de falar dos brasileiros cultos, objeto de consideração nas escolas.

Impossível, portanto, escolher uma variedade regional e considerá-la o padrão do português brasileiro. Impossível, também, comprovar que esse padrão esteja documentado na língua literária. Há um padrão da língua falada, que corresponde aos usos lingüísticos das pessoas cultas. Há um padrão da língua escrita, que corresponde aos usos lingüísticos dos jornais e revistas de grande circulação, os únicos textos que se servem de formas não marcadas regionalmente. Ambos os padrões apresentam as variações lingüísticas comuns às sociedades complexas.

Já a língua literária é outra coisa, pois assenta num projeto estético que impulsiona os autores a, justamente, distanciar-se da escrita do dia-a-dia, buscando um veio próprio, singular, diferenciado, não-padrão. Sempre achei um desrespeito tratar os grandes escritores como meros fornecedores de regras de bom português, para uso das escolas. Como diríamos coloquialmente, os escritores "estão em outra", para sorte de seus leitores.

De todo modo, a atitude brasileira tem sido mais equilibrada do que a de nossos vizinhos hispanoamericanos, em matéria de seleção do chamado "uso bom". Lembre-se de que em 1870 a Real Academia de la Lengua Española (RAE) propôs às antigas colônias a organização de academias correspondentes, para centralizar a "legislação lingüística", vale dizer, o direito de legitimar o "bom espanhol". É embaraçoso constatar que, com maior ou menor velocidade, os países hispanoamericanos aderiram a essa proposta: a Colômbia em 1871, o Equador em 1874, o México em 1875, a Venezuela em 1884, o Chile em 1886, o Peru em 1887, a Guatemala em 1888 e a Argentina em 1931. Verdade, também, que novas tendências iluminam hoje os lingüistas hispanoamericanos, cuja agenda ultrapassou felizmente os propósitos então unificadores da RAE.

Apesar da impossibilidade de legislar sobre matéria lingüística, o Estado vez ou outra decide gerir a língua oficial por meio de leis, e aqui temos desde as "leis que quase pegam", como as dos acordos ortográficos, até as "leis que não pegam de jeito algum", como aquelas que pretendem defender a pureza do idioma pátrio, ameaçado por supostas razões que vão desde a incúria dos cidadãos até a invasão dos estrangeirismos – os espanholismos, os francesismos e agora os anglicismos, por ordem de entrada no palco. Autoridades que assim entendem as línguas naturais tratam-nas como entidades biológicas, reduzem-nas a pobres coitadinhas, indefesas e moribundas – e não vêem nelas a mais extraordinária criação do gênio humano, sem donos, tão fortes enquanto fortes forem as comunidades que as praticam.

Infelizmente, porém, o Estado sofre recaídas, e ainda em data recente voltamos a ter algo no estilo, quando se propôs a proibição dos estrangeirismos. O projeto foi interpretado por vários lingüistas como uma sorte de nacionalismo requentado, motivado talvez pelas dificuldades em entender as rápidas transformações pelas quais o mundo vem passando. Melhor deixar de lado os preconceitos e os mitos sobre nossa realidade lingüística, encarando o modo brasileiro de usar a língua portuguesa.

Ora, aceitar "o modo brasileiro de usar a língua portuguesa" é exatamente o que aparece, por exemplo, nos Parâmetros Curriculares Nacionais de Língua Portuguesa, editados pelo Ministério da Educação. Ou seja, em matéria de gestão da língua oficial, o Estado por vezes dá uma no cravo e outra na ferradura.

Tratar do ensino da língua portuguesa no Brasil é levar em conta pelo menos três aspectos: (1) os destinatários desse ensino, (2) as diretrizes recomendadas, (3) a continuada avaliação dos resultados obtidos.

É variada a situação social em que a língua é falada e escrita no país. Os usos aí atestados são por certo distintos uns de outros, e meu papel aqui é retratar o que se passa na atualidade. Comecemos por alguns números.

Estudos do Instituto Brasileiro de Geografia e Estatística (IBGE) projetaram para o ano de 2004 uma população global de 182.616.270 indivíduos, portanto quase 11 milhões a mais em relação aos 171 milhões contados no ano de 2000. Para 2020, projeta-se uma população de 219 milhões. Não pode haver dúvida, portanto, que o transplante da língua portuguesa para o outro lado do Atlântico, tanto quanto o da língua inglesa, deu mais certo do que se poderia esperar.

O Instituto Nacional de Estudos e Pesquisas Educacionais Anísio Teixeira (Inep) mostrou que dos 171 milhões de brasileiros recenseados em 2000, 16 milhões eram analfabetos, ou seja, 9,3 % da população, com concentração maior no Nordeste (40%) e menor no Sul (11,9%). Na zona rural, o número de analfabetos é três vezes superior ao das zonas urbanas. Verificou-se que muitos dos analfabetos passaram pelo ciclo básico do ensino fundamental, perdendo a habilidade por falta de uso, fenômeno que tem sido denominado "analfabetismo funcional".

Para erradicar o analfabetismo em quatro anos, precisaríamos de 200 mil alfabetizadores especializados – mas por ora temos apenas 49 mil professores atuando na modalidade de Educação de Jovens e Adultos, com 800 mil alunos no primeiro ciclo do ensino fundamental e 700 mil no segundo ciclo.

Tomando em conta os dados de 2000, verifica-se que 35 milhões de meninos e meninas situavam-se na faixa dos 7 aos 14 anos, candidatos, portanto, à matrícula nos dois ciclos do ensino fundamental. Noventa por cento desses alunos conseguem atualmente se matricular. O ensino fundamental dura 8 anos, devendo brevemente estender-se a 9 anos. Ele opera, portanto, sobre um universo de quase 32 milhões de habitantes.

Além desses números, é preciso tomar em conta a diferente dispersão dos jovens pelo território nacional. O Norte, menos povoado, é ainda bastante rural. O Sudeste e o Sul são bastante urbanos. E o Centro-Oeste é a mais nova fronteira de penetração agrícola, com os seus jovens Estados de Rondônia e os dois Mato Grosso, bastante povoados por contingentes originários do Sul e do Sudeste.

As estatísticas escolares evidenciam a evasão escolar como um dos nossos maiores problemas. Estudos do Inep mostram que apenas 59% dos estudantes terminam o ensino fundamental. Trata-se aqui de uma média nacional. No Nordeste, o número de concluintes cai para 27%. O resto desistiu ou porque precisou trabalhar, ou porque achou a escola um lugar perigoso para a saúde...

A expectativa de conclusão do curso é maior para o ensino médio: 74% conseguem terminar esse nível.

As dificuldades econômicas do país explicam a evasão escolar, tanto quanto o perfil do magistério público, ainda agarrado a um ensino estritamente gramatical. Baixos salários atuam em mão dupla: atraem para a profissão mestres de baixo nível cultural, que nem sempre freqüentaram as boas universidades públicas, e os desestimulam a realizar um bom trabalho. Seu nível cultural é um dos aspectos mais provocativos do atual quadro de ensino público: o professor fala a língua do Estado, a quem representa diante de seus alunos. Mas que variedade do português brasileiro falam esses professores? Certamente a variedade popular. E esse é um complicador a mais nas discussões sobre o padrão lingüístico que se deve ensinar nas escolas...

A Federação e os Estados têm enfrentado a questão da evasão escolar através do Programa Bolsa-Escola, retirando as crianças do trabalho, matriculando-as nas escolas, diminuindo assim a desistência. A questão do nível dos professores tem sido atacada por meio de cursos de atualização profissional, ministrados por universidades públicas.

Autoridades educacionais da Federação e do Estado têm estado atentas ao quadro desenhado no item anterior. No caso de São Paulo, a partir do final dos anos 1970 passaram a ser formuladas – com a ajuda das três universidades oficiais paulistas – as Propostas Curriculares, objetivando orientar os professores em suas práticas e servindo de roteiro para os cursos de atualização que continuadamente o estado ministra. Em 1978, foram discutidas e aprovadas as Propostas Curriculares para o Segundo Grau (hoje ensino médio), publicando-se ademais os subsídios para sua implantação. Dez anos mais tarde saíram as Propostas Curriculares para o Primeiro Grau (hoje ensino fundamental), em que se destacava o texto como a primeira realização da língua.

Em 1999, como já se lembrou aqui, a Federação editou os Parâmetros Curriculares Nacionais, que representaram um grande avanço na política lingüística, com sua ênfase nos usos da linguagem e na valorização da língua falada. Trata-se de um texto extraordinário, que tem motivado uma série de iniciativas de aprimoramento do ensino.

E agora, a questão da avaliação do ensino. O Estado brasileiro iniciou em 1972 uma avaliação sistemática do ensino, principiando pelos cursos de pós-graduação. A Coordenação de Aperfeiçoamento do Pessoal de Ensino Superior (Capes), órgão do Ministério da Educação, tomou a si essa tarefa do ponto de vista administrativo, confiando suas diretrizes e execução a professores universitários escolhidos por seus pares, e representativos das universidades situadas nos diferentes pontos do território nacional. A continuação dessa política resultou numa melhoria sensível na qualidade de nossos cursos. As notas obtidas são publicadas, com repercussões na administração desses cursos, na política de apoio financeiro, e na seleção dos programas por candidatos ao mestrado e ao doutorado.

Num segundo momento, a experiência estendeu-se aos concluintes do ensino superior, o chamado Provão, e aos alunos do curso médio, este intitulado Exame Nacional do Ensino Médio (Enem). Isso tem permitido avaliar os resultados obtidos no ensino formal ministrado pela Federação, Estados e Municípios, e também pelo ensino privado, evidenciando os desacertos do nosso sistema de ensino e induzindo as alterações necessárias.

O penúltimo Enem foi aplicado a um milhão e meio de estudantes, tendo revelado resultados um pouco melhores do que aqueles obtidos anteriormente. Além da proficiência lingüística, importantes informações são colhidas nessas provas sobre as atitudes do alunado de nível médio com respeito a temas de interesse para a atualidade brasileira.

Ambas as provas consolidam a tendência a fazer das avaliações uma estratégia de administração do ensino. As escolas são classificadas, o que repercute em seus ajustes internos, sobretudo no que diz respeito às exigências quanto à titulação de seus docentes, e no conhecimento que o público passa a ter dessas instituições. É claro que se trata de uma mudança de cultura, donde as reações contrárias, naturais e esperadas.

A pesquisa acadêmica vem gerando uma considerável bibliografia de interesse para a elevação do nível do ensino do português como língua materna. Campos tais como alfabetização, leitura, letramento e aquisição da escrita, ensino do texto e do léxico são apenas algumas das áreas afetadas por um intenso labor. Isso nos leva à seção seguinte.

Difusão dos resultados obtidos

A editora Contexto surgiu precisamente quando os frutos da atividade relatada nas seções anteriores estavam prontos para sua difusão e apropriação pelo ensino formal da língua portuguesa.

A coleção *Repensando a Língua Portuguesa,* que tive a honra de dirigir, traduziu em miúdos um conjunto de trabalhos acadêmicos de interesse para a melhoria do nível do ensino e, sobretudo, para sua reordenação, tornando-o mais sensível à realidade lingüística brasileira.

Num segundo momento, a editora se voltou para a publicação de manuais especializados, que assinalam fortemente seu catálogo, neste vigésimo aniversário. Trabalhos elaborados por especialistas de qualidade contemplam hoje os campos do léxico, da semântica, do discurso e da gramática, facilitando o trabalho em nossos cursos de Letras, contribuindo igualmente para a atualização do conhecimento dos professores em exercício.

Mas uma nova perspectiva se abriu ao ensino, quando da inauguração do Museu da Língua Portuguesa, tanto quanto de seu portal. A língua portuguesa e a cidade de São Paulo não poderiam ser mais bem escolhidas para tema e sede do novo museu.

O português é atualmente a oitava língua mais falada no mundo, em número de falantes, situando-se no quinto lugar em difusão internacional. São Paulo é a maior cidade de língua portuguesa do mundo, abrigando mais falantes dessa língua que todo o Portugal, cuja população beira hoje os dez milhões.

Pode parecer estranho dedicar um museu a uma entidade viva, como é o caso de qualquer uma das seis mil línguas faladas hoje no mundo, aí incluída a língua portuguesa em sua variedade brasileira.

De fato, as línguas são atributos mentais de nossa espécie, geradas e guardadas em nosso cérebro, em interação constante com a sociedade a que servem. Elas não são evidentes por si mesmas, não podemos empalhá-las nem exibi-las em vitrinas. Como, então, tratar museologicamente uma língua, qualquer que seja ela?

A difícil tarefa de conceber um museu assim movimentou especialistas em língua e literatura, arquitetos, engenheiros, informáticos, todo um pessoal administrativo, que atuaram sob o patrocínio da Secretaria de Cultura do Estado de São Paulo, do Ministério da Cultura, além de diversas empresas. Coube à Fundação Roberto Marinho administrar o projeto.

O que terá movimentado e continuadamente motivado pessoas, empresas, órgãos do governo, para a concretização de um projeto dessa magnitude? Basicamente, a natureza mesma da língua portuguesa.

O português, como as línguas naturais, é um sistema complexo, constituído por diferentes agrupamentos categoriais, em processo de constante mudança, para atingir o mais alto de seus objetivos, que é prover uma identidade aos seus usuários.

Analogamente, mais de um eixo movimentou os realizadores do Museu da Língua Portuguesa, coincidindo todos na certeza de que refletir sobre nossa língua é investigar nossa própria identidade, é capacitar-nos de que somos herdeiros de uma larga tradição histórica, é preparar-nos para os tempos que estão por vir. O Museu visa, numa palavra, à formação da cidadania.

Para atingir essa finalidade, previu-se uma atividade educativa que pode ser desenvolvida de qualquer parte, bastando para isso acessar www.museudalinguaportuguesa.org. Convida-se o visitante a desenvolver indagações sobre a língua que ele fala, fundamentado num conjunto expressivo de documentos recolhidos no vínculo "*Corpus* Internacional da Língua Portuguesa". Uma bateria de textos provocativos, problematizadores, incitam a refletir. Como a língua portuguesa se estruturou ao longo de seus novecentos anos de vida? Como adquirimos a língua falada na infância e a língua escrita nos bancos escolares? O que caracteriza essas duas modalidades, e o que é a língua literária? Como elas variam nos espaços geográficos europeu, brasileiro e africano? Como se dá sua mudança ao longo do tempo? De que modo ela reflete nossa complexidade social? Como se apropriar do padrão culto? O que é gramática, léxico, semântica e discurso? O que é a literatura? Qual é o papel da língua portuguesa numa sociedade globalizada? Como se pode ensiná-la como língua estrangeira?

A mensagem contida nos textos já disponibilizados é que a língua é para a reflexão, não para a estéril decoração de regras, é para a viagem ao interior de nossas mentes, não para a realização de exercícios gramaticais burocráticos. A língua é, sobretudo, para o *percurso* pessoal, não apenas para o *curso* escolarizado. Língua é liberdade, não é submissão.

Refletir sobre a língua materna é o primeiro passo para a formação da mentalidade científica. É o grande passo para a formação de uma cidadania ativa, participadora, indispensável às sociedades democráticas. O Museu da Língua Portuguesa está apostando nisso. As editoras poderão concorrer significativamente para o sucesso dessa aposta.

Os autores

Jaime Pinsky

Historiador. Completou sua pós-graduação na Universidade de São Paulo (USP), onde também obteve os títulos de doutor e livre-docente. Foi professor na atual Unesp, na própria USP e na Unicamp, onde foi efetivado em concursos de professor adjunto e professor titular. Fez palestras ou desenvolveu cursos nos EUA, no México, em Porto Rico, em Cuba, na França, em Israel, e nas principais instituições universitárias brasileiras, do Acre ao Rio Grande do Sul. Criou e dirigiu as revistas de Ciências Sociais *Debate & Crítica* e *Contexto*. Fundou e dirigiu por quatro anos a Editora da Unicamp. Escreve regularmente no *Correio Braziliense* e, eventualmente, em outros jornais e revistas do país. Tem coordenado as atividades universitárias e educacionais da Bienal do Livro de São Paulo. Possui mais de duas dezenas de livros publicados. Fundou, em 1987, e é sócio-diretor e editor da Editora Contexto.

Antonio Corrêa de Lacerda publicou pela Editora Contexto *Desnacionalização: mitos, riscos e desafios* (Premio Jabuti, 2001). Doutor em economia pela Universidade de Campinas (Unicamp), é professor do Departamento de Economia da Pontifícia Universidade Católica de São Paulo (PUC-SP). É autor ainda de *Globalização e investimento estrangeiro no Brasil* e *Economia brasileira* e é articulista dos jornais *O Estado de S. Paulo* e *Gazeta Mercantil*.

Márcio Pochmann é autor de *A década dos mitos* e *O trabalho sob fogo cruzado*, publicados pela Contexto. Economista e professor livre-docente do Instituto de Economia da Universidade de Campinas (IE – Unicamp), é pesquisador do Centro de Estudos Sindicais e de Economia do Trabalho. É autor de vasta bibliografia e extensa pesquisa sobre as relações de trabalho no Brasil atual.

Demétrio Magnoli publicou pela Editora Contexto *África do Sul: capitalismo e apartheid* e organizou *História das guerras*. Bacharel em Ciências Sociais e Jornalismo pela Universidade de São Paulo (USP), é mestre e doutor em Geografia Humana pelo Departamento de Geografia da mesma universidade. Foi professor no Departamento de Geografia da Pontifícia Universidade Católica de São Paulo (PUC-SP). Publicou ainda *O corpo da pátria: imaginação geográfica e política externa no Brasil (1808-1912)* (finalista do Prêmio Jabuti de 1997). É colunista de *O Estado de S. Paulo* e *O Globo*.

Leandro Fortes é autor de *Jornalismo investigativo*, publicado pela Editora Contexto. É jornalista formado pela Universidade Federal da Bahia (UFBA). É criador e professor do curso de Jornalismo On Line do Senac do Distrito Federal. Atualmente, é correspondente da revista *CartaCapital* em Brasília e professor do curso de Jornalismo do Instituto de Educação Superior de Brasília (Iesb). Publicou também, entre outros, *Cayman: o dossiê do medo* e *Fragmentos da grande guerra*.

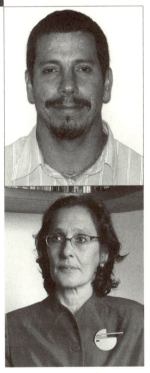

Marco Mondaini é autor de *Direitos humanos* e co-autor de *História da cidadania*, *Faces do fanatismo* e *História das guerras*, todos pela Editora Contexto. É professor adjunto da Universidade Federal de Pernambuco (UFPE). É bacharel em História pela Universidade Federal do Rio de Janeiro (UFRJ), mestre em História Econômica pela Universidade de São Paulo (USP) e doutor em Serviço Social pela UFRJ. Publicou ainda *Escritos sobre o pensamento de esquerda italiano* e *Sociedade e acesso à justiça*, além de numerosos artigos.

Ana Fani Carlos publicou e organizou diversas obras pela Editora Contexto, entre as quais *A cidade*, *Espaço-tempo na metrópole* (menção honrosa do Prêmio Jabuti em 2002), *Geografias de São Paulo* (vol. I e II) e *Geografias das metrópoles*. É professora titular do Departamento de Geografia da Faculdade de Filosofia, Letras e Ciências Humanas da Universidade de São Paulo (USP), onde obteve os títulos de mestre, doutora e livre-docente em Geografia Humana.

Magda Soares é autora de *Alfabetização e letramento* pela Editora Contexto. Doutora e livre-docente em Educação, é professora titular emérita da Faculdade de Educação da Universidade Federal de Minas Gerais (UFMG) e pesquisadora do Centro de Alfabetização, Leitura e Escrita (Ceale) dessa faculdade. Publicou também *Linguagem e escola: uma perspectiva social*, *Letramento: um tema em três gêneros*.

José Aristodemo Pinotti é autor de *Saúde da mulher*, publicado pela Editora Contexto. Foi professor titular de Ginecologia da Universidade de São Paulo (USP) e da Universidade de Campinas (Unicamp). Reeleito Deputado Federal em 2006, já exerceu funções de Secretário de Estado da Saúde e Secretário de Educação do Município de São Paulo. Publicou diversos livros e artigos no Brasil e no exterior.

Julio Tirapegui é autor de *Nutrição: coma bem e viva melhor* pela Editora Contexto. É professor Associado do Departamento de Alimentos e Nutrição Experimental da Faculdade de Ciências Farmacêuticas da Universidade de São Paulo (USP). Bioquímico pela Universidade do Chile, mestre em Fisiologia da Nutrição, doutor em Ciências e professor livre-docente pela USP. Publicou ainda *Nutrição: metabolismo e suplementação na atividade física* e *Nutrição: fundamentos e aspectos atuais*.

Marcos Napolitano publicou *Como usar a TV na sala de aula, Como usar o cinema na sala de aula e Cultura brasileira: utopia e massificação* pela Editora Contexto. Mestre e doutor em História Social, é professor de História do Brasil Independente no Departamento de História da Universidade de São Paulo (USP). É também autor dos livros *Seguindo a canção: engajamento político e indústria cultural na MPB – 1959/1969* e *História & Música*.

Rodolfo Ilari publicou pela editora Contexto *Introdução à semântica: brincando com a gramática, Brincando com as palavras: uma introdução ao estudo do léxico, O português da gente: a língua que falamos, a língua que estudamos* (com a colaboração de Renato Basso). Foi professor por cerca de 30 anos do Instituto de Estudos da Linguagem da Universidade de Campinas (Unicamp) (o qual ajudou a fundar). Desde o final dos anos 1980, participa no Projeto "Gramática do Português Falado".

Joana Pedro publicou capítulos em obras coletivas da Editora Contexto como *História das mulheres do Brasil* e *História da cidadania*. É professora no Departamento de História da Universidade Federal de Santa Catarina. Fez doutorado em História Social na Universidade de São Paulo (USP) e pós-doutorado na França. Publicou a coletânea *Práticas proibidas: práticas costumeiras de aborto e infanticídio no século XX*.

Marília Scalzo é autora do livro *Jornalismo de revista*, publicado pela Editora Contexto. Jornalista formada pela Escola de Comunicações e Artes da Universidade de São Paulo (USP), trabalhou no jornal *Folha de S. Paulo* e nas revistas *Veja* em São Paulo, *Playboy, Capricho, Casa Claudia, A&D* e *Bravo!*. Faz consultoria para projetos editoriais e é professora do curso Jornalismo de Moda no Senac Moda.

João Batista Natali é o autor de *Jornalismo internacional*, publicado pela Editora Contexto. Formou-se em Jornalismo pela Escola de Comunicação e Artes da Universidade de São Paulo (USP) e em Filosofia pela Universidade de Paris-8. Mestre (Escola de Altos Estudos em Ciências Sociais, Paris) e doutor (Universidade de Paris-Nanterre) em Semiologia, é jornalista da *Folha de S. Paulo*.

Heródoto Barbeiro é autor de *Manual do jornalismo esportivo*, em parceria com Patrícia Rangel, publicado pela Contexto. Jornalista, atua na Rádio CBN e na TV Cultura. É também gerente de jornalismo do Sistema Globo de Rádio e colunista do jornal *Diário de São Paulo* e da revista *Imprensa*, além de ter seus artigos publicados em vários jornais e revistas e na internet. É bacharel, licenciado e mestre em História pela Universidade de São Paulo (USP), onde lecionou por 12 anos. É autor de livros sobre Jornalismo, História e Media training em TV e Religião.

Os autores

Luiz Trigo é autor de *Turismo e civilização* e co-autor de *Cultura e elegância* e *Um outro turismo é possível*, publicados pela Editora Contexto. Graduado em Turismo e Filosofia, doutor em Educação pela Unicamp e livre-docente em Lazer e Turismo pela Escola de Comunicação e Artes da Universidade de São Paulo (ECA/USP). É professor da PUC-Campinas e professor associado da USP.

Ataliba de Castilho coordenou de 1989 a 1993 a coleção "Repensando a Língua Portuguesa", editada pela Editora Contexto, onde publicou *A língua falada no ensino de português*. Doutor e livre-docente pela Universidade de São Paulo (USP), é professor titular de Filologia e Língua Portuguesa da Faculdade de Filosofia, Letras e Ciências Humanas USP e foi professor titular de Lingüística Portuguesa no Departamento de Lingüística da Universidade de Campinas (Unicamp). Publicou e organizou, entre outros, *Sintaxe do verbo e os tempos do passado em português* e *Gramática do português falado*.

Cadastre-se

no site da Editora Contexto

para receber nosso boletim eletrônico

circulando o saber na sua área de interesse.

História

Turismo

Educação

Geografia

Economia

Comunicação

Língua portuguesa

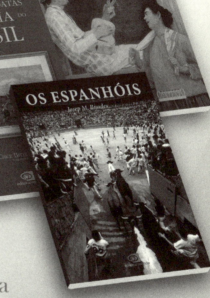

www.editoracontexto.com.br

Livro produzido em fevereiro de 2007, composto com as fontes
Helvetica Condensed, corpo de 14 pontos, nos títulos de capítulo;
Swis 721 Cn BT, corpo de 9 pontos, para o nome dos autores;
Agaramond, corpo de 11,5 pontos, para o texto principal e
Helvetica Condensed, corpo de 10 pontos, para os intertítulos.